本书为国家社科专项基金“健全国家金融安全体系研究”（项目批准号：18VSJ036）阶段性成果

中国杠杆率研究

董小君　等著

国家行政学院出版社

·北　京·

图书在版编目（CIP）数据

中国杠杆率研究/董小君等著. —北京：国家行政学院出版社，2019. 1
ISBN 978-7-5150-2159-1

Ⅰ. ①中… Ⅱ. ①董… Ⅲ. ①财务比率—研究—中国 Ⅳ. ①F230

中国版本图书馆 CIP 数据核字(2018)第 151933 号

书　　名　中国杠杆率研究
作　　者　董小君　等著
责任编辑　陈　科
出版发行　国家行政学院出版社
　　　　　(北京市海淀区长春桥路 6 号　100089)
　　　　　(010)68920640　68929037
编 辑 部　(010)68928764
经　　销　新华书店
印　　刷　北京宝丰印刷有限公司
版　　次　2019 年 1 月北京第 1 版
印　　次　2019 年 1 月北京第 1 次印刷
开　　本　170 毫米×240 毫米　16 开
印　　张　14. 5
字　　数　260 千字
书　　号　ISBN 978-7-5150-2159-1
定　　价　41. 00 元

前　言

观察一个经济体是否会爆发金融危机，“杠杆率”高低是一个领先指标。源于2008年美国华尔街爆发的一场百年不遇的全球性金融危机，本质上是一场杠杆率不断攀升的危机。危机前不同的经济体都在加杠杆，随着杠杆率不断上升，系统性风险不断积累。“降杠杆率”成了各国化解风险的重要途径。中国作为世界第二大经济体和最大的发展中国家，近年来随着杠杆率不断上升，宏观经济全局性、系统性的金融风险也在不断积累。从监管部门到地方政府，都认识到了这种风险。党的十八届五中全会关于“十三五”规划建议，明确指出要降低杠杆率，2015年中央经济工作会议再次明确提出去杠杆的任务。2017年中央经济工作会议强调，要使宏观杠杆率得到有效控制。2018年中央财经委员会第一次会议又提出结构性去杠杆。这充分说明了降低宏观杠杆率是党中央的重要关切。党的十九大和2017年来召开的中央经济工作会议均指出要防范化解重大风险，其中降低宏观杠杆率就是重中之重。

本书的研究内容包括杠杆率导论、中国总杠杆率研究、政府部门杠杆率、非金融企业部门杠杆率、去杠杆的国际经验。其中，杠杆率导论与中国总杠杆率共同构成总报告，政府部门杠杆率、非金融企业部门杠杆率、去杠杆的国际经验分别形成子报告。具体来说：（1）子报告一为政府部门杠杆率，从政府部门债务可持续性、地方政府部门债务违约风险，以及债转股政策的国际经验和国内实践，分别研究政府部门杠杆率。（2）子报告二为非金融企业杠杆率，非金融企业杠杆率问题较为突出，尤其是国有企业，该部分从我国非金融企业杠杆结构性问题、非金融企业去杠杆两部分分别论述。（3）子报告三为去杠杆的国际经验，从美国、欧洲和日本这三大经济体去杠杆的政策实践，寻找中国去杠杆之策。

较之前学者的研究，本书主要有五个特点：一是运用历史数据和预测结论，分析我国杠杆率的水平和结构特点；二是采用模型方法，研究我国政府总债务的可持续性和地方政府债务的违约风险；三是采用案例分析法，选取国际国内案例，研究债转股的经验与实践；四是通过数据挖掘法，探究我国非金融企业杠杆的结构性问题，并运用模型进行验证；五是通过横向比较法，探究国际去杠杆的经验。

本研究为董小君主持的2018年国家社科专项基金“健全国家金融安全体系研究”（项目批准号：18VSJ036）阶段性成果，参与本研究的课题组成员时红秀、徐杰、马小芳、钟宁桦和王学凯。全书由董小君统稿、审稿和定稿。

作者

2018年5月

目　录

第一章　杠杆率导论

高杠杆导致全球金融危机。本轮全球危机是一场债务危机，是一场杠杆率不断攀升的危机。因此，“降低杠杆率”（去杠杆）是走出危机的必要条件。2007年之前，全球杠杆率的上升主要由发达经济体导致；2007 年以后，全球杠杆率的上升则主要归因于发展中国家。这意味着，若不施以有效管理，发展中国家可能成为下一轮债务危机的主角。中国作为杠杆率不断提高的世界上最大的发展中国家，对于这一凶险的预言，不可不察。今后一个时期我国实体经济的主要风险，将集中体现为经济增长速度下滑，产能过剩、房地产库存增加、企业困难加剧和失业率上升的风险将因此凸显。与之对应，今后一个时期我国主要的金融风险，将集中体现为杠杆率攀升、债务负担加重和不良资产增加。因此，密切结合实体经济的去产能、去库存和处理“僵尸企业”的步伐，以处理不良资产为抓手，稳步“去杠杆”，应成为我国今后一段时期金融工作的中心任务。党的十八届五中全会关于“十三五”规划建议明确指出：要“降低杠杆率”。紧随其后召开的 2015 年中央经济工作会议重申了这一要求，并全面提出了“去产能、去库存、去杠杆、降成本、补短板”的任务。

本章从杠杆率内涵及范围概念入手，提出国家资产负债表是分析杠杆率的合适框架，对国家资产负债表的国际经验进行了梳理，同时对国家资产负债表的国内运用进行了总结；然后对中国分部门杠杆率和总杠杆率进行了估算，最后对去杠杆进行了国际比较。

第一节 基本概念与国家资产负债表

一、杠杆率内涵及范围

“杠杆率”是2008年源于美国爆发的世界金融危机后国际银行监管领域新设的监管指标，典型意义上的杠杆率是指商业银行持有的一级资本与调整后的表内外资产余额的比率。在经济研究中，分析“杠杆率”有两个视角。微观上，“杠杆率”一般是指经济主体的资产负债数量关系。在负债方，反映企业某一时点的负债总额及其结构，揭示企业现今与未来需要支付的债务数额、偿债紧迫性和偿债压力大小；在资产方，反映企业资产总额及其构成，揭示企业在某一时点所拥有的经济资源、分布情况及盈利能力。将负债和资产结合起来，可据以评估企业的绩效，分析其财务的弹性和安全性，考量其偿债能力及经营的稳定性。在统计上，负债与股权之比、资产与股东权益之比、资产与负债之比，以及上述指标的倒数，都可用于衡量杠杆率。宏观上，“杠杆率”可以用国家的总负债/总资产来计算，也可以用总债务/GDP来计算。

在本文中，我们采用的杠杆率是债务与GDP之比（债务/GDP）。在对总杠杆率进行估算时，总债务是对居民、企业、政府与金融机构这四大分部门的债务进行加总。关于“杠杆率”处于何种水平为适度，迄今并无定论。Cecchetti等（2011）利用18个OECD国家1980—2010年的资金流量表数据进行了研究，得出的结论认为，政府部门和居民部门的债务阀值是85%（债务/GDP），企业部门的债务阀值则是90%（债务/GDP）。

二、国家资产负债表

（一）国家资产负债表是分析杠杆率的合适框架

债务和杠杆，本就是涉及多方的复杂综合体，要全面分析并得出不偏颇的论断，必须找到合适的分析框架。资产负债表就是这样的分析框架。资产负债表原本是企业实施科学管理不可或缺的基本工具。基于权责发生制，资产负债表通过一套精心设计的财务指标和平衡表，在负债方，反映企业某一时点的负债总额及其结构，揭示企业现今与未来需要支付的债务数额、偿债紧迫性和偿债压力大小；在资产方，反映企业资产总额及其构成，揭示企业在某一时点所拥有的经济资源、分布情况及盈利能力。将负债和资产结合起来，可据以评估企业的绩效，分析财务的弹性和安全性，考量其偿债能力及经营的稳定性。20 世纪中叶开始，美国经济学家哥德史密斯等开始尝试将资产负债表的独特分析功能引入国家治理（见 Goldsmith and Lipsey，*Studies in the National Balance Sheet of the United States*，Princeton University Press，1963，和 Goldsmith，*Comparative National Balance Sheet*，*A Study of Twenty Countries*，Chicago University Press，1982），并试编了分部门及综合的国家资产负债表。此后，发达经济体纷纷效法。至今，大部分 OECD 成员国家都公布了不含有实物资产的金融资产负债表。

国家资产负债表的主要功能，是依靠一系列处理数据的方法，用精心设计的理论框架，表列整个国家的“家底”，并依托这一框架，揭示各经济主体主要经济活动之间的对应关系，借以勾画一国经济运行的机制。这套框架不仅有助于我们准确把握国家经济的健康情况，了解可能产生冲击的来源及强度，而且，在危机期间，它可为政府探讨政策空间提供基本依据。进一步，对这些存量指标（有别于作为流量指标的 GDP 等）进行时间序列分析，比较其年度间变化，它还有透视一国多年经济增长“累积效应”的功能，从而揭示出发展方式转型面临的问题以及未来经济发展的方向。

（二）国际经验

尽管对资产负债表等存量分析方法的关注只是近年来骤然升温，但在学术研究领域，编制、研究国家资产负债表已经有较长历史。早在 1936 年，就有美国学者提出把企业资产负债表编制技术应用于国民经济的构想（Dickingson and Eakin，1936）。资产负债表核算作为一种成熟的宏观经济核算方法，形成于 20 世纪 60 年代。作为此领域的开创性工作，哥德史密斯等人（Goldsmith et al.）曾编制了美国自 20 世纪初至 1980 年若干年份的综合与分部门的资产负债表（Goldsmith and Lipsey，1963；Goldsmith，1982），Revell（1966）试编了 1957—1961 年英国的国家资产负债表。自 1975 年始，英国的国家资产负债表正式由官方发布（Holder，1998）。在加拿大，以账面和市场价值计算的国家资产负债表，从 1990 年开始编制。至今，大部分 OECD 成员国家都公布了不含实物资产的金融资产负债表。

在相当长的时期中，资产负债表一直在国民经济核算的大框架下，作为一种统计方法进入人们的视野。20 世纪 90 年代拉美（如墨西哥、巴西等国）和亚洲地区相继爆发大规模金融危机。国家资产负债表分析框架在国家治理乃至经济分析领域中令人刮目相看，是在 20 世纪 90 年代拉美危机之后。与过去的危机不同，90 年代拉美危机主要因过度借债引发，因而显现出债务危机的典型特征。如此，资产负债表作为一种能准确列示一国债务状况、刻画其债务风险、评估其偿债能力的分析框架，理所当然地获得了国际社会的青睐。

关于国家资产负债表的编制和研究方法的讨论日趋活跃，其功能也超越单纯的统计核算，逐渐显示出成为宏观经济分析基本方法之一的强劲势头。“资产负债表方法”“资产负债表衰退”等理论与政策研讨近年来蔚然成风，展示了这种理论发展的势头。2003—2005 年的短短三年间，国际货币基金组织便发表了十余篇国别资产负债表分析，极大地推动了相关研究的发展（Mathisen and Pellechio，2006）。2007 年金融危机席卷全球，资产负债表的分析方法进一步得到了学界、政府以及国际机构的广泛重视与认可，国内也有学者跟上潮流，并用之对中国经济问题展开了初步分析（易纲，2008；李扬，2009）。

总体上说，在讨论金融危机的学术创新浪潮中，应用国家与部门资产负债表展开的研究已取得了重要进展。如 Allen 等人指出的，资产负债表方法的特点与优势在于，通过这一方法，可以清晰地界定出四类主要的金融风险，即期限错配、货币错配、资本结构错配以及清偿力缺失；而分析考察这四类问题，则是揭示危机根源、认识危机的传导机制、理解微观经济主体应对危机的行为方式，以及研判应对政策的关键所在。此外，除了用于对危机展开宏观层面的分析之外，目前的资产负债表研究正进一步向如下三个领域拓展：第一，研究部门（国家）资本结构与金融稳定及货币危机之间的关系，如 Allen、侯杰（2006）；第二，考察部门间金融风险的分担与转移，如 Gray 等、侯杰（2006）；第三，分析一国或地区的债务、资本结构与金融稳定性关系，如 Haim 和 Levy（2007，以色列）、Mathisen 和 Pellechio（南非）、Lima 等（2006，哥伦比亚），以及 Rosenberg 等（2005，新兴市场）。

（三）国内运用

在这次金融危机中，中国也感受到了资产负债的冲击。一方面，企业债务、各级政府债务不断攀升；另一方面，货币和信贷供给巨额扩张，但实体经济仍然感觉“贷款难，贷款贵”。编制中国的国家资产负债表，做到心中有数，是回答一切问题的根本所在。中国社会科学院由李扬带领的“中国国家资产负债表研究”课题组于2012年编制完成中国国家主权资产负债表（2000—2010年），主要成果于2013年发表于《经济研究》第6-7期，题为《中国主权资产负债表及其风险评估》（上、下）（李扬、张晓晶、常欣、汤铎铎、李成），课题组的研究成果多次被国际货币基金组织（IMF，2013）、中国人民银行研究局、国内外一些知名投资银行引用。李扬等著的《中国国家资产负债表2013》是在2012年研究成果的基础上，全面更新了数据，并增加了中国国家资产负债表的编制与分析。此后，李扬团队发布了一系列关于国家资产负债表和中国去杠杆的研究报告。

在中国社会科学院财政税收研究中心发布的《中国政府资产负债表2017》和中国社会科学院国家金融与发展实验室发布的《中国去杠杆进程报告（2017年度）》中，我们可以发现：

1. 2010—2015年，中国政府资产负债表情况为：政府资产方面，政府总资产都在百万亿元以上的水平，2015年超过125万亿元，与当年中国GDP的比超过180%；平均来看，中国政府总资产大致1.8倍于当年GDP，表明中国政府掌握着规模巨大的资源。政府负债方面，如果计入社保基金缺口的参考值，政府总负债从约40万亿元增至约70万亿元；如果不计入社保基金缺口的参考值，政府总负债从约30万亿元增至约60万亿元，五年间分别增长了约70%和约100%，说明政府负债规模增长较快。政府净资产方面，若计入社保基金缺口的参考值，政府净资产规模的波动区间为40万亿元至50万亿元，与GDP的比平均在80%以上。若不计入社保基金缺口的参考值，政府净资产的规模区间为50万亿元至60万亿元，与GDP的比平均在100%左右，即大致与GDP持平。

从1993年至2017年，我国实体经济杠杆率由107.8%上升至242.1%，二十四年间上涨了134.3%。我国杠杆率变化大体上可以分为四个阶段：一是平稳加杠杆阶段（1993—2003年）。这段时间杠杆率共增长41.6%，平均每年增长4个百分点，这段时间债务和广义货币的增速较高，加上1997年亚洲金融危机以及21世纪初的互联网泡沫破灭和2003年的非典，共同推动了杠杆率的上升。二是“自主”去杠杆阶段（2003—2008年）。这五年间杠杆率下降了8.2个百分点，这段时间我国名义GDP增速超过了债务和货币增速，实体经济杠杆率略微出现下降。三是快速加杠杆阶段（2008—2015 年）。这七年时间里杠杆率增长了 86.2 个百分点，平均每年增长超过 12 个百分点，主要是源于 2008 年“4 万亿”经济刺激计划，以及名义 GDP 增速的快速回落，非金融企业杠杆率的增速最高，由 2008 年的 95.2% 增加到 2015 年的 151.2%，几近翻倍。四是“强制”去杠杆阶段（2015 年底至今）。由于惯性，2016 年我国实体经济杠杆率仍上升了 12.4 个百分点，去杠杆未见成效；直到 2017 年，总杠杆率仅比上年微升 2.3 个百分点，并出现了局部去杠杆。

2. 近年来，总资产中存货占比急增，表明产能过剩问题非常严重。关于存货及其变化，可以有两种解释：既可能反映了企业对经济复苏的预期（更多的表现为主动补充库存，可理解为一种积极型存货增加），也可能同中国近些年普遍存在的严重产能过剩有关（更多地表现为被动累积库存，可理解为一种消极型存货增加）。在中国当前经济下行压力下，后一方面原因，即产能过剩，可能是存货占比急增的主要因素。

3. 主权部门（或广义政府部门，包括中央政府、地方政府、国有非金融企业、行政事业单位、中央银行，以及国有金融企业）的资产大于负债，净资产额为正。这表明，在相当长的时期内，中国发生主权债务危机的可能性很低。2000—2011 年，中国主权资产和主权负债都呈扩张态势。在主权资产方，非金融企业国有资产以及储备资产的增长最为迅速。在主权负债方，政府债务（中央及地方）、国有企业债务以及处置不良资产形成的或有负债的增长非常迅速。

由于十二年来我国主权资产的增幅均高于主权负债，我国主权资产净值的规模一直处于不断增长之中。从 2011 年的情况看，按宽口径匡算，中国主权资产净值为 87 万亿元。但考虑到行政事业单位国有资产流动性很差（因为要履行政府职能），以及国土资源型资产的使用权的流动性也差，且也不可能一次性全部转让（事实上，最近每年的土地出让金只有两三万亿元），因此，以窄口径来统计，即扣除行政事业单位国有资产，并以 2011 年的土地出让金 3.1 万亿元替代国土资源型资产 52 万亿元，那么主权资产将由 166.3 万亿元减少到 108.6 万亿元，则可得窄口径的主权资产净值为 21.6 万亿元。

第二节　中国分部门杠杆率和总杠杆率估算

在对中国分部门杠杆率进行估算时，本章采用的是 1996—2017 年的长周期数据，2013—2014 年居民部门杠杆率根据中国人民银行统计司数据得来，2013—2014 年其他三部门的数据为本课题组根据年平均债务增长率推算而得。2015—2017 年的有关数据，则参考中国社会科学院国家金融与发展实验室发布的《中国去杠杆进程报告（2017 年度）》。

一、居民部门杠杆率

在居民部门杠杆率测算中，居民部门的债务通常选择住户贷款这一指标值，以贷款额与 GDP 比率来衡量居民部门杠杆率水平。根据中国人民银行编制的金融机构本、外币信贷收支表（按部门分类）以及《中国去杠杆进程报告（2017 年度）》，截至 2017 年末，居民部门未偿贷款余额 40.5 万亿元。从表 1－1 可以看出，我国居民部门的杠杆率呈阶段性上升趋势。1996—2014 年，我国居民部门的杠杆率从 3% 上升到 36%。二十余年间，又可分为三个阶段：缓慢上升阶段（1996—2002 年），居民部门的杠杆率由 3% 升至 14%；相对平稳阶段（2003－2008 年），杠杆率水平基本平稳，维持在 18% 上下；快速上升阶段（2009 年至今），2009 年以来居民部门杠杆率持续走高，从 2009 年的 24% 上升至 2017 年的 49%。

表 1－1　1996—2014 年中国各部门杠杆率　　（单位:%）

年份	政府部门杠杆率	居民部门杠杆率	金融机构部门杠杆率	非金融企业部门杠杆率	部门合计
1996	23	3	4	84	113
1997	25	3	5	93	125
1998	28	4	6	99	138
1999	33	5	7	100	145
2000	33	7	7	94	142
2001	35	10	8	93	147
2002	38	14	8	102	162
2003	39	18	9	109	174
2004	40	18	9	103	170
2005	41	17	11	95	163
2006	40	18	12	100	171
2007	43	19	13	97	172

续表

年份	政府部门杠杆率	居民部门杠杆率	金融机构部门杠杆率	非金融企业部门杠杆率	部门合计
2008	41	18	13	98	170
2009	49	24	15	99	187
2010	49	28	13	101	192
2012	53	31	18	113	215
2013	56	34	19	114	223
2014	62	36	22	121	241

注：2013—2014 年居民部门杠杆率根据中国人民银行统计司数据得来。2013—2014 年其他三部门的数据根据年平均债务增长率推算而得

资料来源：李扬等（2013）、《中国去杠杆进程报告（2017 年度）》及相关数据。

从国际比较看，我国居民部门杠杆率远远低于发达国家 68.25% 的平均水平。如美国、英国、加拿大、西班牙等居民部门债务占 GDP 比重分别为 77%、86%、92%、73%，凸显了负债式消费的特点。（见表 1－2）

表 1－2　从国际比较中看中国杠杆率总体水平（2014 年）　（单位:%）

国别	居民部门杠杆率	政府部门杠杆率	非金融企业部门杠杆率	金融机构部门杠杆率	总杠杆率
美国	77	89	67	46	279
日本	65	234	101	112	512
英国	86	92	74	255	507
加拿大	92	70	60	54	276
法国	56	104	121	65	346
德国	54	80	54	91	279
意大利	43	139	77	55	314
西班牙	73	132	108	50	363
平均	68.25	117.5	82.8	91	359.5
中国	36	62	121	22	241

资料来源：World economic outlook, IMF; BIS; Haver Analytics; national central banks; McKinsey Global Institute analysis。其他国家数据为 2014 年第二季度数据，中国数据为 2014 年底推算数据，金融机构部门债务占 GDP 比为笔者推算数据

二、政府部门杠杆率

按照财政部的数据，截至2017年，我国政府债务余额29.95万亿元，其中中央政府国债余额13.48万亿元，地方政府债务余额16.47万亿元。2017年政府债务的负债率为36.2%，比2016年的36.7%有所下降。以这一比例计算，我国政府负债率低于国际通用的60%的警戒线，以及其他主要经济体和新兴市场国家的负债水平。从表1-1反映出的其他统计口径数据还可以看出，我国政府部门杠杆率，自1997年亚洲金融危机开始“一步一个台阶”地上升，其中“外部冲击”起了显著作用。1996年时政府负债率仅为23%，1999年达33%，三年上升10个百分点；2008年为41%，九年间上升8个百分点；2008年国际金融危机后，我国政府杠杆率快速上升，仅2009年这一年就上升了8个百分点，此后大都维持在50%以上。从国际比较看，我国政府债务大大低于发达国家的117.5%的平均水平，如日本、意大利、西班牙分别高达234%、139%、132%。[①] 图1-1刻画了地方政府债务增长率变化与经济增长率变化的对比情况。[②]

与其他发达国家比较，中国政府债务有三个方面的特点：

1. 中央政府实际上承担着最终担保义务

作为政治上的单一制国家，中国地方政府并不存在因负债过重而破产的法理基础。地方政府债务拖欠或者形成的呆坏账，无论反映为地方财政赤字还是反映为国家银行坏账，最后都要由中央政府（要么通过财政、要么通过央行）出资或核销。所以，计算中国政府债务应包含地方政府债务。这与一些发达经济体不同，其中央政府并不为地方政府的债务买单，地方政府债务如果过大，资不抵债，可以申请破产。因此，这些国家的政府债务不含地方政府债务，在IMF的政府债务统计中也不含地方政府债务。

① 需要说明的是，政府部门债务包括中央政府债务和地方政府债务。在《预算法》修改并于2015年开始实施之前，法律上我国地方政府是不能举债的，故历年财政决算数据仅指中央政府债务。若考虑地方政府债务，情形则更复杂。

② （1）图1-1中地方政府性债务仅包括地方政府负有偿还义务的债务，或有债务和可能负有救助责任债务情况比较复杂，不能简单相加，具体见下文分析。（2）地方政府性债务增长率，2002年数据为1998—2002年的年均增长率，2007年数据为2002—2007年年均增长率；2013年数据为2010—2012年年均增长率。其中，2012年数据并非全国数，仅为审计署对全国共计36个地方政府本级政府性债务情况的审计数。

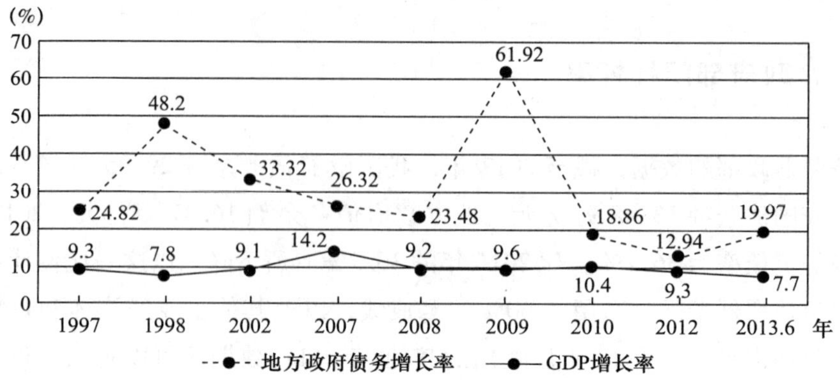

图 1-1 1997 年以来地方政府债务增长率与经济增长率比较

资料来源：（1）GDP 年度增长率，见国家统计局《中国统计年鉴（2014）》；（2）地方债务增长率，分别根据《全国政府性债务审计结果》《中华人民共和国审计署审计结果公告》（2011 年第 35 号、2013 年第 24 号、2013 年第 32 号）整理而来

2. 政府债务在国有土地产权制度和国有银行体系相互作用下，缺乏有效的约束机制

中国地方政府举债融资、金融机构“敢于”向地方政府借贷，都以地方政府实际上行使城市国有土地产权这一特殊的制度安排为基础。国有土地权利抵押和商业银行贷款是中国地方政府融资和负债的基本模式。在这种模式下，土地价格的涨落不仅决定着地方政府融资的规模，也决定着地方政府债务的风险。一旦土地价格回落较多，往往引发重大偿债风险。

3. 政府隐性债务不容忽视

在政府债务中，不同类别的债务有不同程度的风险，不能简单相加。为准确反映政府部门债务风险水平，按照世界银行经济学家 Hana Polackova（1998）开发的政府债务风险矩阵模型，需要在政府直接负债基础上，对政府或有债务、隐性债务以不同的概率或现值进行测算。这就涉及政府债务的统计口径和折算比例问题。例如，2013 年国家审计署对地方政府债务审计划分了三种口径，即（1）地方政府负有偿还义务的债务；（2）地方政府的或有债务；（3）地方政府可能承担一定救助义务的债务。对于或有债务和负有一定救助义务的债务的折算率，审计署根据 2007 年以来的实际偿付情况将其确定为 19.13% 和 14.64%。这样，2012 年底全国地方政府杠杆率为 39.43%。

为更全面地反映我国政府债务情况，除了已公布的中央和地方政府债务之外，至少还应考虑：（1）全国社保基金缺口；（2）从国有银行剥离出来四大资产管理公司的债务余额；（3）政策性银行发行的国内外债务（按照 IMF 统计口径一律计入主权国家债务）；（4）中央和地方国有企业净亏损；（5）历次改革留下来的其他政府债务，如行政事业单位工资改革补差缺口、粮食流通体制改革的地方政府挂账等。因此，中国的政府债务，不仅要考虑当前宏观经济运行中发生的直接债务，还要考虑到上述各种隐性债务（尽管折算率有所不同），所以，我国政府实际总杠杆率恐怕比 39.43% 要大。

三、非金融企业部门杠杆率

根据李扬等（2013）关于社会融资总量分析框架及数据①，我们推算了 2013 年和 2014 年非金融部门的债务余额和其占 GDP 的比重（见表 1－1）。从中可以看出，1996—2014 年，我国非金融企业杠杆率呈现逐渐上升趋势，非金融企业部门的债务余额从 1996 年初的 6 万亿元，增加到 2014 年的 77 万亿元，非金融企业杠杆率从 1996 年的 84% 提高到 2014 年的 121%，增长了 37 个百分点。由于非金融企业部门的杠杆率和经济周期密切相关，这一期间，伴随我国经济的周期波动，我国非金融企业部门的杠杆率也出现了三个明显的波动周期：1996—1999 年，非金融企业部门的杠杆率从 84% 提高到 100%，三年提高了 16 个百分点；2000—2003 年，从 94% 提高到 109%，三年提高了 15 个百分点；2003—2007 年，有一个去杠杆的过程，从 109% 降到 97%，四年降了 12 个百分点；2008—2014 年，杠杆率继续走高，从 98% 提高到 121%，六年提高了 23 个百分点。

从国际比较看，我国非金融企业杠杆率较高，这一数值远高于英国的 74%、美国的 67%、加拿大的 60%。2014 年我国非金融企业部门杠杆率已高达 121%，超过发达国家 82.8% 的平均水平，也超过 OECD 国家 90% 的阀值，值得警惕。

四、金融机构杠杆率

由于金融企业是经营金融商品的特殊企业，具有高负债经营性特点，而其负

① 需要说明的是，这里估算的非金融企业部门债务在相当程度上包括了地方政府融资平台这一有政府背景的实体债务。为了防止交叉重复，需要扣除前面估算的地方政府融资平台债务。

债又构成了非金融部门的资产，因此为了避免重复计算，金融部门债务统计中不考虑通货和存款，仅计入金融部门发行的各类债券。我们在李扬等（2013）计算的基础上，推算了我国金融部门 2013 年和 2014 年的总负债和债务率（见表 1－1）。1996—2014 年，我国金融部门债务率也呈明显上升趋势。金融部门总债务从 1996 年的 2862 亿元，上升到 2014 年的 14 万亿元，十八年间增长了 48.9 倍。金融部门杠杆率由 1996 年的 4% 提高到 2014 年的 22%，十八年上升了 18 个百分点。得益于去杠杆的稳步推进，2017 年金融部门杠杆率分别回落 8.4 个百分点（资产方）和 4.8 个百分点（负债方）。

金融部门杠杆率大幅上升的背景是，在直接融资为主的融资模式下，为支持经济的高速增长，银行信贷大规模扩张，导致银行资本充足率下降。为了补充资本金，商业银行发行了大量的次级券；同时，国家开发银行等政策性金融机构也大规模发行金融债券。但从国际比较看，我国金融部门杠杆率并不高，大大低于发达国家 91% 的平均水平。如英国、日本金融部门杠杆率分别为 255%、112%。

五、总债务水平和总杠杆率

汇总上述四个部门的杠杆率，就可以得到我国 2014 年总杠杆率为 241%（见表 1－1）。可以看到，1996 年以来，我国总债务占 GDP 比率有升有降，但总体呈上升态势。亚洲金融危机之后，杠杆率迅速上升，从 1996 年的 113% 上升至 2003 年的 174%；2003—2006 年有一个去杠杆的过程，杠杆有所回落，杠杆率从 2003 年的 174% 回落到 2005 年的 163%；但 2007 年国际金融危机爆发之后，全社会杠杆率迅速提高，总杠杆率从 2008 年的 170% 上升到 2017 年的 242.1%。

从国际比较看，我国的总债务水平低于发达国家 359.5% 的平均水平。2014 年，日本和英国的总杠杆率已经超过 500%，西班牙、法国、意大利也都超过 300%，美国、德国和加拿大相对较低，但也超过 270%。（见表 1－2）

通过上述分析，我们可以得出如下两个基本结论：（1）从总体上看，中国的总债务水平低于大多数发达经济体，仍属于比较适中的水平，尚处于温和可控的阶段。但是，我国债务水平近年来上升较快，应当对此保持警惕。（2）从部门看，我国居民部门与金融部门的杠杆率处于适宜范围，但我国的非金融企业与政府部门的杠杆率增长偏快，特别是非金融企业杠杆率过高，政府隐性债务过重

且偿还压力大，值得高度警惕。（见表1－3）

表1－3　2014年中国杠杆率总体水平　　（单位：%）

区域或国家名称	居民部门杠杆率	政府部门杠杆率	非金融企业部门杠杆率	金融机构部门杠杆率	总债务占GDP比重
中国	36	62	121	22	241
发达国家平均水平	68.3	117.5	82.8	91	359.5
比较与结论	中国居民部门杠杆率较低，差不多是发达国家一半水平	政府部门显性杠杆率不高，但隐性债务呈较快增长且偿还压力大	超过发达国家平均水平82.8%，也超过OECD国家90%的阀值，值得警惕	与国际平均水平比，中国金融部门杠杆率水平较低	中国总债务水平低于发达经济体，处于温和可控的阶段，但上升快

第三节　去杠杆的国际比较

国内外关于中国债务问题的讨论，大多集中于债务规模及其对GDP的比率（杠杆率）上。这种分析十分重要，但失之片面，因为，负债总有缘由，而且，债务资金的使用通常都还会有产出和资产积累。联系资产来分析债务，于中国尤为重要。如果说发达经济体的政府从事债务融资，主要是弥补其公共消费亏空、弥合养老体系缺口和进行收入再分配，中国政府的债务融资则主要是为各类公共投资筹集资金。用途的不同，会导致经济后果霄壤之别：债务资金用于消费，则偿债资金仍须另行筹措，这无疑会加重政府未来的负担；而债务资金若用于投资，这些投资形成资产，并可能有现金流产生，这些构成了偿债的基础。

20世纪末以来，日本野村综合研究所首席经济学家辜朝明运用资产负债表分析框架对20世纪90年代的日本经济危机重新进行研究。其成果集中于《大衰退》（东方出版社，2009）中。他认为，主流经济学对20世纪“大萧条”和90年代以来日本“失去的二十年”原因的解释不得要领。他认为，危机的原因不在货币的供给方，而在货币的需求方。而且，危机的传导过程和恢复过程，以及在这些过程中遇到的问题，也不像主流经济学所描述的那样。日本当年危机的过程是市场狂泻，企业资产缩水，资产负债表失衡，技术性破产。企业经营目标从

“利润最大化”转向“负债最小化”：减少乃至停止借贷，几乎将所有现金流都用于偿还债务。多数企业奉行“负债最小化”对策，全社会将形成不事生产和投资、专事还债的“合成谬误”，信用紧缩。即便银行愿意提供贷款，也没有企业前来借款。即便央行实行货币宽松，银行也不会提供贷款。货币向信用转变的路径被全面堵塞。全社会形成信用紧缩局面。

去杠杆是走出危机的必要条件。然而，2007 年金融危机以来，全球债务已经增加了 60 万亿美元以上，其增速超过了全球 GDP 的增速。如今，所有主要经济体债务相对于 GDP 的水平（杠杆率）都要高于 2007 年，2007—2015 年，债务占 GDP 的比重从 269% 上升到 286%。发达经济体的杠杆率变化呈四大特点，以美国为例：实体部门杠杆率提高，2007—2015 年，由 229.0% 上升到 250.4%。居民部门与金融企业部门去杠杆明显，居民部门由 97.8% 下降到 78.1%，金融部门由 52.6% 下降到 27.7%。地方政府部门小幅降杠杆，由 19.6% 降至 16.6%。非金融企业部门变化不大，基本上维持在 70% 左右的水平。联邦政府持续加杠杆，由 42% 跃升至 84.5%。（见表 1 -4）

表 1 -4　美国 2007—2015 年杠杆率　（单位:%）

指标名称	2007 年	2008 年	2009 年	2010 年	2011 年	2012 年	2013 年	2014 年	2015 年
居民	97.8	95.2	95.5	90.3	85.7	82.7	80.1	78.7	78.1
非金融企业	69.7	72.6	70.4	66.8	66.2	66.8	67.7	69.0	71.2
金融机构	52.6	49.1	45.2	39.9	35.8	33.4	30.9	29.7	27.7
政府	61.6	69.5	82.2	90.7	94.4	98.0	99.9	100.1	101.1
联邦政府	42.0	50.1	61.6	70.4	75.2	79.5	82.3	83.2	84.5
地方政府	19.6	19.4	20.6	20.3	19.2	18.5	17.7	16.9	16.6
总体杠杆率（含金融部门）	281.6	286.3	293.2	287.6	282.1	280.8	279.5	277.5	278.1
实体部门杠杆率（不含金融部门）	229.0	237.3	248.0	247.8	246.3	247.4	248.6	247.8	250.4

资料来源：李扬、张晓晶等，《中国去杠杆（2016）》，U. S. National Balance Sheets

表 1－5 部分 OECD 国家政府杠杆率情况（2010—2014 年） （单位:%）

国别	层级	2010 年	2011 年	2012 年	2013 年	2014 年
加拿大	中央政府	42. 6	43. 6	44. 0	40. 9	39. 8
	州政府	44. 0	46. 3	47. 6	46. 8	49. 0
	市县政府	8. 7	8. 7	9. 2	9. 1	9. 2
法国	中央政府	76. 3	79. 5	89. 0	88. 6	96. 4
	市县政府	9. 9	9. 9	10. 6	10. 7	11. 0
德国	中央政府	54. 0	53. 5	55. 4	52. 5	53. 5
	州政府	25. 3	25. 3	26. 2	24. 4	24. 2
	市县政府	5. 4	5. 3	5. 4	5. 3	5. 2
意大利	中央政府	113. 5	106. 6	124. 9	132. 9	146. 8
	市县政府	12. 5	12. 4	12. 3	12. 3	12. 0
日本	中央政府	171. 7	186. 1	194. 5	200. 1	N. A.
	市县政府	36. 5	37. 7	37. 8	37. 4	N. A.
英国	中央政府	83. 6	97. 0	101. 4	97. 4	108. 3
	市县政府	10. 4	10. 7	10. 4	9. 6	9. 5
美国	中央政府	72. 7	77. 5	81. 8	84. 6	85. 6
	州政府	24. 8	23. 8	23. 1	22. 4	21. 6

资料来源：OECD 数据库

第二章　中国总杠杆率

这场全球性金融危机，本质上是一场杠杆率不断攀升的危机。危机前不同的经济体都在加杠杆，随着杠杆率不断上升，系统性风险在不断积累。“降杠杆率”成了各国化解风险的重要途径。中国作为世界第二大经济体和最大的发展中国家，随着杠杆率不断上升，宏观经济全局性、系统性的金融风险也在不断积累。从监管部门到地方政府，都已经认识到了这种风险。党的十八届五中全会关于“十三五”规划建议明确指出要降低杠杆率。2016 年 10 月 10 日国务院发布了《关于积极稳妥降低企业杠杆率的意见》。如何降杠杆，需要在控制风险与经济增长之间平衡寻找一套综合性解决方案。

第一节　我国杠杆率水平及结构性特点：基于 1996—2020 年数据分析

“杠杆率”可以从企业部门与非企业部门两个层面来理解。对于企业部门来说，“杠杆率”是总资产/权益资本，它能够准确地反映出企业的还款能力，是一个衡量企业债务风险的指标。对于非企业部门（如居民、政府）而言，“杠杆率”指的是债务/名义 GDP 的比率。一个国家的“总杠杆率”包括居民、政府、非金融企业和金融机构四个部门的总债务/GDP。在经济社会运行中，杠杆扮演着重要的角色。无论是微观企业还是宏观整个国家都需要运用杠杆。

那么，中国目前杠杆率有多高？“十三五”期间我国杠杆率水平又呈什么样的走势？

“杠杆率”是否升高是观察一个经济体是否会爆发金融危机的领先指标。通过 1996—2020 年数据分析，中国杠杆率呈以下两个重要特点：

表 2-1　中国 1996—2020 年杠杆率　　（单位:%）

年份	居民部门杠杆率	政府部门杠杆率	非金融企业部门杠杆率	金融机构部门杠杆率	部门合计
1996	3	23	84	4	114
1997	3	25	93	5	126
1998	4	28	99	6	137
1999	5	33	100	7	145
2000	7	33	94	7	141
2001	10	35	93	8	146
2002	14	38	102	8	162
2003	18	39	109	9	175
2004	18	40	103	9	170
2005	17	41	95	11	164
2006	18	40	100	12	170
2007	19	43	97	13	172
2008	18	41	98	13	170
2009	24	49	99	15	187
2010	28	49	101	13	191
2011	29.5	51	107	15.5	203
2012	31	53	113	18	215
2013	34	56	114	19	223
2014	36	58	123.1	18.4	235.5
2015	39.9	56.8	131.2	21	248.9
2016E	41.14	59.36	126.27	21.3	248.07
2017E	42.74	60.38	127.83	21.96	252.91
2018E	44.39	61.43	129.42	22.63	257.87
2019E	46.12	62.49	131.03	23.33	262.97
2020E	47.9	63.57	132.65	24.05	268.17
预测平均相对误差（%）	0.84	0.55	2.07	0.5	—

数据来源：1996—2013 年来自马建堂、董小君等（2015），其中 2011 年为 2010 年与 2012 年的均值；2014—2015 来自李扬《中国国家资产负债表》；2016—2020 年来自一阶平均弱化缓冲算子的 GM（1，1）模型的预测

一、从总体上看，我国总杠杆率水平并不高，但却呈快速上升趋势

衡量高杠杆是不是一定带来风险，除了看杠杆率水平外，主要看增长趋势，快速增长的杠杆率潜藏着风险。横向国际比较，中国整体杠杆率并不高，低于发达国家。根据 OECD 和 IMF 数据，截至 2015 年 12 月底，发达国家总杠杆率平均水平为 351. 17%，其中日本、爱尔兰、葡萄牙更是高达 472. 3%、515. 7%、404. 3%。而中国只有 248. 9%。

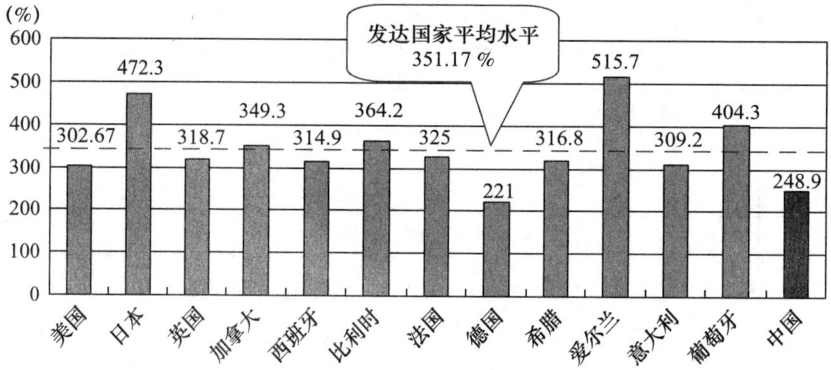

图 2－1　总杠杆率国际比较（2015 年 12 月）

数据来源：OECD stat. tradingeconomics. IMF，Fiscal Monitor，CAG analysis

但我国杠杆率呈快速上升趋势。统计数据显示，我国杠杆率从 1996 年的 113% 上升到 2015 年的 248. 9%。这与经济金融危机高度相关，两次金融危机推动杠杆率上了两个台阶：1996—2003 年，受东南亚金融危机的影响，总杠杆率从 1996 年的 113% 提升到 2003 年的 174%，上升 61 个百分点；2008—2015 年受此轮全球金融危机的影响，总杠杆率从 2008 年的 170%，提升到 2015 年的 248. 9%，上升 79 个百分点。按此趋势，到 2020 年会达到 268. 17%。

二、从结构上看，中国居民部门、政府部门杠杆率较低，非金融企业杠杆率几乎是世界最高的

（一）居民部门债务占 GDP 的比重较低但上升较快

根据 OECD 和 IMF 数据分析，截至 2016 年 6 月，中国居民部门杠杆率从

2007 年的 19% 上升到 2016 年的 41.14%。尽管如此，中国居民部门杠杆率也远低于发达国家平均水平（79.7%）。近年来，居民部门杠杆率增长，与其金融资产呈现理财化趋势高度相关。截至 2015 年末，居民部门理财资金账面余额同比增长 62.3%，较上年末上升 14.6 个百分点。投资房地产成了居民部门理财的重要领域，这也是为什么按揭贷款是银行新增贷款的主要来源，从而导致居民部门杠杆率提升。

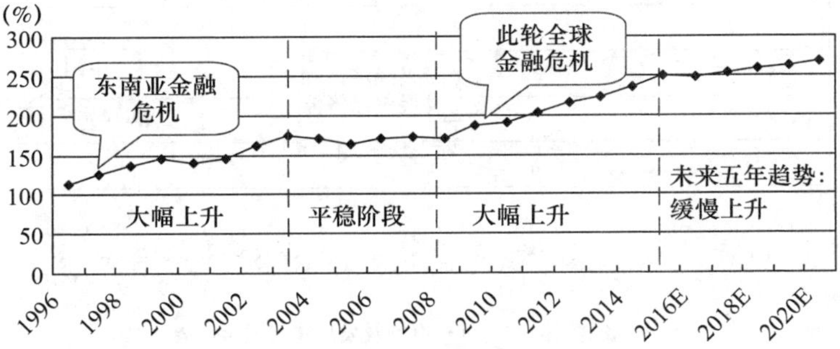

图 2-2 1996—2020 年我国杠杆率总水平及趋势

数据来源：1996—2013 年来自马建堂、董小君等（2015），2014—2015 年来自李扬《中国国家资产负债表》；2016—2020 年来自一阶平均弱化缓冲算子的 GM（1，1）模型的预测

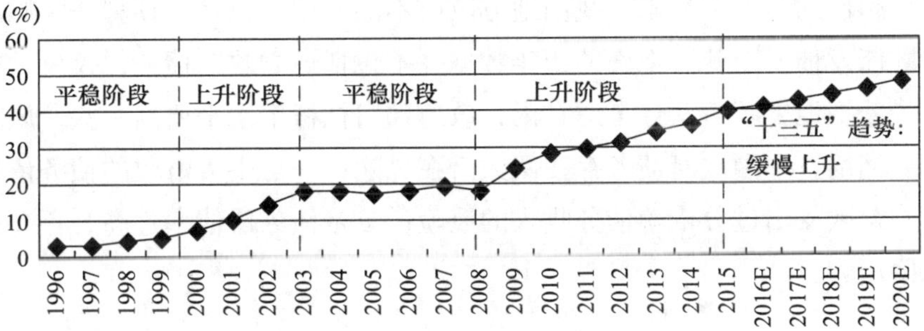

图 2-3 中国居民部门杠杆率（1996—2020 年）

数据来源：1996—2013 年来自马建堂、董小君等（2015），2014—2015 年来自李扬《中国国家资产负债表》；2016—2020 年来自一阶平均弱化缓冲算子的 GM（1，1）模型的预测

（二）中国政府部门杠杆率水平不高，整体债务水平尚在安全范围以内

如果不考虑隐性债务，截至 2015 年 12 月，中国政府部门杠杆率只有

56.8%，只是发达国家平均水平（116.13%）的一半。这是中国的数据。如果从 IMF 数据看，中国政府部门杠杆率更低，截至 2015 年 12 月只有 42.9%，大大低于发达国家的 104.4% 水平，略高于新兴经济体和发展中经济体政府（44.6%）。按此增长趋势，到 2021 年也只有 57.2%。

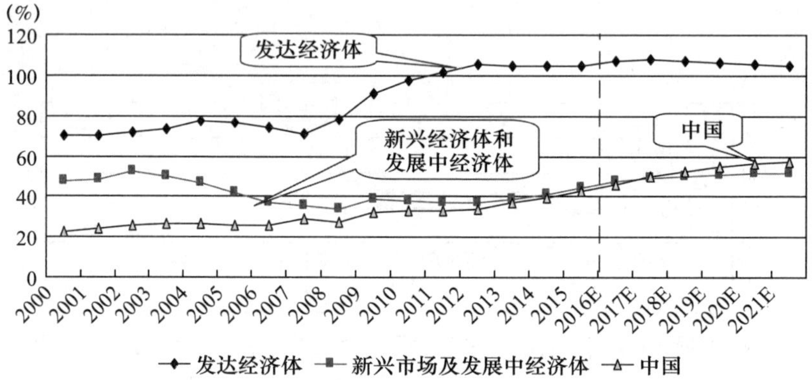

图 2－4　政府债务率国际比较

数据来源：IMF，*Fiscal Monitor*，Jan 2017

需要指出的是，多年来，我国地方政府不能发债，只是在预算法实施后，地方政府才能发债，因此，上面的历年数据并不包括地方政府债务，仅仅是中央政府债务。若把地方政府债务考虑在内，政府部门杠杆率水平要高一些，风险也相对较大。当前，中国政府债务存在两大潜在风险：一是中央财政的债务依存度过高，存在财政支出过分依赖债务收入的风险；二是债务偿债率过高，存在集中偿债的风险压力。

（三）中国非金融企业杠杆率水平过高

发展中国家在高速发展的过程中通常都会伴随着企业加杠杆，中国也不例外。1996—2020 年，我国非金融企业经过两次升杠杆阶段，第一次是亚洲金融危机后，从 1996 年的 84% 上升到 1999 年的 100%；之后的 2000—2006 年杠杆率在 100% 上下波动；第二次是本轮金融危机后，非金融企业加杠杆非常明显，从 2007 年的 97% 上升到 2015 年的 131.2%，大大高于发达国家平均水平 80.02%。

理论上，企业部门债务与GDP比例有一个“250魔咒”，即当企业部门负债与GDP比率接近250%时，很可能出现“明斯基时刻”（Minsky Moment），即资产价值崩溃的时刻。按此增长趋势，到2020年中国非金融企业杠杆率会达到132.65%。这说明，我们距离“250魔咒”“明斯基时刻”还很远。但我们要居安思危，抓紧解决杠杆中的结构性问题。因此，降杠杆对发达国家和中国来说，侧重点是不一样的，发达国家主要是居民和政府部门降杠杆，而发展中国家和中国主要是非金融企业降杠杆，政府部门加杠杆。

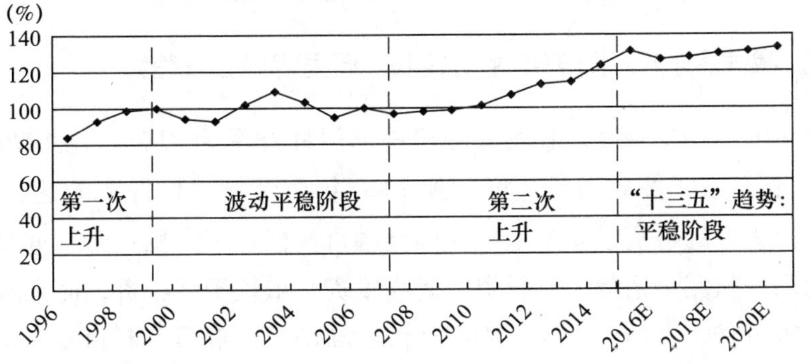

图2-5　中国非金融企业杠杆率（1996—2020年）

数据来源：1996—2013年来自马建堂、董小君等（2015），2014—2015年来自李扬《中国国家资产负债表》；2016—2020年来自一阶平均弱化缓冲算子的GM（1，1）模型的预测

表2-2　杠杆率国际比较　　（单位:%）

国别	居民部门杠杆率（2016.6）	政府部门杠杆率（2015.12）	非金融企业部门杠杆率（2014.12）	总杠杆率（2015.12）
美国	78.8	104.2	67.5	302.7
日本	65.9	229.2	103.0	472.3
英国	87.6	89.2	75.4	318.7
加拿大	99.8	91.5	—	349.3
欧元区	58.9	90.7	—	—
比利时	59.7	106.0	—	364.2
法国	56.7	96.1	84.4	325.0
德国	53.4	71.2	47.3	221.0
希腊	61.5	176.9	63.0	316.8
爱尔兰	57.7	93.8	—	515.7

续表

国别	居民部门杠杆率（2016.6）	政府部门杠杆率（2015.12）	非金融企业部门杠杆率（2014.12）	总杠杆率（2015.12）
意大利	41.8	132.7	76.7	309.2
葡萄牙	75.7	129.0	108.5	404.3
西班牙	66.7	99.2	94.4	314.9
平均	79.7	116.1	80.0	351.2
中国	41.1	56.8	123.1	248.9

数据来源：OECD stat. tradingeconomics. IMF，Fiscal Monitor，CAG analysis

（四）我国金融部门杠杆率相对较低，但呈明显上升趋势

截至2015年12月底，我国金融机构部门杠杆率为21%，比1996年的4%高出17个百分点。按此增长速度，到2020年金融部门杠杆率能达到24.05%。以直接融资为主的融资模式是造成我国金融机构杠杆率大幅上升的重要原因。中国经济的高增长完全依赖于高投资，而高投资又依赖于高融资，而高融资完全依赖于商业银行贷款。换句话说，中国经济的高增长是货币不断超发带来的，中国的社会融资体系过度依赖商业银行贷款，与以间接融资为主的发达国家相比，中国银行总资产占金融业总资产84.68%，而美国、德国、日本分别为17.27%、61.00%、27.08%。

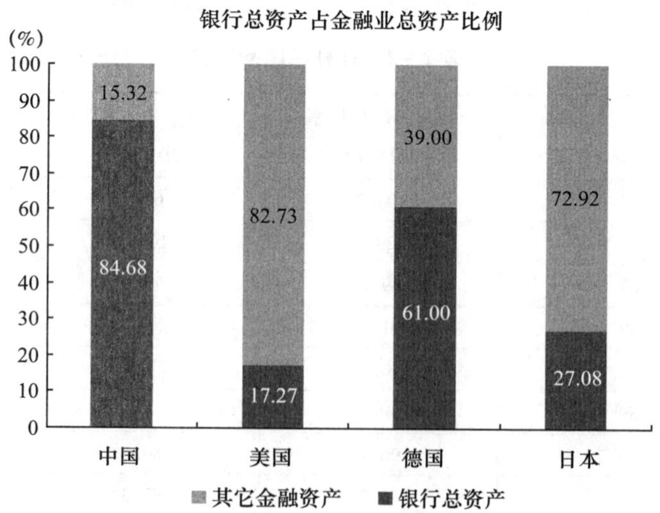

图2-6　世界主要经济体银行总资产占金融业总资产比例比较

数据来源：根据媒体文章整理

中国融资体系过度依赖商业银行贷款，导致商业银行资本金不足。金融机构除了吸收存款和向其他机构借款外，发行债券是提高资本充足率重要途径。因此，近年来，除了政策性金融机构大规模发行金融债券外，我国银行和非银行金融机构发行了大量的金融债券。

第二节　在经济下行周期背景下：高杠杆率会导致系统性风险

高杠杆率给我国经济发展带来一系列的不良后果，具体表现在以下三个方面。

一、风险放大效应：高杠杆率与经济下行周期碰头会相互放大负效应

“杠杆率”另一层含义就是“倍数”。假如一个企业的负债是60万元人民币，资本金是40万元人民币，总资产是100万元人民币，它的负债率就是60/100＝60%，杠杆率就是100/40＝2.5倍。假如一个企业的负债是80万元人民币，资本金是20万元人民币，总资产是100万元人民币，它的负债率就是80/100＝80%，杠杆率就是100/20＝5倍。因此，杠杆率具有放大效应，加剧经济的周期性波动。在经济处于上行周期时，企业更容易从银行获得信贷支持，会促进投资，此时高杠杆会放大繁荣。在经济处于下行周期时，因资产价格不断下跌，企业可供银行信贷抵押物也会缩水，再加上经济不景气时银行“惜贷”，企业获得融资更为艰难，此时高杠杆会放大萧条，导致金融体系的不稳定性。目前，我国正处于经济下行周期，去杠杆对实体经济产生的不利影响已经开始显示。银监会数据显示，2011年9月至2016年9月，水泥、煤炭、钢铁等“强周期”行业，企业盈利能力和偿付能力都在下降，导致同期的银行不良贷款上升。2011年9月末银行不良贷款率为0.90%，到2016年9月末上升到1.76%，五年内几乎翻了一倍。

二、“逆向淘汰”效应：国有企业和重资产行业对中小企业和新兴行业金融资源的挤占

改革开放初期，我国金融体系是基于推动GDP总量增长和国家工业化的目

标设计的。国家通过高度集中的融资体系集中了金融剩余，然后通过倾斜性的信贷政策与资本市场准入政策，将稀缺的金融资源分配给公有经济部门（董小君，2014 年）。[①] 经过三十多年的运行，投资信贷与效益错配现象严重。具体表现在两个方面。

（一）国有企业获得的信贷资源比民营企业多，形成国有企业对民营企业的挤占效应

中国经济中最活跃的部分是民营经济，但民营经济却难以从正规金融部门获得融资。相对而言，国有企业由于有政府支持，更容易获得银行信贷支持。[②] 金融危机以来，国有企业资产负债率不断上升，2016 年达 61. 6%；民营企业资产负债率不断下降，2016 年达 51. 9%。

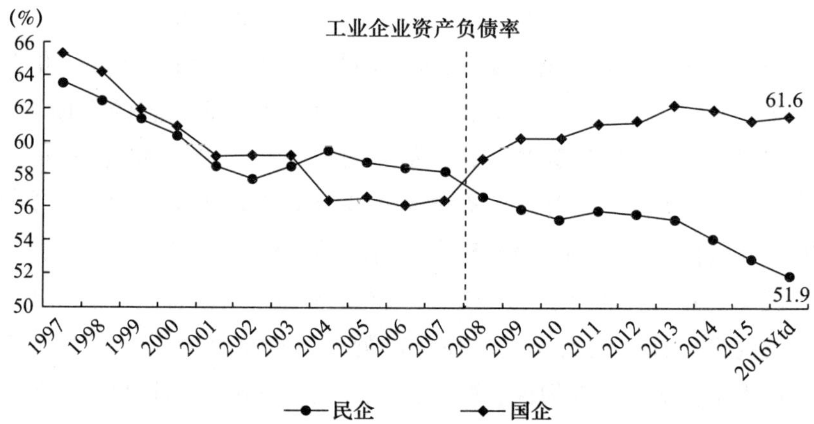

图 2－7　国有企业与民营企业资产负债率比较

数据来源：《中国统计年鉴》（1997—2015），2016 年数据来自统计局

金融危机爆发后，国有企业的盈利能力在不断下降，但由于有银行信贷支持，负债率却呈逐年增高趋势；相反，民营企业盈利能力相对较稳，但由于融资难，负债率却呈下降趋势。数据显示，2016 年上半年，国有企业投资增速

① 董小君：《建立支持经济转型升级的现代金融体系》，《经济研究参考》2014 年第 26 期。

② 余明桂、潘红波：《政府干预、法治、金融发展与国有企业银行贷款》，《金融研究》2008 年第 9 期。

23.5%，利润却同比下降 7.3%；民营企业投资增速 2.5%，利润同比增长 7%。信贷资源过于向国有企业倾斜，是造成国有企业的平均负债率始终高于民营企业的重要原因。正是这些无效率国有企业容易获得大量贷款的支持，形成了大量“僵尸企业”①。近年来，我国国有企业“僵尸企业”比例最高，民营企业“僵尸企业”相对低一点。这种“逆向淘汰”现象在 20 世纪 90 年代的日本也出现过。当时日本效益越差的企业获得的银行贷款越多，获得银行贷款越多的企业效益越差，甚至形成了一种恶性循环。日本经济之所以出现“失去的十年”，主要就是大量的“僵尸企业”占用了大量无效率的银行贷款，挤出了优秀的企业。

（二）“重资产”行业获得的信贷资源比“轻资产”行业多，形成“重资产”行业对“轻资产”行业的挤占效应

重资产企业一般资金投入较大，但获得利润回报较低，如果更新产品，则需要更新生产线，资产折旧率高。中国经济转型艰难，主要是重资产行业占用了太多的信用资源。我国主要金融机构对重工业的中长期贷款余额远高于对轻工业的中长期贷款余额，并且二者之间的差距有进一步拉大的趋势。这说明我国信贷主要投向了诸如钢铁、煤炭等重工业。”

图 2-8　各行业获得信贷资源占比

资料来源：笔者根据媒体资料整理

① 理论上，僵尸企业是指这样一些负债企业，它们虽然可以产生现金流，但是扣除运营成本和固定成本之后，最多只能支付贷款利息，而无力偿还贷款本金。实践中，我国官方标准是：一家企业如果连续三年利润为负数，就是僵尸企业。

而重资产行业往往又是产能过剩的行业，资产负债率居高不下。中国人民大学国家发展与战略研究院分析 2013 年中国上市公司数据研究发现：僵尸企业比例最高的往往是重资产行业，排在前五的行业是：钢铁、房地产、建筑装饰、商业贸易和综合类，僵尸企业比例占比分别为 51.43% 、44.53%、31.76%、28.89%、21.95%；僵尸企业比例最低的是轻资产行业，排在前五的行业是：银行、传媒、非银金融、计算机和休闲服务，僵尸企业占比分别为 0.00%、4.12%、4.65%、5.23%、5.88%。[①]

在战略性新兴产业中，中小企业和创业企业占比较高，占整个战略性新兴产业 75% 以上。由于服务业、高科技产业具有“三高”（高投入、高回报、高风险）特点，与银行融资支持的原则相悖，导致这些行业难以获得融资支持。

三、风险传导效应：由局部风险可能引发系统性风险

一个国家的资产负债表就像是一个人的身体，具有系统性特征。资产负债表中各个部门的健康程度则代表人体的各个脏器的健康程度。如果人体中的某个脏器出现了健康问题，有可能导致整个身体系统运转失灵。同样，当一个国家的资产负债表中某个部门出现杠杆率过高，有可能导致整个市场失灵。如政府部门的杠杆率过高（例如欧债危机中的一些欧洲国家），或者金融机构的杠杆率过高（例如 2008 年国际金融危机之前的美国），都会导致市场信心快速下降、信用萎缩，最终导致整个金融市场的危机。

在我国经济转型中，随着经济和金融体系内在联系日趋紧密，经济各种局部失衡和隐患也在不断积累，这些风险如果管控不当，就会演变为一个相互强化的正反馈机制，可能由单一风险引发为系统性风险，由金融风险演变成实体经济风险，乃至转化成社会和政治风险。单一风险向系统性风险演进，可以从以下几个路径传导：

（一）实体经济之间风险传导

单一企业风险引发成系统性风险的逻辑演进链条是：个别企业陷入流动性风

① 聂辉华、江艇、张雨潇、方明月：《中国僵尸企业研究报告——现状、原因和对策》，《人大国发院年度研究报告》第 9 期，2016 年 7 月，第 26 页。

险→企业之间偿付性风险（债务链断裂）→企业坠入“债务—通缩”陷阱→风险向银行部门集中→直接融资与间接融资体系风险交互作用→杠杆风险传递到宏观层面→系统性风险爆发。尤其是在“互保联保”融资担保模式下，交叉违约风险具有极强的传染性，一家企业倒闭，便引起连锁反应，导致优质企业也受牵连。目前，我国部分企业已坠入“债务—通缩”陷阱。据银监会《中国金融稳定报告2016》分析，非金融企业债务负担较重，高负债率已使不少企业失去扩大债务融资的能力，部分企业依靠“借新还旧”甚至“借新还息”勉强维持，容易引发企业债务风险，并可能沿债务链、产业链蔓延。银监会指出，2015 年银行授信总额 10 亿元以上的企业发生债务风险事件明显增加。

（二）实体经济与金融机构之间的风险传导

资金在股市、债市、期市等金融市场间快进快出，频频出现“过山车”行情，跨市场风险联动增强。同时，财政收入增速下降、企业盈利能力下降、部分城市房地产泡沫化等因素，影响企业现金流和偿债能力，且有向上下游企业、担保链扩散的趋势，实体经济风险向金融领域传导。实体经济与金融机构之间风险传导过程：市场不景气导致企业资产负债表失衡→企业目标从原来的“利润最大化”向“负债最小化”转变→实体经济都不愿投资→银行愿意贷款企业也不借→央行宽松货币政策银行也不敢贷款→全社会陷入信用紧缩局面→银行不良资产产生。

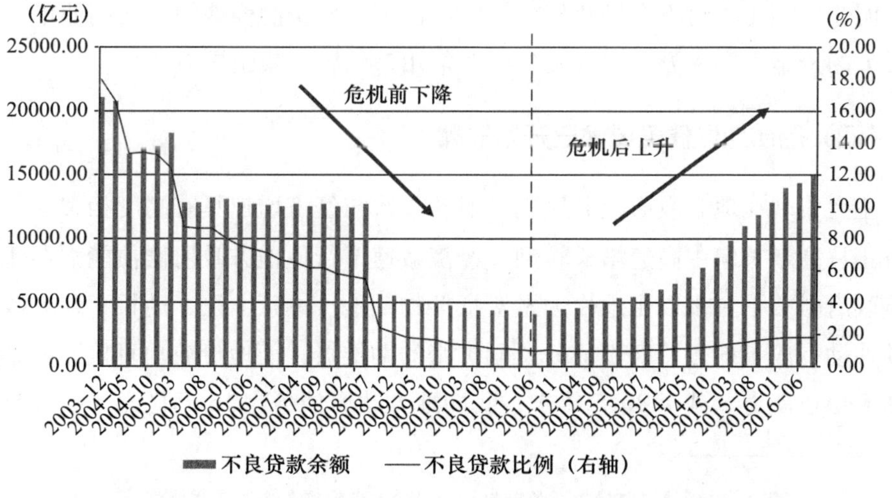

图 2-9　商业银行不良贷款余额与不良率（2003—2016 年）

数据来源：Wind 资讯

改革开放以来，我国形成了两轮不良资产周期，正是实体经济与金融机构之间风险传导的结果，只是各有不同特点：上一轮周期，不良资产呈行业条块特点，地域分布格局不明显。本轮周期，不良资产的增长呈现由点到面的态势，具有较强的区域特征。统计数据显示，截至2016年11月23日，在已公布的10个省市中，浙江、宁波、上海不良贷款率分别为2.41%、2.92%、0.76%，呈双降趋势；而西部省份的甘肃不良贷款率却呈双升趋势，为2.04%；河南、黑龙江、吉林等省份分别为3.18%、3.3%、3.46%，不良贷款率一直在高位运行。[①]

（三）金融机构之间风险传导

主要是指因交易对手、关联机构、金融市场等发生波动或不利变化而对个别机构及整个银行体系造成直接或间接的负面影响。随着金融市场相互关系越来越紧密，杠杆风险会传递至整个金融系统，导致金融失衡风险。目前，风险较大的主要是股份制商业银行。据央行《中国金融稳定报告2016》对31家银行同业双边风险敞口测算：系统重要性商业银行、大型商业银行资本较为充裕，风险传染性相对较小；城市商业银行属于资金净融入方，风险传染范围有限；农村商业银行的传染性风险较小；而股份制商业银行风险最高。如果发出同业信用违约，股份制商业银行平均传染到的银行机构为4.73家，风险传染平均延续2轮，平均损失的资本占31家银行资本总额比重为8.15%。其中，仅3家股份制商业银行发生同业信用违约时不会导致传染。整体而言，股份制商业银行在同业市场上仍是最大的资金净融入方，一旦发生同业信用违约则传染范围较广。[②]

（四）局部地区债务风险已开始显露

主要表现在地方政府债务风险。财政收入与经济增速具有高度相关性，我国经济正从高增长向中高速增长转型，经济减速下行使地方政府偿债能力弱化。而地方政府融资平台多以土地作为融资抵押物，地价迅猛上涨，助长了地方政府的举债冲动，成了地方政府性债务急剧扩张的助推器，而地价波动直接影响其融资和债务偿还能力。截至2015年末，我国地方政府债务为16万亿元，地方政府债

---

① 张莫、刘丽：《多地银监局最新数据显示：银行不良贷款东部双降西部双升》，《经济参考报》2016年11月24日。

② 中国人民银行：《中国金融稳定报告2016》，中国人民银行网站。

务率为 89.2%，虽然低于国际通行的警戒标准，但是部分地区和行业偿债能力弱，已存在风险隐患。根据财政部对 2015 年地方政府债务风险的评估，全国有 90 多个市本级、300 多个县级纳入风险预警名单，此外有部分省、市、县被列入风险提示名单，局部地区有风险，个别地区债务率超出 100%。从地区看，截至 2016 年 7 月的数据为例，青海、重庆、天津、湖南、甘肃、江苏、贵州的地方政府债务率均超过了 100%，其中青海最高为 154%。云南、新疆、广西、辽宁、福建、安徽、四川、陕西、江西、湖北、浙江、北京、河南的债务率均超过 50%。而山东、黑龙江、山西、吉林、河北、宁夏、内蒙古、上海、广东、海南、西藏的债务率均比较低，西藏仅有 7%。

表 2-3 2016 年狭义省级政府债务率排名

序号	地区	城投债余额（亿元）	2015 年公共财政收入（亿元）	债务率%
1	青海	410	267	154
2	重庆	3246	2155	151
3	天津	3672	2667	138
4	湖南	3318	2513	132
5	甘肃	908	744	122
6	江苏	9389	8029	117
7	贵州	1509	1503	100
8	云南	1709	1808	95
9	新疆	1041	1107	94
10	广西	1420	1515	94
11	辽宁	1987	2126	93
12	福建	2175	2544	85
13	安徽	2087	2454	85
14	四川	2668	3329	80
15	陕西	1528	2060	74
16	江西	1559	2166	72
17	湖北	2152	3005	72
18	浙江	3360	4810	70
19	北京	3111	4724	66
20	河南	1748	2739	64
21	山东	2659	5529	48
22	黑龙江	532	1165	46

续表

序号	地区	城投债余额（亿元）	2015 年公共财政收入（亿元）	债务率%
23	山西	735	1642	45
24	吉林	505	1229	41
25	河北	981	2648	37
26	宁夏	134	374	36
27	内蒙古	643	1964	33
28	上海	1720	5520	31
29	广东	2788	9365	30
30	海南	92	628	15
31	西藏	9	137	7

数据来源：中金在线，http：//bond. cnfol. com/zhaiquanzixun/20160805/23216692. shtml

对此，2016 年 11 月 14 日国务院办公厅发布了《地方政府性债务风险应急处置预案》，指出当前地方政府债务新的特点和风险是：个别地区债务率超出警戒值，局部地区偿债能力在弱化。

第三节 “降杠杆”政策体系设计：宏观与微观层面共同发力

降杠杆亟需一套综合性解决方案，这一综合性解决方案需要在短期风险和长期收益中找平衡。2016 年 12 月 18 日召开的中央经济工作会议提出，去杠杆要在“控制总杠杆率”的前提下，把降低非金融部门杠杆率作为重中之重。因此，降杠杆包括两个层面：宏观层面是控制总杠杆率，微观层面是要降低非金融部门的杠杆率。

一、宏观层面：控制总杠杆率，在去杠杆与稳增长中取得平衡

IMF 指出，去杠杆一旦在全世界范围内集中实施，必然给国际经济产生巨大的紧缩效应。在经济下行压力下，“去杠杆”面临两难境地：一方面，杠杆率过高会增加系统性风险，必须要降；另一方面，实体经济不景气，激进式的降杠杆可能会导致经济衰退。实体经济发展还需要依靠加大杠杆维持经济增长。如何在

去杠杆与稳增长中取得平衡，考验着政府的决策艺术。

控制总债务水平的增长，需要一个稳定的经济增长：

（1）从风险可控看，目前我国总体杠杆率尚处于合理区间，演化为系统性风险的概率并不大。刚开始时，央行是用“总量控制”思路来降低杠杆率，主要是通过压缩信贷规模的方式降低企业负债规模增速。这种方式存在着风险。目前，政府对降杠杆已从“总量式去杠杆”向“结构式去杠杆”转变。这主要是基于中国总杠杆率水平并不高的事实。进一步来讲，杠杆率过高虽然是普遍现象，但却是一个典型的结构性问题。主要表现在：不同企业之间、不同行业之间、不同地区之间的企业杠杆率差异很大。总量控制无法同时满足不同杠杆压力的需求。所谓“结构式去杠杆”，指的是在全面统筹的基础上，充分尊重各行业各地区之间的差异和各自特色。

（2）从去杠杆与经济增长关系看，通过经济增长来消化负债是最健康的“去杠杆”方式。理论上，“杠杆率”是以总债务/GDP来计算。除了减少分子外，还可以做大分母，即增加公式中的GDP，就是保持经济稳定增长来达到降杠杆的目的。因此，判断一国杠杆率是否在合理区间，不仅要看杠杆率水平，还要看经济增长能否覆盖债务成本的增长，也就是“杠杆率增长与经济增长”是否同步，从宏观来看，即债务成本 < 经济增速。如果债务成本超过经济增速，则任何水平的杠杆增加都会加剧经济体内的风险，从而引发系统性危机。实践中，多数国家通过可持续的GDP增长达到带动收入、资本、净资产增长的目的。据对英国、法国、日本、西班牙、葡萄牙、意大利测算，去杠杆化大致需要2%的GDP增长。2003—2008年，我国去杠杆之所以成功实施，主要是通过保持GDP较高增速来实现的（见图2－10）。因此，杠杆率的发展趋势从根本上取决于经济增长的速度和债务的可持续性。降杠杆的要义，应当是保持债务的可持续性并把杠杆率限制在可持续的范围内。（李扬，2016年）尤其是在实体经济下行趋势未得扭转的背景下，保持适当速度会成为政府的首选。目前我国政府明确提出以保增长为中心任务，这意味着，必要时还要通过暂时的加杠杆来完成保增长的目标。

（3）从经济周期看，去杠杆应选择经济上行周期。目前，我国经济正处于下行周期，激进式降杠杆可能会导致资产负债表的衰退。实践证明，过快的债务紧缩，会导致实际经济增速下降和资产价格下跌。只有到经济复苏时，可以通过提高整体要素生产率来逐步化解宏观杠杆率。

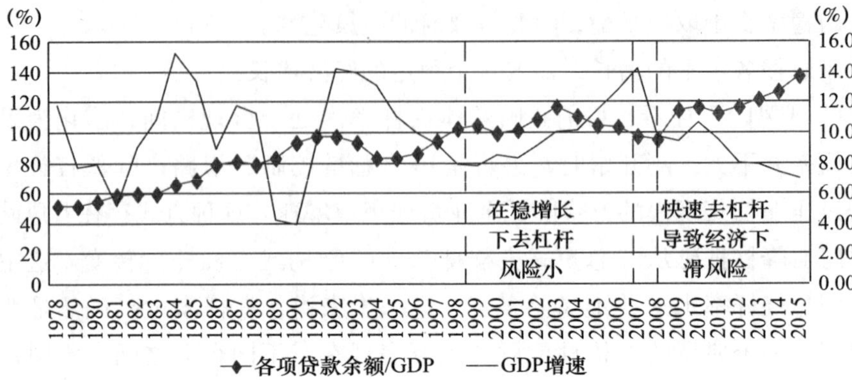

图 2－10　去杠杆与经济增长关系图（1978—2015 年）

数据来源：Wind 资讯

综上分析，笔者提出去杠杆总体思路：稳增长是去杠杆的基础，保持一定的发展速度是第一位的，只有保持一定的 GDP 增长，去杠杆才有基础；去杠杆，要更多依靠经济发展，要通过结构性调整来推进。

二、微观层面，创新金融部门融资模式，实现企业资产负债表式的“降杠杆”

从企业资产负债表看，就是通过降低负债（分子），使其与资产（分母）相匹配，或做大资产（分母）使其与负债（分子）相匹配，因此，称“资产负债表式去杠杆”。对于企业来说，“降杠杆”就是要将过高的杠杆恢复到正常的区间。那么，企业负债率多高是合理区间？一般不超过 70%，如果超过 70%，则需要去杠杆。但各行业标准不一。国家相关规定是：投资项目需要企业自有资金不低于 30% 或创业平均值或超过收入增长速度。具体说来，从融资方式看，有四种模式：资产负债表右边是通过融资结构调整达到“降杠杆”目的，主要包括负债融资、股东权益融资和夹层融资。资产负债表左边是通过盘活存量“降杠杆”，主要是资产证券化。

（一）融资模式一：企业债务融资——通过降低资金成本降杠杆

负债融资是间接融资，是在分子上做文章。从资金需求侧看，负债融资具

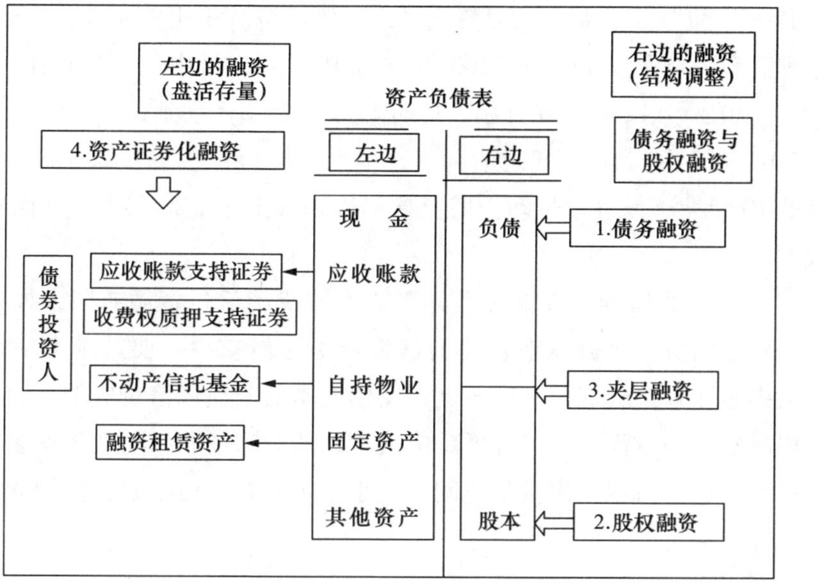

图2－11 企业融资模式总体框架

有“税收优惠效应”。相对于股权融资，负债融资的优点是，利息可以从税前利润中扣除，从而减少应纳税额而给企业带来价值增加效用。世界上大多数国家都规定负债免征所得税，中国《企业所得税暂行条例》中也明确规定：“在生产经营期间，向金融机构借款的利息支出，可按照实际发生数扣除。”但负债融资会增加企业压力，如果企业无法偿还本金和利息的支付，就会面临财务危机。从资金供给侧看，对于企业来说，负债融资成本从高到低有信托计划与资管计划、商业银行贷款、公司债或企业债、政策性银行贷款、中期票据与短期融资券等多种方式。目前主要是选择低利率方式融资和发行企业债券来降低企业融资成本。

（1）通过降低利率水平，降低企业融资成本。利率有高利率和低利率、长期利率和短期利率之分。通过债务融资降杠杆可通过选择不同利率水平的产品来实现。其中长期国债利率是基础是关键，如果长期国债利率太高，长期贷款利率和长期企业债利率都降不下来。2007年以来，世界主要经济体为应对危机，促进经济增长，相继采取了量化宽松货币政策，推动各主要国家债券收益率大幅下行。美国10年期国债利率在2008年至2012年4月一直徘徊在2%～3%之间；到了2012年5月至2017年1月，降到了1%～2%。日本央行和欧洲央行还推出“负利率”和 QQE，督促增量资金进入实体经济。相比较而言，中国 10 年国债现券收益率一直在高位运行。2007 年至 2015 年 12 月中旬，一直在 3%～4% 之间运行。2015 年 12 月中旬开始，10 年期国债利率才跌到3%以下，但2016 年 12 月至2017 年 1 月，10 年期国债利率又呈上升趋势，一直在 3.0%以上。建议通过降低 10 年期国债利率带动长期贷款利率和长期企业债利率，从而降低企业融资成本。

（2）发行企业债券，降低企业融资成本。我国信贷资源有限，如果大中企业融资主要靠信贷，小微企业获得的信贷资源必然较少。要鼓励大中企业多发债，因大中企业资信较好、评级较高，发债成本低于银行信贷成本。大企业通过发债获得融资，一方面，可以降低融资成本，债券市场利率要低于商业银行贷款利率；另一方面，可以腾出信贷空间，让小微企业获得更多银行信贷资源。

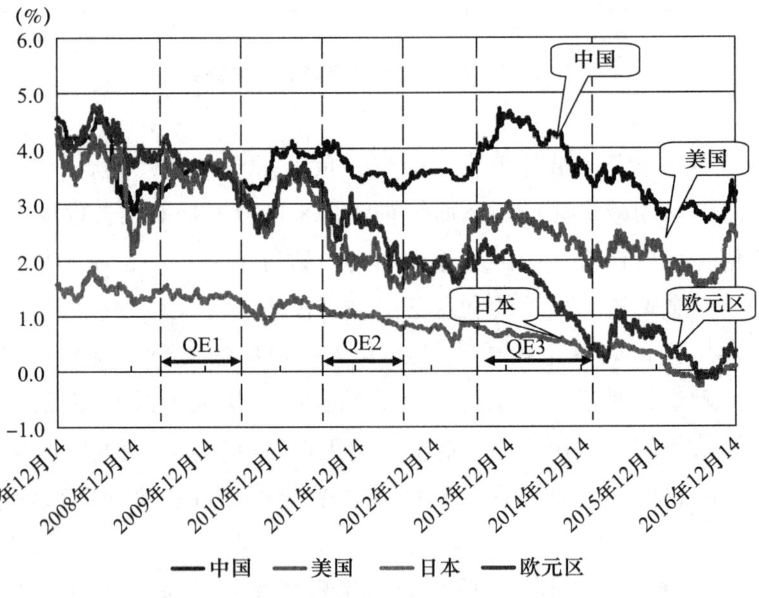

图 2－12　10 年期国债收益率国际比较

数据来源：Wind 资讯

（二）融资模式二：企业股权融资——通过增加权益“降杠杆”

与商业银行间接融资方式相比，股权融资是直接融资，是指股东通过出让部分股权，引进新的股东来增资和融资。与负债融资相比，股权融资所获得的资金，企业无须还本付息，但新老股东要同享企业的赢利。增加权益，是在分母上做文章。从资金需求侧看，股权融资是经济债权化向经济资本化方式转型。新的融资模式摆脱了杠杆率即负债率的束缚。这也是为什么说“股份制及其衍生的资本市场是近代人类经济生活的一大发明”。股份制及资本市场实现了资金从储户（银行的债权人）向投资人（股东）的转换，即从“债权融资”向“股权融资”转变。实现了融资方从“内涵式增长”（资本积累）向“外延式增长”（资本集中）的转换。

与负债性的间接融资相比，直接融资成本低。因间接融资会两次放大负债和提升杠杆，第一次是通过储蓄，加大了银行杠杆，即居民将钱储蓄到银行，扩大了银行负债率；第二次是银行又以贷款方式将资金放给企业，又加大了企业杠杆率，导致“经济债权化”。而股权融资，则不需要通过银行，资金以投资方式将直接进入企业的权益，对全社会来说，就是经济资本化。

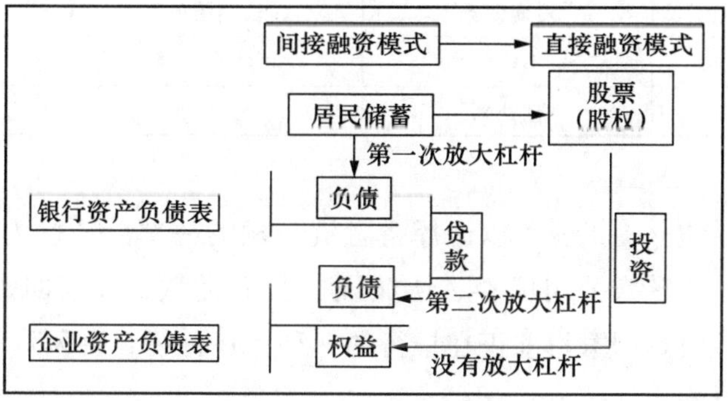

图 2－13　间接融资与直接融资在降杠杆上的作用

从资金供给侧看，股权融资具体包括股票市场的 IPO 与增发、商行贷投联动、信托与资管计划、股权投资基金、股权众筹等多种股权融资工具。

（三）融资模式三：企业夹层融资——介于债务与股权融资之间的融资方式

“夹层融资”（mezzanine finance）处于公司资本结构的中层，包含夹层资本（投资方）和夹层债务（需求方）两个方面。夹层资本的收益和风险介于企业债务资本和股权资本之间，本质是长期无担保的债券类风险资本。夹层资本的收益通常包含现金收益和股权收益两部分。对于借款者及其股东而言，夹层融资具有以下几方面的吸引力：一是长期融资。一般来说，企业要想从银行那里获得3年以上的贷款是很困难的，而夹层融资可提供5-7年的资金支持。二是无需担保。从征信方式看，普通银行贷款需要担保，而夹层融资对借款人的限制相对较小，无需担保。三是融资成本较低。夹层资本要求融资方按期还付本息，通常要求比优先债务更高的利率水平；但比股权融资成本低，因为资金提供者不要求获取企业的股权，减小了股权的稀释程度。四是杠杆率相对较低。夹层融资的杠杆率虽然比股权融资高，但比普通债务融资低得多。五是灵活性。通过不同的债权及股权特征组合，可以满足投资者多种需求。

表2-4 三种融资方式比较

比较项目＼融资方式	普通债务	夹层融资	股权融资
征信方式	需担保	无需担保	无需担保
期限	短期债务	长期债务	长期投资
对股权稀释	不稀释	可能会稀释	稀释
杠杆率	杠杆高	杠杆低	无杠杆

典型的夹层债务提供者可以选择将融资金额的一部分转换为融资方的股权，如银行债转股、可转换公司债券、认股证、次级贷款、股权回购、银行信用证等。其中，债转股是国家目前正在推行的一种旨在化解金融风险和降低企业负债率的重大经济措施。

“债转股”也称“贷转股”，是指债权人将其对债务人享有的债权转换为对债务人的投资。在会计上，企业资产负债率=负债总额/资产总额，当银行贷款选择“债转股”方式时，对企业来说，一方面意味着所有者权益的增加和负债的减少，但企业的资产总额不变，因此企业资产负债率下降，账面上“去杠杆”效应明显；另一方面企业重新获得一笔无限期的资金，不必再为原有贷款偿付利息，企业财务成本大大减少。债转股分为政策性债转股和商业性债转股，我国上一轮债转股实施过程中政策性因素占主导，本轮债转股应以市场为主导，实施商业性债转股。

从国际经验看，全球多个国家曾经使用债转股方式降杠杆。如20世纪80年代拉美债务危机期间巴西、墨西哥、阿根廷都执行债转股；美国“储贷危机”期间，通过债转股方式，赔偿要求权的流通，将投资者范围扩大到原债权人之外的所有投资者；1997 年亚洲金融危机期间，韩国在石化、航空、汽车三行业对部分企业债务实施债转股；保加利亚、波兰、匈牙利、捷克等在转轨期间也采取过债转股方式处理银行不良资产。近年来，我国通过债转股，大大降低了企业的资产负债率。

（四）融资模式四：资产证券化融资——盘活存量降杠杆

资产证券化融资是通过盘活存量的方式降杠杆。资产证券化（asset securitization）是“企业将其资产进行资产证券化的过程”，是将流动性较差的贷款或其他债权性资产通过特殊目的载体（Special Purpose Vehicle，SPV）进行打包和组合，使之产生相对稳定的现金流，并以此提高其信用评级，最终将该组资产的预期现金流收益权转化为可以在金融市场上交易的债券的技术和过程。[①]

此外，资产证券化，企业“真实出售”了债权，达到了风险隔离的目的，既将存在于某一产业链条之内的风险释放，转移到了广大的投资者，又降低了投资者的风险和信息获取成本，对于宏观经济的平稳运行具有积极的意义。这也正是为什么近两年在国内宏观经济增速连续下台阶的背景下，资产证券化业务被重新摆上了一个重要位置的原因。

资产证券化不只是一般意义上的金融产品创新，更是一种信用体制的创新，它比直接债务融资和股权融资的成本低，综合了这两种融资的优势，把市场信用的资产组合功能与中介信用的投资者组合功能结合在一起，形成了体制上的融合优势，[②] 提高资金使用效率。对于企业来说，相比于从银行贷款的间接融资模式，资产证券化作为一种直接融资模式的优点直接体现在融资成本的降低上。企业通过资产证券化剥离不适合企业长期战略需求的资产而筹集到大量资金 ，增强资产的流动性 ，改善资产结构，实现资本的优化配置。对于商业银行来说，通过资产证券化可将流动性差的信贷资产剥离出资产负债表，盘活商业银行存量资产，提高银行的资产流动性，并降低风险资产的比重，提高放贷能力，从而提高资金周转率与使用效率。对于投资者来说，资产证券化为投资者提供了更多投资

---

① 姜建清主编：《商业银行资产证券化——从货币市场走向资本市场》，中国金融出版社 2004 年版。

② 李传全：《资产证券化的信用工程特征分析》，《经济与管理研究》2001 年第 3 期，第 57 – 58 页。

机会。在当前我国资金市场供给过剩情况下，资产证券化因风险较低、收益稳定、期限较长的特点，为投资者提供了一种很好的投资方式。资产证券化起源于20世纪60年代末的美国住宅抵押贷款市场。20世纪70年代后，美国自抵押二级市场得到蓬勃发展。从20世纪80年代起，资产证券化从美国相继传入欧洲、拉丁美洲和亚洲。目前，美国在全球资产证券化中规模最大、结构最复杂，证券化技术已扩大到汽车贷款、房屋贷款、租赁贷款等多个领域。资产证券化既是全球金融市场的一大创新，又是美国次贷危机爆发的诱因之一。全球金融危机爆发后，国内外纷纷将矛头指向资产证券化。笔者认为，不能因为金融危机的影响而放弃资产证券化发展的步伐。我国可吸取美国次贷危机的经验教训，在大力发展资产证券化的同时做好风险防控工作。

我国资产证券化始于20世纪90年代。2005年银监会颁布了《信贷资产证券化试点管理办法》，我国资产证券化才正式开启。近年来，我国监管部门一直在积极推进资产证券化工作。2016年《国务院关于积极稳妥降低企业杠杆率的意见》提出“有序开展企业资产证券化”。即按照“真实出售、破产隔离”原则，积极开展以企业应收账款、租赁债权等财产权利和基础设施、商业物业等不动产财产或财产权益为基础资产的资产证券化业务。

综上分析，负债融资、股东权益融资、夹层融资、资产证券化构成了企业四种融资模式。杠杆率从低到高的排序为：股东权益融资、夹层融资、资产证券化、负债融资。（见图2－14）

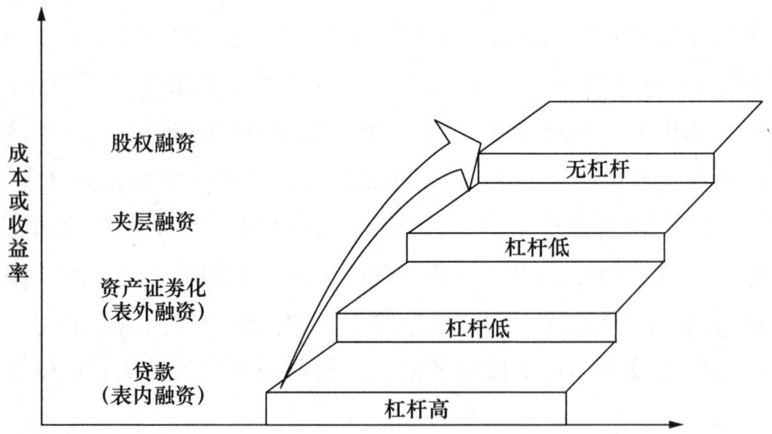

图2－14　不同融资模式与杠杆水平比较

第三章　政府部门债务可持续性

近年来，各国政府债务规模不断增加，债务风险也逐渐增大，政府债务可持续性成为各国政府及理论界亟需面对的重大理论问题和现实问题。去杠杆，关键在于债务的可持续性。本章基于一般均衡条件下的代际预算约束模型，选取新兴经济体的数据，测算中国政府债务上限，从而判断我国政府债务是否可持续。

第一节　背　景

政府债务是各国政府筹集财政资金的重要形式，同时也是发展经济的重要杠杆。政府作为债务人，以政府信誉为担保，对所举借的债务负有到期偿还的责任。一般来说，政府的信誉极高，政府债务基本可以到期偿付；但政府运营和经济形势面临各式各样的风险，因此政府债务的可持续性也可能受到影响。本节主要阐述研究背景、研究目的和意义，以及国内外学者对政府债务可持续的研究现状。

一、研究背景

2008 年国际金融危机爆发以来，世界经济呈现出双二元弱复苏的趋势：一是新兴经济体的经济增速快于发达经济体，二是股票市场的反弹速度明显快于实体经济。但是 2013 年以来，伴随发达经济体一轮又一轮的量化宽松政策和一系列刺激措施，以美国为代表的发达经济体的经济复苏呈现加快势头，新兴经济体增速则明显放缓。与此同时，新兴经济体的经济刺激政策的效应明显下降，由此引发的政府债务风险也渐次显现。由于刺激性的财政政策，新兴经济体政府普遍债台高筑，加之“后危机时代”经济势头不断下滑的趋势，财政盈余能否如期偿还政府所欠债务显示出不确定性。IMF 2014 年发布的 *Fiscal Monitor* 报告也显示，新兴经济体的财政脆弱性正在进一步上升。因此，新兴经济体政府债务的上限是多少、现有的债务水平是否可持续，值得引起充分关注。

根据 IMF 2014 年的 *Fiscal Monitor* 报告，2008—2014 年新兴经济体的政府债务水平可以分为三种类型：一是以巴西、印度和中东、北非、巴基斯坦（MENAP）为代表，这些国家的政府负债率处于较高水平，基本在 60%～80%；二是以墨西哥、南非和土耳其为代表，这些国家的政府负债率处于中等水平，在 30%～50% 之间波动；三是以中国和俄罗斯为代表，这些国家的政府负债率水平较低，基本处于 10%～30% 之间[①]。总的来说，新兴经济体的政府负债率水平在 30%～40% 左右，较发达经济体的 80%～110% 要低很多。但这并不意味着新兴经济体的政府债务完全可持续。近两年，只有少部分新兴经济体国家进行了财政整顿，绝大多数新兴经济体国家延缓调整进程，进而加剧了财政赤字的扩张，导致债务环境的恶化。

表 3－1　新兴经济体潜在的财政脆弱性评估

年．月 / 国家	2009.11	2010.05	2010.11	2011.04	2011.09	2012.04	2012.10	2013.04	2013.10	2014.04
阿根廷	灰	灰	灰	灰	白	灰	灰	灰	黑	黑
巴西	黑	灰	灰	黑	灰	黑	黑	黑	黑	黑
智利	黑	灰	灰	灰	黑	灰	灰	白	白	灰
中国	灰	灰	灰	灰	灰	灰	灰	灰	灰	灰
印度	灰	灰	灰	灰	灰	黑	灰	黑	黑	黑
印度尼西亚	灰	白	白	白	白	灰	灰	灰	灰	灰
马来西亚	黑	黑	黑	黑	黑	黑	黑	黑	黑	黑
墨西哥	灰	黑	黑	灰	黑	灰	黑	灰	黑	黑
巴基斯坦	黑	黑	黑	黑	黑	黑	黑	黑	黑	黑
菲律宾	黑	灰	灰	灰	黑	灰	灰	灰	灰	灰
波兰	黑	灰	灰	灰	灰	灰	灰	灰	灰	灰
俄罗斯	黑	灰	灰	灰	灰	灰	灰	灰	灰	灰
南非	灰	灰	灰	黑	灰	黑	黑	黑	黑	黑
泰国	黑	灰	黑	灰	灰	黑	黑	灰	黑	灰
土耳其	黑	灰	灰	灰	灰	灰	灰	灰	灰	灰

注：黑色表示财政脆弱性很高，深灰色表示财政脆弱性中等，淡白色表示财政脆弱性很低。

资料来源：IMF 2014 年 *Fiscal Monitor* 报告

① 中国到 2009 年只报告中央政府债务，2010 年的数据包括了地方政府债务，如果加上地方政府债务，2012 年底的政府总负债率约为 46.2%。

2013年年底，中国审计署公布了《全国政府性债务审计结果》（以下简称《审计结果》），截至2013年6月底，我国各级政府负有偿还责任的债务高达206988.65亿元，或有债务（包括负有担保责任的债务和可能承担一定救助责任的债务）的规模达95761.05亿元，两者共计302749.7亿元。而2013年全年GDP也不过为566130.18亿元，假设2013年年底的债务余额按照公布的计算，我国政府的负债率已经高达53.48%。规模如此巨大的政府债务，对各级政府都是一个考验。2014年10月2日，国务院下发《国务院关于加强地方政府性债务管理的意见》（以下简称《意见》），标志着我国政府债务的管理开始迈向新台阶。《意见》明确指出，要测算债务率、新增债务率等指标，建立债务风险预警机制。2014年APEC会议上，习近平主席指出经济新常态下的一个重要特点就是经济从高速增长转为中高速增长，加之党的十八届三中全会确立市场在资源配置中的决定性地位，利率市场化的预期引起不确定性，这给我国政府债务的可持续性带来影响。由此，在宏观经济环境变动的情况下，我国政府债务的可持续性问题成为具有重要意义的研究课题。新兴经济体中的部分国家曾经爆发过债务危机，其政策失误的教训及管理的经验，都值得中国借鉴，因而分析新兴经济体国家的政策实践，总结出相应的经验及教训，对于中国政府债务的可持续性管理也具有重要意义。

二、研究目的及意义

IMF对新兴经济体做的财政脆弱性评估也说明，尽管债务水平相对较低，但新兴经济体仍面临较为严峻的财政脆弱性。表3－1中，只有中国和印度尼西亚的财政脆弱性一直以来都比较适中，其他新兴经济体国家或多或少表现出很高的财政脆弱性。巴西、马来西亚、墨西哥、巴基斯坦、南非和泰国在10次评估中，绝大多数表现出高的财政脆弱性；阿根廷、智利、印度、菲律宾、波兰、俄罗斯和土耳其在大多数时候表现为中等的财政脆弱性。2014年4月的评估中，所选15个新兴经济体国家中，有7个国家的财政脆弱性很高，几乎占到一半。

欧元区对其成员国的政府债务有其约束标准，按照《马斯特里赫特条约》的规定，政府负债率不得超过60%。这是欧盟保障其成员国政府债务可持续的一个重要指标。本章的研究目的集中在以下三个方面：一是运用一般均衡条件下的代际预算约束模型，在验证财政反应函数的基础上，测算29个新兴经济体国家政府债务的上限，研究其政府债务的可持续性。二是剖析不同新兴经济体债务可持续的影响因素，并分析不同国家可持续或不可持续的理论和实际原因。三是在此基础上，参照欧元区政府负债率不超过60%这一条件，设计中国政府债务可持续的压力情景，进行压力测试分析，从而验证我国政府债务在一定的宏观经济环境变动下的可持续。近年来，中国政府债务尤其是地方政府债务问题不断凸显，本章旨在通过对新兴经济体政府债务可持续性的研究，综合新兴经济体国家（主要是拉美国家）的实践以及本章的研究结论，为我国政府债务的管理提出政策启示。

三、国外学者对政府债务可持续的研究

对政府债务可持续性的研究，源于发达经济体学者对“财政疲劳”现象的研究。后来，学者运用“财政疲劳”“债务上限”等思想，对发达经济体和新兴经济体国家的政府债务可持续性进行实证检验，得出了许多有意义的结论。

（一）“财政疲劳”

2008年的金融危机，同时引发了政府债务危机，欧债危机就是很好的例证。当时，葡萄牙、爱尔兰、意大利、希腊和西班牙等“欧猪五国”（PIIGS）的债务偿还能力出现了较为严峻的情况。原本符合《马斯特里赫特条约》60%规定的这五个国家，经过一场金融危机的洗礼，政府债务突然面临巨大风险，这引发了学者的深思。Ghosh等学者（2013）在研究跨期预算约束的基础上，发现了一个问题，即由于诸如政治、经济与社会等因素的限制，政府在调整基础财政盈余方面的能力是有限的，超过这一界限就会造成“财政疲劳”现象，这使基础财政盈余不能得到改善，从而致使政府债务的可持续性受到挑战。“财政疲劳”现象并非只在特定国家出现，在一定条件下，发展中国家和发达国家都可能出现这一现象。纵观历史，美国面临“财政悬崖”危机时，其政府负债率为100%左右；欧债危机时“欧猪五国”的负债率都超过60%；20世纪70年代拉美债务危机时，政府负债率仅为45%。从这个角度看，国际惯用的《马斯特里赫特条约》的60%的限制条件并不具备普适性。

通常意义上的“财政疲劳”的核心在于基础财政盈余不可持续，但实际上，还有很多可能导致债务不可持续的“疲劳”因素，因而“财政疲劳”也有几种

分类（唐文进等，2014）。Ghosh 等提出的"财政疲劳"属于狭义"财政疲劳"，即强调基础财政盈余率的调整是非线性的。基于拉弗曲线的税收"疲劳"被定义为拉弗曲线型"财政疲劳"，这反映了税率和税收之间存在倒 U 型的关系。此外，还有增长约束型"财政疲劳"，这主要探究政府债务与经济增长之间的关系。

（二）债务上限

债务上限的意义在于，在该限度内，政府相应规模的债务能够可持续，不会出现"财政疲劳"的现象。"财政疲劳"的核心效应就是债务上限效应，因此债务上限的测算成为政府债务可持续研究的重点。关于 Ghosh 等学者研究的狭义"财政疲劳"的债务上限的方法，将在下文重点论述。以下将对拉弗曲线型和增长约束型"财政疲劳"的债务上限的测算方法做一个简介。

Leeper（2010）依据拉弗曲线，认为在曲线的顶点处，政府可以征得最大税收，假若只有增税才能维持政府债务的可持续性，那么将没有任何增税的空间。所以该曲线的顶点对应的政府债务即为财政上限。Trabandt 和 Uhlig（2009）则认为，拉弗曲线的顶点并非财政上限，因为大众对税率的容忍度会随着税率的提高而降低，在达到曲线顶点之前，就可能会达到财政上限。Juessen（2011）考虑到内生经济变量的波动，认为经济衰退时，债务可能超过上限而引发违约情况。Bi（2012）考虑了 Juessen 未提及的政府主动调节机制，认为增加债务会加剧"财政疲劳"，并大幅拉升债务风险溢价。Bi 和 Leeper（2013）进一步研究发现，在政府债务上限分布的每一个点上，都存在政府债务不可持续的可能。

学者在研究增长约束型"财政疲劳"的债务上限时，通常都假设政府会首先考虑经济增长。这种方法的研究思路在于：首先研究某经济体的政府债务规模大小和经济增长存在的长期关系，实证结果表明两者之间是非线性的关系，这意味着，可能存在一个最优的政府债务规模，使得经济增长最大化。（Reinhart 和 Rogoff，2010；Cecchetti 等，2011；Checherita 和 Rother，2012；Baum 等，2013）Reinhart 和 Rogoff（2010）在这方面颇有研究，他们发现当政府负债率超过 90%时，政府债务对经济增长将产生反向作用，因而 90% 也就成为政府债务的上限。Kumar 和 Woo（2010）、Padoan（2012）等学者的研究结果也支持了这一说法。但 Caner 等（2010）、Elmeskov 和 Sutherland（2012）的研究结果表明，政府负债率的上限应低于 90%。此外，Minea 和 Parent（2012）运用面板平滑移动模型证实了 Reinhart 和 Rogoff 的结果，但他们同时发现，当政府负债率大于 115% 之后，

“财政疲劳”现象将不复存在，从而也说明政府债务与经济增长的关系仍需进一步研究。

（三）实证检验

学者对新兴经济体政府债务可持续性的研究，大多采用 Ghosh 的狭义“财政疲劳”的债务上限测度方法，多集中在某一个或某几个国家。Anthony J. Makin（2005）通过图表技术研究东盟四国（印度尼西亚、马来西亚、泰国和菲律宾）政府债务的可持续性，他认为这几个国家的中央政府债务与宏观经济条件相适应，但中期来看，菲律宾和印度尼西亚应该增加基础财政盈余。Luiz de Mello（2008）估计了巴西的财政反应函数，他建议巴西政府仍需要在现有基础上提高基础预算盈余，这样才能保证政府债务动态可持续。Nina Budina 和 Sweder van Wijnbergen（2009）以 2001 年土耳其经济危机为起点，通过多种模拟，得出土耳其的财政可持续性仍然存在风险。Bettina Fincke 和 Alfred Greiner（2010）在分析拉丁美洲和非洲部分国家的政府债务可持续性问题时，得出即使有些国家属于低收入或中等收入国家，其政府债务仍具有可持续性。Anthony J. Makin 等（2012）学者从地方层面研究印度财政的可持续性，他们认为经济增长的效应部分抵消了高利率导致的债务风险，这使印度绝大多数地方政府的债务风险很小。当然，也有少数学者以新兴经济体为研究对象来分析政府债务的可持续性。Yilmaz Akyiiz（2007）用 IMF 的分析框架衡量新兴市场政府债务的可持续性，他认为许多新兴市场的政府无力保障基础财政盈余，并且恶化的全球经济给债务可持续带来了极大挑战。总的来说，新兴经济体的政府债务具有一定的可持续性，但有些国家面临较大的压力与挑战。

四、国内学者对政府债务可持续的研究

当前，国内学者大都研究中国的政府债务可持续问题，少部分学者总结了拉美危机中各个国家的经验及教训，但很少有学者直接研究新兴经济体国家的政府债务可持续性问题。

（一）国际经验及教训

20 世纪 80 年代拉美地区爆发了债务危机，此次危机表现为主权债务危机，

凸显了拉美地区的政府债务，尤其是地方政府债务的管理不善。国内学者从不同视角研究拉美债务危机的经验和教训。彭润中和赵敏（2009）认为，发展中国家在监管地方政府债务时，同时注重事前监管体系和事后破产重组机制。叶谦和沈文颖（2011）对比分析拉美债务危机和欧债危机，认为中国的经济情况与之有相似之处，但应更注重中国经济的特殊性。吴涛（2013）将典型国家的做法分为五类，包括美国和加拿大的强市场弱行政、巴西的强规则弱市场、阿根廷的行政控制、澳大利亚的协商控制以及日本的行政控制向制度约束的过渡。陈卫东（2014）认为，信息披露制度、债券融资为主、纠错与问责制度是控制政府债务风险重要保障。龚俊琼（2015）总结了美国、欧盟、日本和巴西这四个国家在地方政府债务风险控制上的共同点，包括赋予地方政府举债主体地位、控制债务规模及用途、设立专门管理机构、注重防范风险。具体到某个国家，李佩珈和陈巍（2015）在研究巴西地方政府债务时，总结出其经验在于改革财政体制和金融系统、国有企业私有化等。墨西哥的主要做法在于债务展期、固定利率以及债务重组，智利则采取国营企业私有化、债务资本化等措施。（王克明，1997）

（二）地方政府债务可持续

1994 年分税制改革后，地方政府财权减少，为了地方政府的运营及地方经济的发展，地方政府采用隐性的方式举债，形成地方政府债务。2008 年“4 万亿救市计划”中，超过 70% 的资金由地方政府承担。这对地方政府债务的可持续性提出了挑战。许多学者认为我国地方政府债务的可持续性是存在问题的。洪源和李礼（2006）用一个综合分析框架，通过资产负债框架的静态评估，得出包含或有债务的地方政府资产负债率高达 104.2% 的结论；以政府收支流量为主要变量的动态模型，测算出我国地方政府未来年度预算盈余率至少提高 0.278%，我国地方政府债务方可持续。伏润民等（2008）基于“当期平衡”的思想，构建了单一主体当期可持续预测模型，并测算了该单一主体的可持续债务最大规模。睢党臣和李盼（2013）将当期财政收支与长期的收益、成本效应等纳入动态模型，认为 2011 年是首个偿债高峰，当期举债规模已超过可持续范围，“借新债还旧债”的现象很严重。缪小林和伏润民（2013）通过二级单一主体的方法，通过实证分析，认为我国地方政府债务总体可持续，但存在区域上的结构差异，西部地区债务的不可持续尤为突出。魏向杰（2014）估算了样本区域政府债务的最优规模和实际规模，同样得出了债务逾期率“西高东低”的结论。

当然，还有部分学者研究地方融资平台的可持续性，来间接反映地方政府债务的可持续性。彭清辉和曾令华（2010）认为通过投融资平台形成的用于基础设施建设资金的债务，存在一个收敛机制，使得地方政府债务具有可持续的可能。洪源（2012）利用GM（1，1）模型预测融资平台偿债资金数额，用动态模型计算出债务可持续规模的适度区间，同样认为融资平台的债务具有可持续性。

（三）财税可持续

财政或税收，是偿还政府债务的基本保障，如果一个国家的财税可持续，那就基本可以判定政府债务可持续。以这个视角，许多学者进行了有意义的探讨。马拴友（2001）较早研究财政的可持续性，他发现我国公共部门赤字扩张空间很小，积极财政政策具有不可持续性。但后续的研究大都表明，我国财税是可持续的。郭庆旺和贾俊雪（2006）分析表明，我国财政收入政策有明显的“非凯恩斯效应”，增收型的稳健财政政策对宏观经济不仅没有明显的负面影响，还有一定积极作用，因此科学合理地选择财政收支调整方式，对可持续性具有重要意义。周茂荣和骆传朋（2007）利用1952—2006年的时间序列数据，证明我国财政在1%的显著性水平下可持续。国家发改委经济研究所课题组（2012）运用财政风险演进理论和随机动态分析框架两种方法考察我国财政可持续性，均得出我国财政可持续的结论，同时也提出财政可持续性面临诸如体制机制不健全、人口老龄化等问题的挑战。除了财政的可持续，还有部分学者着力研究我国税收的可持续性，因为这是财政收入的主要来源。王道树（2012）在总结1994年税改以来我国税收收入增长特征及原因的基础上，提出“十二五”期间我国税收可持续增长面临四大挑战，即未来我国经济税源增速放缓、税制建设不适应经济社会发展要求、财政体制与管理制度改革滞后、税收征管能力建设瓶颈制约等。贾俊雪（2012）基于1992—2009年的季度数据，研究表明1998年以来，税收呈现消极的和反周期态势，这样表明我国积极追求政府债务的可持续性。

（四）其他方面

此外，针对政府债务的可持续性，学者还进行了其他方面的研究。陈安（2011）研究了可持续公共债务条件下，并不能完全排除政府债务的违约风险。马恩涛（2012）从国外的经验中，分析政府或有债务对政府债务可持续的影响，认为加强立法机关对政府或有债务的制约、加大外部审计机构对其控制、设立或有债务基金、信息披露等做法可以被我国吸收借鉴。路妍和陈宇（2013）通过对美国公共债务的可持续性研究，认为这会从外汇储备、汇率与资本流动、通货膨胀、货币政策、进出口贸易等方面对中国经济产生影响。张晓娣和石磊（2014）将养老保险纳入公共债务可持续性研究，认为当人口增长率大于投资收益率时，公共债务才会逐渐减少或收敛于长期稳态。

国外学者从研究“财政疲劳”出发，运用债务上限的思想，对政府债务的可持续性进行了广泛的理论与实证研究。由于此前中国政府债务数据披露不充分，国内学者在国外学者研究的基础上，运用其他不同方法，如综合分析框架、单一主体当期可持续预测模型等，研究我国地方政府债务的可持续性，以及用财税可持续性作为替代来研究政府债务的可持续性问题。尽管国内外学者的研究方法略有差异，研究样本也有不同，但都得出了非常有意义的结论。本章正是基于国外学者“财政疲劳”和债务上限的思想，选取新兴经济体作为样本，研究这些国家政府债务的可持续性。在此基础上，针对中国政府债务的可持续性，本章专门进行了压力测试，以期为中国政府债务的可持续性管理提出政策启示。

第二节　理论与方法

债务危机有其内在的理论基础。本节第一部分首先对政府债务、债务可持续的含义进行阐述，尤其是负债率将作为本章重要的指标。第二部分将介绍政府债务跨期预算约束理论，政府债务的可持续需要满足这一条件，这也是本节的主要立足点，即一般均衡条件下的跨期预算约束。第三部分主要从静态和动态两方面归纳整理学者对政府债务可持续的相关研究，包括实证研究。

一、政府债务可持续的内涵

（一）政府债务

政府债务，也称为公共债务，指的是政府以自身信用作为担保，以债务人身份向债权人举借负有清偿责任的金融性债务。在中国，多用政府债务，公共债务的使用较为少见。举借政府债务可调度社会资金，弥补政府财政赤字，并可作为调节宏观经济运行的特殊方式。

按照不同的标准，政府债务可以分为不同类别。从发行主体来看，政府债务包括中央政府债务，即由中央政府发行的债务（主要是国债），也包括地方政府债务，即由地方政府筹集财政资金用以弥补地方财政形成的债务，还包括公共部门债务。从偿还期限来看，政府债务可分为短期、中期和长期债务，一般来说，1 年以内为短期，1—10 年为中期，10 年以上则为长期。从发行地域来看，包含内债和外债，内债是政府在本国境内发行的债务，外债则指政府向国外政府或国际组织举借债务。

当然，较为主流的分类方法是 Hana（2002）提出的财政风险矩阵，其从两个不同角度将政府债务分为直接显性、直接隐性、或有显性、或有隐性等四种类型。按照这一分法，可以得到如下财政风险矩阵。

中国出具的政府债务审计结果中，将政府债务分为三类：政府负有偿还责任的债务、政府负有担保责任的债务和政府可能承担一定救助责任的债务。本章所指的政府债务，是包括中央和地方负有偿还责任的政府总债务。具体来说，包括以 SDRs（特别提款权）存在的债务、货币和存款、债务证券、贷款、保险、养老金和标准化的保证计划以及其他应付账款。①

表 3 – 2　Hana 财政风险矩阵

债务	直接债务	间接债务
显性债务	1. 国家债务 2. 非任意性开支的预算支出 3. 长期支出（法律规定的公务员工资和养老金）	1. 国家对非主权借款担保：对地方政府、公共和私人部门 2. 国家对贷款担保：抵押贷款、农业贷款、学生贷款以及小企业贷款 3. 国家对汇率和贸易的担保 4. 国家保险体系：战争风险、存款保险、自然灾害保险等 5. 国家对私人投资担保
隐形债务	1. 未来的公共养老金 2. 非法律规定的社保计划和保健融资计划 3. 公共投资项目的维护费用	1. 地方政府、公共和私人部门对非担保债务的违约 2. 超出政府保险外的银行破产 3. 非担保基金的破产：就业、养老和社会保障 4. 中央银行支出：外汇合约、支出平衡和货币保护 5. 其他情况：紧急援助、改善环境、灾害救助、紧急军事拨款

资料来源：根据 Hana 等国外学者以及国内学者的论述整理而来

① 此处界定的文献参考来源是 Government Finance Statistics Manual 2001（GFSM 2001 system，Paragraph 7. 110）。

（二）债务可持续

1. 债务可持续的含义

可持续（Sustainability）来自拉丁语，表示“能够支撑”“维持下去”或“保持继续提高”。刘立峰（2002）认为在有限的时间里，很难把握可持续的内涵，但可以从如下三个方面进行认识：一是可持续具有公正性，即在福利和资源分配上，应体现当代人与后代人的代际公平；二是可持续依赖发展，即在保持资源质量与其所提供服务的前提下，经济发展的净利益增加可达到最大限度（张坤明，1997）；三是可持续强调约束与限制，即资源与环境的有限性决定了人口与经济的增长不会无限度。

根据这一思想，债务可持续的含义为债务人在可预期的时间内，利用现有资源进行发展，其收益可如期偿还所借债务。政府债务可持续，则表示政府作为债务人，在一定（或者无限期）时间内，用所借债务发展经济，产生的经济收益能够在规定时间内偿付债权人相应的债务。

2. 债务可持续的衡量

衡量债务可持续的指标有很多，作为衡量政府债务可持续的指标，常用的有负债率、政府外债与GDP的比率、债务率和逾期债务率等。其中，需要特别说明的是负债率与债务率。负债率指的是年末债务余额与当年GDP的比率，用于衡量经济总规模对政府债务的承载力或经济增长对政府举债的依赖程度。国际上，一般参考《马斯特里赫特条约》规定的60%作为可持续的控制标准。与负债率不同，债务率指的是年末债务余额与当年政府综合财力的比率，国际货币基金组织认为合适的参考值为90%～150%。以地方政府为例，地方政府综合财力可通过如下方式计算而得。本章采用负债率来衡量政府债务的可持续性。

表3－3 地方政府综合财力计算方法

地方财力（××××年度）
（一）地方一般预算本级收入
1. 税收收入
2. 非税收入
（二）转移支付和税收返还收入
1. 一般性转移支付收入

续表

2. 专项转移支付收入
3. 税收返还收入
（三）国有土地使用权出让收入
1. 国有土地使用权出让金
2. 国有土地收益基金
3. 农业土地开发资金
4. 新增建设用地有偿使用费
（四）预算外财政专户收入
地方综合财力 =（一）+（二）+（三）+（四）

二、政府债务跨期预算约束理论

（一）基本的预算约束理论①

一个家庭的消费要受到其收入的约束，即消费的现值必须不能超过初始财富与劳动收入的现值之和。类似地，政府也存在预算约束问题，即政府购买的商品与服务的支出现值不能超过其初始财富与税收收入（不包括转移支付）的现值之和。用公式表示，政府预算约束为：

$$\int_{t=0}^{\infty} e^{-R(t)} G(t)dt \leqslant -D(0) + \int_{t=0}^{\infty} e^{-R(t)} T(t)dt \tag{1}$$

这里，$D(0)$表示政府没有清偿的初始真实债务，$G(t)$和$T(t)$分别表示t时刻政府的真实购买和税收。令$R(t)=\int_{\tau=0}^{\infty} r(\tau)d\tau$，$r(\tau)$是$\tau$时刻的真实利率，这样，$t$时刻的单位产出在0时刻就可贴现为$e^{-R(t)}$。

① 本节内容主要参考：David Romer，Advanced Macroeconomics（Fourth Edition），Mcgraw - Hill，2012，pp. 586 - 590；［美］杰弗里·萨克斯、费利普·拉雷恩：《全球视角的宏观经济学》，费方域等译，上海人民出版社2004年版，第171 - 172页；［美］保罗·萨缪尔森、威廉·诺德豪斯：《宏观经济学》（第18版），萧琛主译，人民邮电出版社2008年版，第322 - 329页；［美］N. 格利高里·曼昆：《宏观经济学》（第五版），张帆、梁晓钟译，中国人民大学出版社2005年版，第384 - 391页；保罗·克鲁格曼、罗宾·韦尔斯：《宏观经济学》（第2版），赵英军等译，中国人民大学出版社2012年版，第247 - 254页；龚六堂：《高级宏观经济学》，武汉大学出版社2005年版，第315 - 318页；袁志刚、宋铮：《高级宏观经济学》（第2版），复旦大学出版社2010年版，第156 - 160页。

即使满足预算约束，并不代表政府不会永久性地陷入债务中，或者也不代表政府不会增加债务总量。与家庭预算约束类似，需要给政府预算约束施加限制，即政府债务现值的极限不可能是正的，这等价于：

$$\lim_{x\to\infty} e^{-R(t)} D(s) \leqslant 0 \tag{2}$$

若真实利率 r（τ）总为正，一个正且固定的 D 值可以满足上述预算约束，这意味着政府自始至终都不会偿还其债务。同样，如果真实利率大于 D 的增长率小，一项 D 总是增长的政策会满足预算约束。

根据上文描述，真实债务存量的变化率等于政府支出与收入的差额加上债务的利息支付，即：

$$\dot{D}(t) = [G(t) - T(t)] + r(t)D(t) \tag{3}$$

式（3）方括号内的差额为初始赤字，按照这种思想，式（1）可以写为：

$$\int_{t=0}^{\infty} e^{-R(t)} [G(t) - T(t)] dt \geqslant D(0) \tag{4}$$

这样可以清楚地看出，政府需要有一个较大的财政盈余（现值），才能抵消初始的政府债务。

（二）庞齐博弈

政府预算约束关系到无限期的收入和支出路径，在某些情形下，政府不必非要满足预算约束。如果经济由许多个人组成，而这些个人处于非饱和状态，那么政府必须满足式（1）。如果政府支出的现值超过收入的现值，那么就存在正的政府债务。如果存在有限个行为者，那至少有一个行为者将会保持这样一个正的负债方式。这意味着该行为者支出的现值小于收入的现值，即其财富的现值为正。这样的情况不是一个均衡，因为该行为者可以通过增加支出而获得更高的效用。

但如果存在无限个行为者，这样的情况将不存在。即使每个行为者的支出现值等于收入现值，私人部门的总收入现值总会大于总支出的现值。因为根据 Diamond 的模型，每个人在生命早期进行储蓄，在晚期进行消费，结果是任何时刻，都有一些人在储蓄，而另一些人在消费。因此，私人部门支出的现值总是小于收入的现值。假如这两者之间的差额并不趋向于零，那么政府可以在一定时期内发行债务，并永久性地维持，即可实行庞齐计划。

Diamond 模型中，政府能够实行庞齐计划的具体条件在于均衡的动态无效性，这使得真实利率小于经济增长率。如果政府在初始时刻举借小数额的债务，并试图无限期维持这种债务，而经济增长率大于真实利率，政府总是可以在前期债务到期时，举借新的债务去偿还旧的债务，这样政府没有任何理由放弃这样的政策。然而，政府能够实施庞齐计划通常只是理论上的可能，在现实经济里，经济并不是动态无效率的，庞齐博弈不可行，政府必定需要满足现值约束条件。①

三、可持续性的研究方法

（一）静态方法

静态分析主要采用简单指标来衡量一国债务规模是否合理、是否具有可持续性，常用的比如财政赤字率、债务负担率。财政赤字率反映一定时期内财政赤字占国内生产总值的比例，是衡量财政风险的重要指标，欧元区对其成员国的要求为这一比率不得超过 3%。债务负担率衡量的是一国债务余额与同期国内生产总值的比重，用于表示整个国民经济对于债务的承受能力，欧元区的标准是不得超过 60%。彭志远（2002）通过这一思路，在实证研究中做出分析，认为我国财政政策还有较大的空间。

此外，Domar（1944）提出了政府债务可持续性条件，即如果名义未偿债务的增长率小于名义 GDP 的增长率，则公共债务可持续，因为满足这个条件，未来的债务负担率将收敛。Yanagita 和 Hutahaean（2002）在 Domar 的基础上，提出了公共债务可持续性指标（IFS），即 IFS = 未偿名义债务的年变化率（ΔB/B）减去名义 GDP 年增长率（ΔY/Y），当 IFS 为正时，说明政府债务较 GDP 有所上升，公共债务不可持续，反则反之。Buiter（1985）也提出了一个衡量公共债务可持续的指标，即 $\bar{d}-d_t=(r_t-n_t)w_t-d_t$，其中，$d_t$ 表赤字率，n_t 为经济增长率，r_t 表公共债务实际利率，w_t 为政府净值占 *GDP* 比重，该差值为正时，表明当期赤字水平不高，可以维持公共债务可持续。*Blanchard*（1990）借鉴 *Buiter* 的研究思路，提出基本盈余缺口指标（*PGI*），即 $\bar{d}-d_t=(n_t-r_t)b_t-d_t$，其中 b_t 为债

① 此处可参考 O’Connell 和 Zeldes（1988）对这些问题的讨论。在不确定条件下，即使当经济处于动态有效的状态，政府债务所实现的回报率也可能小于经济增长率，结果是政府发行债务并让其永久滚动的概率是正的。此处还可参考 Bohn（1995），Ball、Elmendorf 和 Mankiw（1998）、Blanchard 和 Weil（2001）等学者的相关论述。

务负担率，差值为正，说明公共债务可持续；还提出了税收缺口指标（*TGI*），即 $t_t - \overline{t} = t_t + (n_t - r_t) b_t - g_t$，其中 t_t 表示税率，g_t 表示不包括债务利息支付的政府支出与 *GDP* 比重，差值为正说明公共债务可持续。

（二）动态方法

动态分析的方法主要是基于宏观经济学中预算约束式的分析：假设政府主要通过发行国债举借债务，每一期存在一个名义国债收益率，通过本期与上期债务的预算约束关系，分析出经济增长、债务占 GDP 比例、国债收益率的关系，并进而对政府债务可持续性设置检验标准。

学者论述了动态有效性下“非庞齐博弈”（Non - Ponzi Game）的必然性。McCallum（1984）基于理性人个人效用最大化思想，建立了一个动态最优化模型，指出“非庞齐博弈”为横截面条件，他认为理性的投资者具有完全预期、以及追求跨期效用最大化的能力，因此投资者在末期不会选择持有债务。与理性人一样，政府借贷行为的时间路径也需要符合跨期预算约束，也就是说，政府只要保证跨期预算约束平衡，就可以保障债务可持续。Hamilton 和 Flavin（1986）在此基础上，借助 Barro 的基本预算约束条件，用现值约束的方法构建迭代方程来检验“非庞齐博弈”是否成立，通过实证，美国政府债务能够满足跨期预算约束，从而在现行债务水平下具有可持续性。Fullwiler（2007）进行扩展，将国债、利率、可贷资金市场之间的相互作用纳入考虑范围，研究对美国财政可持续的影响。

对于实证检验，有不确定参数概率方法（Evan Tanner 和 Issouf Samake，2008；Alejandro Hajdenberg 和 Rafael Romeu，2010）和非线性方法（ABM Nasir 和 Abdullah M. Noman，2012）；学者也从跨期预算约束的角度检验时间序列数据的单位根和协整（Hamilton 和 Flavin，1986；Trehan 和 Walsh，1991；Alfonso，2005），但 Bohn（2007）认为用财政数据的实际水平做协整检验，通过寻求政府支出、税收和债务之间的单位根，来验证公共债务是否可持续是不合适的。他用数据证明了债务负担率的平稳性，这说明债务的单位根要么由 GDP 的单位根引起，要么根本不存在。由此，他提出基础盈余率对债务负担率至少有一个正向的线性关系。更多学者采用 Bohn（1995 和 1998）提出的财政可持续的检验方法，他认为滞后一期的债务存量对基础财政盈余应该是一个正向的作用。

在实证研究中，学者运用这一方法，对美国公共债务的可持续性进行了一些研究，具有一定的借鉴意义。张军和厉大业（2011）则认为基础财政盈余只和前期政府债务和基础财政盈余、当期经济增长率相关，得出美国政府债务能够持续的结论；曲春青等（2012）认为前期政府债务、当期政府支出率和产出波动，以及前期基础财政盈余是影响当期基础财政盈余的重要因素，同样得出美国公共债务可持续的结论；路妍和陈宇在张军和厉大业的基础上加入了当期失业率，研究结果表明美国公共债务具有可持续性，但也面临着巨大的挑战；李婧和伊楠（2014）则认为基础财政盈余受到当期政府债务、产出波动和支出波动的影响，认为美国公共债务表现出不可持续的特征。对于中国债务可持续性实证，唐文进等（2014）测算出我国政府债务率的上限为0.848，有够大空间保持当前政府债务的可持续。

学者在运用 Bohn 的方法研究新兴经济体政府债务可持续性时，大多针对某个国家或某几个国家进行单独分析，且运用的数据多为时间序列，很少有用新兴经济体的动态面板数据来测算政府债务上限。本章选取 29 个新兴经济体国家，时间跨度为2000—2014 年，并将滞后一期的基础财政盈余率引入解释变量，使其变为动态面板模型。在模拟时，采用两步系统广义矩估计（Generalized Method of Moments，GMM）的方法，更准确地对影响基础财政盈余率的因素进行拟合。在得出实证模型的基础上，测算新兴经济体政府债务的上限，从而分析其是否可持续。学者对我国政府债务可持续性的研究，大多得出我国政府债务可持续的结论；方法上有静态分析，也有动态分析；政府债务范围也多样。但经济进入新常态、利率市场化进程加快等因素的存在，影响着中国政府债务的可持续性，应进一步地研究这些宏观因素的变化将如何影响我国政府债务的可持续性。

第三节　模型与实证

研究政府债务可持续的模型有很多，本章选用一般均衡条件下的政府跨期预算约束模型，主要参考 Bohn 关于财政反应函数的选择与检验方法。本章前两节是对理论模型与检验模型的阐述，还包括检验标准的选择。后两节为本章的主体内容，选择 29 个新兴经济体国家的政府债务作为样本，检验样本的财政反应函数，在此基础上，测算 29 个样本国的债务上限，通过与实际负债率的比较，分析各国的政府债务是否具有可持续性。

一、理论模型

根据Bohn的论述，假定政府无法控制货币发行，而只由中央银行独立决定，这样政府就不能通过债务货币化来稀释其债务总额，即政府不会通过通货膨胀和铸币税等手段变相降低其债务总额。政府财政盈余等于财政收入减去财政支出（不包括偿还债务的本息），即：

$$B_t = T_t - E_t \tag{5}$$

其中，T 为财政收入，E 为财政支出，B 为正值即为财政盈余，负值即为财政赤字。

$$D_t = (1 + i_t)D_{t-1} - B_t \tag{6}$$

D 为政府债务规模，i 为偿债的平均利率，t 为时间。B 为正可以冲减债务，需要减去；为负会增加债务总额，需要加上。

将式（6）两边同时除以名义GDP，并用d表示负债率，即债务总额占名义GDP的比重[①]，b表示财政盈余占名义GDP的比重，g为名义GDP的增长率，可以得到

$$d_t = \frac{1 + i_t}{1 + g_t}d_{t-1} - b_t \tag{7}$$

令$\frac{1 + i_t}{1 + g_t} = 1 + r_t$，则：

$$d_t = (1 + r_t)d_{t-1} - b_t \tag{8}$$

将式（8）进行迭代，可以得到：

$$d_{t+n} = \prod_{k=0}^{n}(1 + r_{t+k}) \cdot d_{t-1} - \sum_{j=0}^{n}\left[\prod_{k=j+1}^{n}(1 + r_{t+k})\right] \cdot b_{t+j} \tag{9}$$

为简化处理，将 r_t 固定为 r，对式（9）两边取期望值得：

$$E_t(d_{t+n}) = (1 + r)^n \cdot d_t^* - \sum_{j=0}^{n}(1 + r)^{n-j} \cdot E(b_{t+j}) \tag{10}$$

带 * 表示 d 为开始时期，即 t 期的负债率。将上式变形得到：

$$d_t^* = \sum_{j=0}^{n}\frac{1}{(1 + r)^j}E_t(b_{t+j}) + \frac{1}{(1 + r)^n}E_t(d_{t+n}) \tag{11}$$

① 这里采用中国2014年《全国政府性债务审计结果》中负债率的定义。

假设时间是无限的，可得：

$$d_t^* = \sum_{j=0}^{n} \frac{1}{(1+r)^j} E_t(b_{t+j}) + \lim_{n\to\infty} \frac{1}{(1+r)^n} E_t(d_{t+n}) \tag{12}$$

计算可得：

$$d_t^* = \sum_{j=0}^{n} \frac{1}{(1+r)^j} E_t(b_{t+j}) \tag{13}$$

当且仅当

$$\lim_{n\to\infty} \frac{1}{(1+r)^n} E_t(d_{t+n}) = 0 \tag{14}$$

才满足等式。

也即当且仅当未来债务贴现值收敛于零时，t 期的最初债务总额才等于未来预算盈余现值的总和。式（13）为代际预算约束条件，式（14）为横截面条件。验证长期可持续的方法是直接检验债务是否满足代际预算约束条件和横截面条件（Bohn，2005）。如果式(14)不成立，当 n 趋向于无穷大时，$1/(1+r)^n$ 一定趋于零，只有当 $E_t(d_{t+n})$ 趋于无穷大时，式(14)才有可能不成立，$E_t(d_{t+n})$ 趋于无穷大表明政府未来的债务无穷大，这样必然不可持续。

在一般均衡模型中，需同时考虑融资需求和投资者购买意愿，因此除了要满足以上两个条件，还要满足 Euler 方程。假设在有效金融市场上存在政府债、公司债等多种投资工具，理性投资者会在综合衡量各种工具风险收益特征后实现资金配置。理性投资者用于对所有金融产品进行定价的定价核（Pricing Kernel）都相同，因而金融工具的横截面条件具有累加性。

在政府债务市场上，广义横截面条件为：

$$\lim_{n\to\infty} inf E_t(u_{t,n} \cdot d_{t+n}) \leqslant 0 \tag{15}$$

其中，u 为定价核（Bohn，1995）。

式（15）取不等号情况下，可能导致政府负债为负值，由于现实不会出现这种情况，故在一般均衡框架下，考虑政府债务大于零的现实约束的狭义横截面条件为：

$$\lim_{n\to\infty} inf E_t(u_{t,n} \cdot d_{t+n}) = 0 \tag{16}$$

一般均衡框架下的代际预算约束条件为：

$$d_t^* = \sum_{n=0}^{\infty} E_t(u_{t,n} \cdot b_{t+n}) \tag{17}$$

投资者认购政府债务的前提是该工具风险收益特征与其他金融工具一致，

Euler 方程为：

$$E_t\left[u_{t,n}\cdot\prod_{k=0}^{n-1}(1+r_{t+k})\right]=1,\ \forall(t,\ n) \tag{18}$$

二、检验模型与标准

在有效市场和理性投资者投资期限无限长的假设下，横截面条件和 Euler 方程必然满足，现只要对代际预算约束条件进行检验即可。根据式（8），政府债务和基础财政盈余存在关系，还需得到这两个变量之间的另一个关系式，也即对财政反应函数进行估计。对于影响基础财政盈余的变量，一般都认为政府负债率有直接影响，学者对其他影响因素有不同的见解①。Bohn 方法的假设是基础财政盈余对政府债务呈线性关系，但根据 Ostry 等（2010）以及 Ghosh 等（2013）的研究，政府财政可能会有“财政疲劳”的现象，即当一国政府负债率较高时，该国政府无力通过改善基础财政盈余来偿还不断攀升的债务，从而导致恶化的基础财政盈余，最终政府负债率和基础财政盈余率可能出现负向的关系，这样基础财政盈余对政府债务的关系就有可能呈非线性，也即基础财政盈余还可能和 d_{t-1}^2、d_{t-1}^3 相关。综合考虑之前学者的研究，本章假设基础财政盈余受政府债务的影响。由此得到以下检验模型：

$$b_{it}=a_0+a_1b_{i(t-1)}+a_2f(d_{i(t-1)})+a_3X_{it}+u_{it}+\varepsilon_{it} \tag{19}$$

其中 i 和 t 分别表示第 i 个国家第 t 年的有关数据，$f(d_{i(t-1)})$ 表示和 $d_{i(t-1)}$、$d_{i(t-1)}^2$、$d_{i(t-1)}^3$ 相关的一个函数，X_{it} 表其他可能影响基础财政盈余的控制变量，u_{it} 为观测不到的各个国家的个体效应。通过对式（19）的检验，可以得到滞后一期基础财政盈余率、滞后一期政府负债率及其他变量对基础财政盈余率的影响。

根据式（8），政府负债率的上限条件为 $d_t-d_{t-1}=r_td_{t-1}-b_t=0$，也即：

$$b_{t-1}=r_{t-1}d_{t-2}=r_{t-1}d_{t-1} \tag{20}$$

那么，可以得到如下等式：

---

① Luiz de Mello（2008）在研究巴西政府债务可持续性时，认为基础财政盈余率与滞后一期基础财政盈余率、滞后一期政府负债率，以及一系列政府层面和时间层面的控制变量相关；Bettina Fincke 和 Alfred Greiner（2010）在研究非洲和拉丁美洲等发展中国家政府债务可持续性问题时，认为基础财政盈余率与滞后一期的负债率、产出波动以及支出波动有关；有关学者在研究政府债务可持续性时，还引入了经济增长率、失业率等因素（张军和厉大业，2011）。

$$a_2 f(d_{i(t-1)}) + (a_1 r_{i(t-1)} - r_{it}) d_{i(t-1)} + a_3 X_{it} = 0 \tag{21}$$

这样可得到关于 $d_{i(t-1)}$ 的一元多次方程，通过解这个方程，可以求得政府负债率的上限。

三、实证检验

（一）变量及数据说明

变量方面，被解释变量 b：基础财政盈余率，通过政府财政收入减去不包含债务利息支出的财政支出，再除以 GDP 得到。解释变量 d：政府负债率，表示政府债务余额占 GDP 的比重；基础财政盈余率还可能和滞后一期的政府负债率相关，所以 $d_{i(t-1)}$、$d^2_{i(t-1)}$ 和 $d^3_{i(t-1)}$ 都作为解释变量。控制变量 X 的选择参照之前学者的研究结果：g 为一国名义 GDP 增长率，gc 为一国经济规模缺口，ec 为一国政府每年财政支出缺口。①

样本方面，综合 IMF 发布的 2012—2014 年 *Fiscal Monitor* 报告中所选择的新兴经济体国家，本章选取了 29 个样本国家，包括亚洲 11 个国家（中国、印度、印度尼西亚、约旦、哈萨克斯坦、马来西亚、巴基斯坦、菲律宾、沙特阿拉伯、泰国、土耳其）、欧洲 9 个国家（保加利亚、匈牙利、拉脱维亚、立陶宛、摩洛哥、波兰、罗马尼亚、俄罗斯、乌克兰）、拉丁美洲 6 个国家（阿根廷、巴西、智利、哥伦比亚、墨西哥、秘鲁）以及非洲 3 个国家（肯尼亚、尼日利亚、南非）。本章选择的时间跨度为 2000—2014 年，因此预期观察值为 435 个。

数据方面，计算基础财政盈余率所需的 GDP、财政收入和财政支出均来自于 IMF 的 WEO 数据库（2015 年）②，利率数据则来源于 World Band 的数据库，参考唐文进等（2014）的方法，计算存款利率与贷款利率的算术平均值，得到政府债务的平均利率，从而计算出政府债务利息。政府负债率和名义经济增长率同样来自于 IMF 的 WEO 数据库，经济规模缺口和政府财政支出缺口则通过 HP 滤波计算得到。由于巴基斯坦 2000—2003 年的利率数据不可得，所以本章忽略

① 此处变量缺口定义为：变量缺口 =（实际值 - 潜在值）/潜在值，表示该变量对潜在值（或稳态值）的偏离程度，其中潜在值通过 HP 滤波的趋势值得到。

② 由于部分国家 2016 年数据并未更新，所以使用截至 2015 年的数据。

了这四年的数据。另外，针对少数国家的缺漏值，本章进行了合理处理①。这样，实际观察值为431个。

表3-4　变量名称与描述性统计

变量	变量名称	观察值	均值	标准差	最小值	最大值
b	基础财政盈余率	431	0.0284	0.0675	-0.0802	0.6127
d	政府负债率	431	0.4230	0.2244	0.0157	1.3751
g	名义经济增长率	431	0.0466	0.0373	-0.1514	0.1420
gc	经济规模缺口	431	0.0716	1.2291	-0.4739	25.2003
ec	财政支出缺口	431	-0.0506	1.2251	-24.4933	3.2209

资料来源：根据Stata12的统计性描述得到

（二）检验结果

式（19）设定的检验模型，由于将滞后一期的被解释变量作为解释变量，可能产生两个问题。第一是解释变量可能存在内生性的问题，这样估计的结果会出现偏差，使统计推断无效；第二是可能存在未观察到的个体效应，比如各个国家不同届政府对财政收支和债务关系的不同态度，这可能会与解释变量存在相关性。为解决这两个问题，Arellano和Bond（1991）、Arellano和Bover（1995）提出了广义矩估计的方法。这种方法的优点在于，可以通过差分或工具变量的方法，来控制不可观察的个体效应问题，并且将被解释变量和解释变量的水平滞后项作为工具变量以克服内生性的问题。通常的做法是对式（19）进行一阶差分，GMM估计通过一定的矩条件给出工具变量集，这也就是差分GMM估计方法。学者在研究的过程中发现，经过差分转换的差分GMM也存在一定缺陷：一方面是会致使部分样本信息损失；另一方面是若解释变量表现出时间上的较强持续

① 哈萨克斯坦2000—2001年的财政支出和债务数据通过2002—2004年的三年平均计算而来；土耳其2000—2001年财政收入与支出也为2002—2004年的平均值，土耳其2000年的债务为2001—2003年的平均值。利率方面，摩洛哥2006—2014年的贷款利率根据2000—2005年存款与贷款的线性关系模拟得到；立陶宛2011—2014年、波兰2005—2014年的存款和贷款利率来自于欧盟统计局；哈萨克斯坦的存款和贷款利率根据其中央银行公布的个人贷款月利率计算而来；沙特阿拉伯的存款利率、土耳其的贷款利率同样来自于其中央银行。根据对存款和贷款利率完整的国家的统计，贷款利率平均约为存款利率的2.5倍，对只能获得存款利率或贷款利率数据的国家，本章采用2.5倍的方法进行了折算。

性，将水平值的滞后项作为工具变量，其有效性往往弱化，从而导致估计的有偏性和无效性。Arellano 和 Bover（1995）、Blundell 和 Bond（1998）提出同时将差分估计和水平估计纳入一个系统进行估计，即系统 GMM 估计方法，差分方程所用的工具变量仍为水平变量的滞后项，水平方程则用相应变量差分的滞后项作为一个代理变量。为确保估计的有效性，需要对工具变量进行有效性检验，可以使用 Hansen 检验来验证工具变量的有效性。另外，还需要对随机扰动项的序列相关进行检验，可以采用 Arellano－Bond AR（1）和 AR（2）方法进行验证。进一步地，Windmeijer（2005）模拟发现，两步估计比一步估计具有更小的有偏性。因此，本章采用两步系统 GMM 进行估计。

在工具变量的选择上，本章将解释变量的滞后项作为其自己的工具变量。Hansen 检验的结果说明，工具变量整体有效。差分转换方程的残差 AR（1）和 AR（2）检验结果表明，差分转换后的残差只有一阶序列相关，而不存在二阶序列相关，支持了残差不存在序列相关的假设。根据前文所述，分别对减少 $d_{i(t-1)}^3$、$d_{i(t-1)}^2$、$d_{i(t-1)}$ 以及不减任何一个变量这几种情况进行模拟，得到表 3－5 的回归结果。四个模型的回归结果差别不是很大，模型（4）是囊括所有变量的回归结果，为了更加全面地说明各个变量对基础财政盈余率的影响，以下将以模型（4）对检验结果和债务上限进行分析。

表 3－5　新兴经济体财政反应函数检验结果

	模型（1）	模型（2）	模型（3）	模型（4）
b_{t-1}	0.77670***	0.79349***	0.78128***	0.80228***
	(58.51)	(84.75)	(59.57)	(58.09)
d_{t-1}	0.26197***	0.14073***		−0.22741***
	(28.48)	(33.09)		(−11.63)
d_{t-1}^2	−0.29256***		0.29619***	0.70628***
	(−29.76)		(29.63)	(18.47)
d_{t-1}^3		−0.18528***	−0.34607***	−0.54284***
		(−45.41)	(−43.60)	(−27.87)
g	−0.06169***	−0.05401**	−0.04279*	−0.05527***
	(−4.38)	(−2.73)	(−2.05)	(−2.92)
gc	0.06053***	0.05358***	0.06565***	0.04555**
	(3.91)	(3.01)	(3.22)	(2.24)

续表

	模型（1）	模型（2）	模型（3）	模型（4）
ec	-0.07439*** (-5.32)	-0.07007*** (-4.72)	-0.08130*** (-4.62)	-0.06263*** (-3.71)
常数项 cons	-0.03937*** (-14.50)	-0.02896*** (-16.65)	-0.01363*** (-7.85)	0.01785*** (7.79)
观测值 N	402	402	402	402
AR（1）检验	-1.80611*	-1.86596*	-1.84507*	-1.90224*
AR（2）检验	1.43314	1.36619	1.29288	1.25102
Hansen 检验	25.43915	24.81448	22.93263	25.93547

注：括号里为 t 值，*、**、*** 分别代表 10%、5% 和 1% 的水平下统计显著

资料来源：根据 Stata12 运算得到

（三）结果说明

模型（4）中，滞后一期政府负债率的三次项系数均为负数，表明新兴经济体国家存在“财政疲劳”的现象。同样，即使如模型（2）和（3）中不考虑滞后一期政府负债率的二次项和 次项，二次项的系数仍然为负值，这更加说明“财政疲劳”现象在新兴经济体国家较为明显。这从另一个方面也说明了本章选择滞后一期政府负债率的多次函数形式是合理的。

滞后一期基础财政盈余率的系数表现了政府在控制财政盈余时的惯性，新兴经济体国家的财政盈余控制惯性为 0.80228，即前一期的基础财政盈余率每增加 1%，本期的基础财政盈余率将增加 0.80228%，且四个模型均在 1% 的水平下显著，这说明新兴经济体国家有着较强的财政盈余控制惯性。这和 Luiz de Mello（2008）的研究结果相一致（他认为巴西政府的财政盈余控制惯性系数为 0.90）。

名义经济增长率对基础财政盈余率有负向影响，名义经济增长率若提高 1%，基础财政盈余率会相应降低 0.05527%。一般来说，经济增长会提高政府的财政收入，在其他条件不变的情况下，财政收入提高会使得基础财政盈余率相应上升。但检验的结果与理论预期不一致。最主要的原因可能在于，当经济呈现增长趋势时，新兴经济体政府对未来充满信心，所以增加更多的财政支出；当经济出现滑坡时，为了提振经济，新兴经济体政府通常会采取刺激措施，一个可选择的方法就是举借债务，这样就会增加政府债务利息支出。这两种情况，都会使

得经济增长的方向与基础财政盈余率的变化方向相反。从程度上来看，与张军和厉大业（2011）模拟的美国情况相比，新兴经济体国家的名义经济增长率对基础财政盈余率的影响程度可谓微乎其微，美国的经济增长率对基础财政盈余率的正向影响系数为0.45。出现这种情况的可能原因在于：一是新兴经济体国家的一个重要特征就是经济增长速度较发达经济体快，即使单位GDP增长对基础财政盈余率增长的相对量有限，但其绝对增加值并不比发达经济体少；二是发达经济体的财税体系较为健全，有着稳定的财政收入，而新兴经济体的财税体系或多或少存在一定不足，即使经济增长较快，也无法直接转化为基础财政盈余；三是较发达经济体而言，新兴经济体的经济增长更多依靠政府的财政支出政策，经济增长的成果更多转化为投资、政府购买等，以期成为下一轮增长的动力，这直接弱化了基础财政盈余的增长。

新兴经济体国家的经济规模缺口对基础财政盈余率有正向影响，这个显而易见。当经济规模波动为正，即当期经济增长水平高于长期趋势时，财政收入就会增加，从而使得基础财政盈余率相应上升；当经济规模波动为负，表示当期经济增长水平处于长期趋势之下，这样政府的财政收入就会减少，使得基础财政盈余率相应降低。Bettina Fincke 和 Alfred Greiner（2010）在研究哥斯达黎加、巴拿马、卢旺达、突尼斯等国家的经济波动对基础财政盈余率的影响时，也得出了一致的结论。但影响程度上，经济规模波动对基础财政盈余率的影响很微弱，经济规模波动每增加1%，基础财政盈余率才增加0.04555%。

新兴经济体国家的财政支出缺口对基础财政盈余率的影响系数虽然很小，但显著性水平很高，四个模型中均在1%的水平下显著。Bettina Fincke 和 Alfred Greiner（2010）在研究非洲和拉丁美洲政府债务可持续性时，通过对不同国家的实证，得出了不一样的结果，但其中绝大部分国家的支出波动对基础财政盈余率的影响为负，本章的实证结果也与之一致。

四、新兴经济体债务上限测算

根据式（21）以及表3-5的实证检验结果测度政府债务的上限，如果政府负债率没有超过上限，则说明还是具有可持续性的，通过这种方法来衡量新兴经济体国家政府债务是否长期可持续。式（21）可以转化为：

$0.54284d_{i(t-1)}^3 - 0.70628d_{i(t-1)}^2 + (r_{it} - 0.80228r_{i(t-1)} + 0.22741)d_{i(t-1)} +$

$$0.05527g_{it}-0.04555gc_{it}+0.06263ec_{it}-0.01785=0 \qquad (22)$$

式（22）是关于 $d_{i(t-1)}$ 的一元三次方程，方程中较大的根就是政府负债率的上限。由于拟采用均值对变量进行赋值，所以可以认为 $r_{it}=r_{i(t-1)}$，这样式（22）就可以得到简化。由于存在多组经济增长率、经济规模波动和支出波动的值，为计算更为精确，本章对每个国家进行了逐一计算，在可计算出债务上限的数值中，选择最小值作为其最终的负债率理论上限。各变量赋值、2012—2014 年实际负债率与负债率上限详见表 3－6，可以得到如下几个结论。

第一，新兴经济体政府债务的上限均比较高，政府债务总体可持续。仅有巴基斯坦的政府债务上限低于 70%，共有 10 个国家的政府债务上限超过了 80%，其中中国和哈萨克斯坦甚至超过了 130%，绝大多数国家的政府债务上限处于 70%～80% 之间。在可以计算出政府债务上限的 29 个国家中，近三年来有 27 个国家的政府债务均在债务上限以内。总的来说，新兴经济体的政府债务是可持续的。

第二，新兴经济体政府债务的上限存在一定差异，各个国家政府债务可持续空间的差异更大。哈萨克斯坦的政府债务上限最高，达到 172.92%，巴基斯坦的债务上限仅为 66.81%，两者相差超过 106%。在可计算出债务上限的 29 个新兴经济体国家中，18 个国家的债务上限集中在 70%～80% 之间，债务上限呈现出“中间多两头少”的情况。以 2014 年政府负债率为例，哈萨克斯坦政府债务可持续的空间高达 159.20%，即在现有政府负债的水平上，哈萨克斯坦可以提升的债务额为其 2014 年 GDP 的 159.20%，中国和沙特阿拉伯也有超过 75% 的提升空间，而巴基斯坦的债务空间仅为 3.12%，乌克兰的债务空间为 5.97%，摩洛哥的债务空间也不过为 9.55%。在可持续空间的分布上，27 个政府债务可持续的国家中，除了哈萨克斯坦独占鳌头，其他国家则多集中在 20%～70% 之间。

第三，少数新兴经济体国家政府债务已经超过了上限，呈现不可持续性。以债务上限为标准，匈牙利和约旦的政府债务已经超过了最高限，呈现不可持续性。匈牙利从 2008 年开始，其政府债务已经不可持续（2008 年的政府负债率为 72.98%），近三年政府负债率又一直维持在 79% 左右。约旦的政府负债率经历了一个 U 形过程，从 2000 年的 100.48% 下降到 2008 年最低点的 60.24%，在金融危机之后，又一路上升至 2014 年的 90.03%，经历了从不可持续到可持续、再到不可持续的过程。

表 3－6　2012—2014 年 29 个新兴经济体国家政府负债率和理论上限

国别	指标赋值				负债率			
	经济增长率	经济规模缺口	财政支出缺口	平均实际利率	2012 年	2013 年	2014 年	上限
阿根廷	0. 0945	－0. 4739	－0. 4857	0. 1129	0. 3761	0. 4099	0. 4891	0. 7707
巴西	0. 0757	0. 9382	－0. 2476	0. 2635	0. 6818	0. 6624	0. 6583	0. 8897
保加利亚	0. 0691	0. 2331	0. 2211	0. 0321	0. 1751	0. 1641	0. 2516	0. 7846
智利	－0. 0103	0. 4638	0. 5644	0. 0253	0. 1198	0. 1280	0. 1386	0. 7261
中国	0. 1420	－0. 1702	－4. 5563	－0. 0493	0. 3740	0. 3936	0. 4072	1. 3050
哥伦比亚	0. 0690	－0. 1996	－0. 1802	0. 0626	0. 3202	0. 3575	0. 3400	0. 7896
匈牙利	0. 0479	0. 2345	0. 2073	0. 0605	0. 7984	0. 7933	0. 7909	0. 7657
印度	0. 1026	0. 3643	0. 2965	0. 0085	0. 6662	0. 6149	0. 6048	0. 8070
印度尼西亚	0. 0744	0. 6281	0. 5274	0. 0617	0. 2403	0. 2611	0. 2618	0. 7246
约旦	0. 0856	0. 3697	0. 3101	0. 0153	0. 8017	0. 8583	0. 9003	0. 8019
哈萨克斯坦	0. 1350	25. 2003	0. 6397	0. 0881	0. 1239	0. 1286	0. 1372	1. 7292
肯尼亚	0. 0841	－0. 1330	－0. 1703	0. 0663	0. 4079	0. 4104	0. 4471	0. 7966
拉脱维亚	－0. 1419	0. 4157	0. 5090	0. 0208	0. 3642	0. 3502	0. 3599	0. 8107
立陶宛	0. 1109	0. 3196	0. 3137	0. 0021	0. 4095	0. 3930	0. 3996	0. 7884
马来西亚	－0. 0151	－0. 1218	0. 2326	－0. 0059	0. 5625	0. 5771	0. 5662	0. 7020
墨西哥	－0. 0470	－0. 1480	0. 1269	0. 0303	0. 4320	0. 4639	0. 4795	0. 7379
摩洛哥	0. 0776	0. 1144	0. 1702	0. 0360	0. 6045	0. 6456	0. 6598	0. 7553
尼日利亚	0. 1189	－0. 1892	－0. 2693	0. 0652	0. 1040	0. 1035	0. 1058	0. 8087
巴基斯坦	0. 0036	－0. 0684	0. 1630	0. 0436	0. 6396	0. 6427	0. 6369	0. 6681
秘鲁	0. 0914	－0. 1052	－0. 1171	0. 0722	0. 2123	0. 2000	0. 1931	0. 7715
菲律宾	0. 0763	0. 3990	0. 3177	0. 0150	0. 4059	0. 3909	0. 3627	0. 8113
波兰	0. 0720	0. 2597	0. 2633	0. 0285	0. 5556	0. 5713	0. 4943	0. 7760
罗马尼亚	0. 0846	－0. 2314	－0. 2897	0. 1209	0. 3818	0. 3937	0. 3987	0. 7551
俄罗斯	0. 1005	－0. 2326	－0. 2177	0. 0432	0. 1265	0. 1391	0. 1570	0. 8043
沙特阿拉伯	0. 0996	0. 4191	0. 4243	－0. 0082	0. 0359	0. 0268	0. 0258	0. 7871
南非	0. 0560	－0. 2900	－0. 2938	0. 0638	0. 4209	0. 4519	0. 4795	0. 8126
泰国	0. 0781	0. 2768	0. 2758	0. 0065	0. 4544	0. 4585	0. 4793	0. 7999
土耳其	0. 0936	0. 3977	－0. 1784	0. 2394	0. 3615	0. 3627	0. 3360	0. 7785
乌克兰	0. 1180	－0. 2422	－0. 2945	0. 1206	0. 3737	0. 4094	0. 6762	0. 7359

资料来源：经济增长率和 2012—2014 年负债率来自于 IMF 的 WEO 数据库（2015 年），经济规模缺口、财政支出缺口、平均实际利率以及负债率上限均来自于计算

第四节 中国政府债务可持续的压力测试

选择中国政府债务进行可持续性的压力测试，主要有以下几方面的考虑。一是2010—2014年，中国政府负债率在29个样本国中处于中等水平，不像沙特阿拉伯低至10%以下，几乎不存在债务风险；也不像巴西超过60%，已经超过《马斯特里赫特条约》的规定，选择中国具有一定的代表性。二是中国利率市场化正逐步走向完成式，利率的变动对政府债务可持续性的风险是直接的，随着中国逐步推进利率市场化改革，中国的政府债务的可持续性将面临不确定风险。三是中国经济增速从高速转为中高速，经济增速下行的压力将给政府债务的可持续性带来挑战。综合以上三个原因，本节选择中国作为研究对象，对政府债务的可持续性进行压力测试分析。

一、压力情景设计

（一）压力测试简介

国际证券监管机构组织于1995年最先提出压力测试，主要指市场出现极端不利的情况时（利率或股市急剧变化），对资产组合有怎样的影响。国际货币基金组织的定义更加简洁，他们认为压力测试是运用一系列方法，评估金融体系中承受罕见但仍可能发生的宏观经济变动或重大事件的过程。在中国，证监会发布的《商业银行压力测试指引》则认为，压力测试是一种定量的风险分析法，假设银行在遇到极端不利情况时，计算可能发生的损失，并分析该损失对盈利能力与资本金带来的负面影响。（巴曙松、朱元倩，2010）尽管学者说法不一，但都认为压力测试有一定的流程。具体见图3－1。

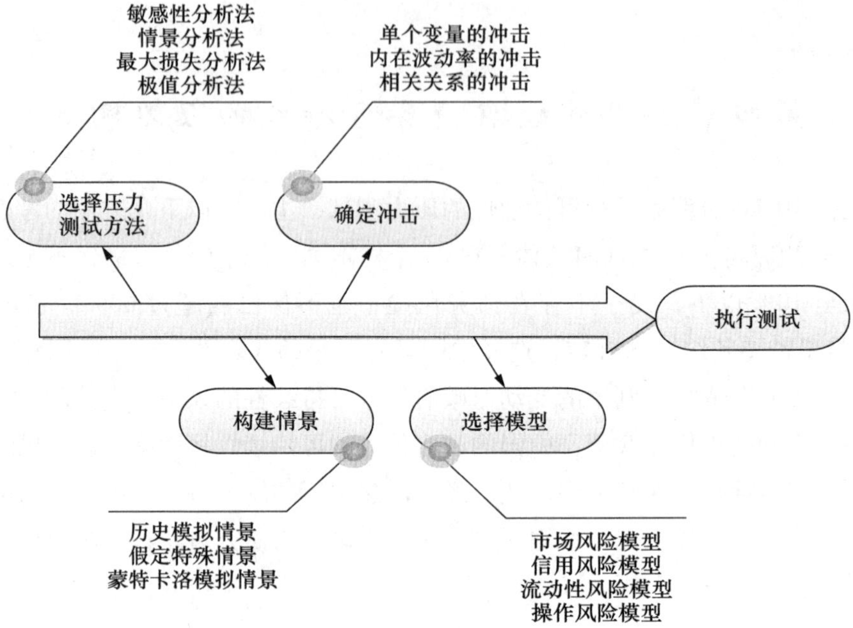

图 3－1　压力测试流程图

资料来源：根据学者论述整理得到

其中需要说明的是情景分析法。该方法可以评估金融机构在面临系统性风险，或出现罕见的但可能发生的事件的承受力。情景的设计有两种方式，其中一种是假定特殊情景。与历史模拟情景相比，假定特殊情景有其优点，即该方法可以构建更为多样化的压力事件，且预测性更强。在投资组合领域，假定特殊情景的方法不仅能评估投资组合对相异风险的敏感性，还可预测致使投资组合出现损失的特殊事件。

（二）情景设计

根据前文所述，在考虑排除一定比例的负有担保责任的债务和可能承担一定救助责任的债务后，中国政府性债务的总负债率为 39.43%，而本章计算出来的中国负债率的理论上限为 130.50%，这较唐文进等（2014）测算的 84.8% 大很多。根据财政部公布的数据，2010—2017 年，我国政府负债率的实际水平分别为 41.5%、36.7%、36.2%，远远低于测算出来的债务上限，表现出很好的可持续性。

根据中国2003—2014年历年实际数据的计算，可以得到图3-2[①]。根据图可以看出，中国十多年来的政府负债率实际上限随着经济环境的不同而有所变化，最高为93.04%，最低为84.81%，这和唐文进等（2014）认为的我国政府负债率上限的99%概率区间估计（0.811，0.879）相比，不管是区间范围，还是区间最值，都要略微大一些。这也可以看出面板数据较时间序列数据的不同。

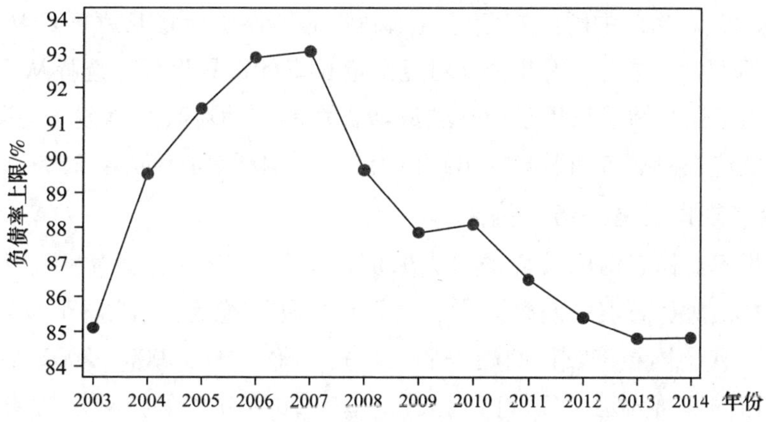

图3-2 中国2003—2014年实际负债率上限

依据这一比较，中国政府债务完全是可持续的，且存在较大的空间。但宏观经济形势不断变化，政府债务规模又有不断提升的趋势，地方政府的或有债务还可能随时转化为负有偿还责任的债务，这给中国政府债务的可持续性带来了挑战。根据式（22）和表3-6的赋值，可得到关于中国政府负债率上限的计算公式。

$$0.54284d_{i(t-1)}^{3}-0.70628d_{i(t-1)}^{2}+0.21765d_{i(t-1)}+0.05527g_{it}-0.04555gc_{it}+0.06263ec_{it}-0.01785=0 \quad (23)$$

根据压力测试的流程，本章选择情景分析法，即假定一些特殊的情景，确定单个变量的冲击，选择负债率上限测算的模型，即式（23），执行中国政府债务可持续的压力测试。具体来说有如下四个情景。

1. 平均利率的变动

平均偿债利率直接影响所需利息，因而对政府债务可持续的影响是直接的。

① 2000年计算出的实际负债率上限为137.74%，2001年和2002年未能计算出实数解，为图示更加直观，这三年的实际负债率上限未在图中显示。

经过计算，2000—2014 年中国平均偿债利率的最大值为 5.8%，最小值为 3.65%，几何平均值为 4.26%。最新公布的 2015 年中国 GDP 增长率为 6.9%，在情景设计中，假设经济增长率保持为 7% 不变，经济规模缺口和财政支出缺口都为 0，而平均利率则从 6% 依次降低 1%，直到为 0。

2. 名义经济增长率的变动

在计算中国政府负债率上限时，对名义经济增长率这一变量的取值为最大值，即 14.2%。当前中国经济已经进入新常态，经济年增长率已经从过去的超过 10% 下降至 7% 左右。因此，针对经济增长率的情景设计，选择从 7% 往下降的方式。由于这个情景只用于考察经济增长率的变动对政府负债率上限的影响，所以保持经济规模缺口和财政支出缺口为 0，平均利率取值为 4.26%。

3. 经济规模对稳态值的偏离

经济规模对稳态值的偏离的最大取值为 1.78，最小取值为 -0.17。一般来说，经济规模对稳态值的偏离太大表明经济发展不稳定。根据 HP 滤波的结果，2001—2014 年中国经济较长期趋势的波动每年不一样。2000—2002 年的经济规模对稳态值的偏离为正，且数值较大，2003—2014 年的经济规模对稳态值的偏离保持在（-0.18，0.06）之间。根据这一情况，选择从 0.06 依次递减 0.02 个单位，作为情景设计的结果。

4. 财政支出对稳态值的偏离

与经济规模对稳态值的偏离类似，2000—2002 年的财政支出对稳态值的偏离数值较以后年份相差较大，在这里不予分析。根据 HP 滤波的结果，可以观察到中国财政支出对稳态值的偏离的情况。2004—2010 年，中国财政支出对稳态值的偏离均为负值，即政府的实际财政支出较长期趋势少；其他年份为正值。进一步观察发现，财政支出对稳态值的偏离与经济规模对稳态值的偏离存在一定的相似性，即财政支出对稳态值的偏离的方向与经济规模对稳态值的偏离的方向一致（2003 年除外），且财政支出对稳态值的偏离较大时，经济规模对稳态值的偏离也较大。这也从某种程度上说明中国经济增长的变动部分源于财政支出的变动。此处将使财政支出对稳态值的偏离从 0.08 每次减少 0.02 至 0，小于 0 的部分每次减少 0.05 至 -0.4，这和财政支出对稳态值的偏离呈现的数值特点相一致。

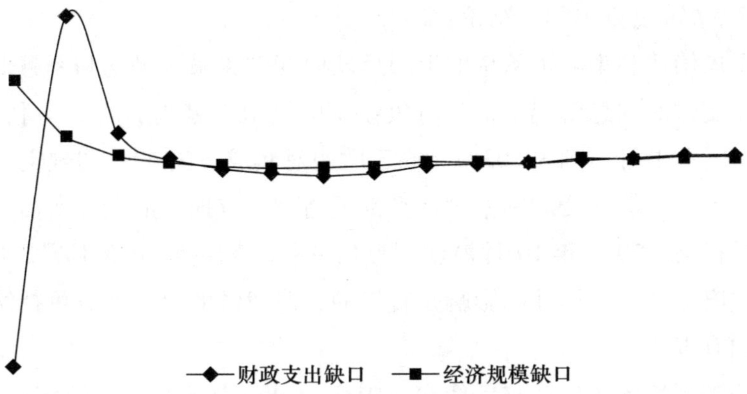

图 3－3 2000—2014 年中国经济规模缺口与财政支出缺口

资料来源：根据 HP 滤波得到

二、压力测试分析

根据上面设计的压力情景，以及式（23），可以得到如下中国政府债务可持续的压力测试结果。

表 3－7 中国政府债务可持续的压力测试结果

平均利率		名义经济增长率		经济规模		财政支出	
变动至	上限	变动至	上限	对稳态值的偏离程度	上限	对稳态值的偏离程度	上限
0.06	0.8469	0.07	0.8603	0.06	0.8726	0.08	0.8346
0.05	0.8547	0.06	0.8553	0.04	0.8686	0.06	0.8414
0.04	0.8622	0.05	0.8502	0.02	0.8645	0.04	0.8480
0.03	0.8695	0.04	0.8448	0	0.8603	0.02	0.8543
0.02	0.8766	0.03	0.8391	－0.02	0.8559	0	0.8603
0.01	0.8835	0.02	0.8332	－0.04	0.8514	－0.05	0.8744
0	0.8903	0.01	0.8269	－0.06	0.8468	－0.10	0.8873
		0	0.8204	－0.08	0.8420	－0.15	0.8994
		－0.01	0.8134	－0.10	0.8371	－0.20	0.9106
		－0.02	0.8061	－0.12	0.8320	－0.25	0.9213
		－0.03	0.7983	－0.14	0.8266	－0.30	0.9313
		－0.04	0.7899	－0.16	0.8211	－0.35	0.9409
		－0.05	0.7810	－0.18	0.8153	－0.40	0.9500

资料来源：来自于模拟计算

从表 3 - 7 可以得出如下结论：

一是平均偿债利率与负债率的上限呈反向变动关系，平均利率越低，政府对其债务所需支付的利息就越少，政府负债率的上限就越高。当平均利率为 0 时，政府负债率的上限可达到 89.03%，高于欧盟对其成员国 60% 的规定。近十多年来，我国一年期存款和贷款利率的水平都不高，相应地政府债务所需支付的利息水平也不是很高，2015 年 10 月最新调整后的平均利率甚至都不到 3%。尽管利率水平对政府债务可持续性的影响是直接的，但我国的政府债务可持续性受利率波动的影响有限。

二是经济增长率的变动与负债率上限变动呈正向关系，即经济增长率下降，中国政府负债率的上限也随之下降。对于发达国家，学者一般都认为经济增长率对基础财政盈余率的影响是正向的，但本章选取的 29 个新兴经济体国家的面板数据实证结果表明，对于新兴经济体国家，经济增长率对基础财政盈余率有负向的影响。而具体到中国，政府负债率的上限会随经济增长率的提高而增加。当经济增长率为 0 时，即经济不再增长，中国政府债务的负债率上限也可达到 82.04%。美国作为最发达的国家，其政府债务余额不断增长，2014 年达到 182498.1 亿美元，实际负债率为 104.77%，远远超过欧盟 60% 的标准，近三年债务余额都超过了其 GDP 水平。2007—2011 年，美国 6 次提高其债务上限，提高总额高达 5.329 万亿美元。尽管普遍认为此做法风险较大，但美国政府债务依然处于安全线以内，并未发生不可控的债务危机。2009 年美国经济增长率达到十几年来的低谷，为 -2.78%，该年份的实际负债率为 86.04%。从这个角度来看，中国经济增长率即使为 0，负债率上限为 82.04% 也是较为合理的。

三是负债率的上限随着经济规模对稳态值的正向偏离程度的减小而降低，随经济规模对稳态值的负向偏离程度减小而增大。这是显而易见的，当经济规模对稳态值的偏离为正，即实际经济总量较长期趋势大时，经济发展远远超过预期，政府就更有能力举借债务，负债率的上限也会相应提高。同样，假设经济规模对稳态值的偏离为负，说明经济发展达不到潜在水平，政府就无力举债，负债率的上限自然也受到影响。在计算我国政府债务负债率上限时，当经济规模对稳态值的偏离为负的最大值时，可以求得最小的负债率上限。根据表 3 - 7，可以直观地看出，当经济规模对稳态值的偏离达到近年来的负向最大值时，政府负债率的上限也可高于 81.53%。以当前的政府实际负债率水平来看，我国政府债务是可持续的。

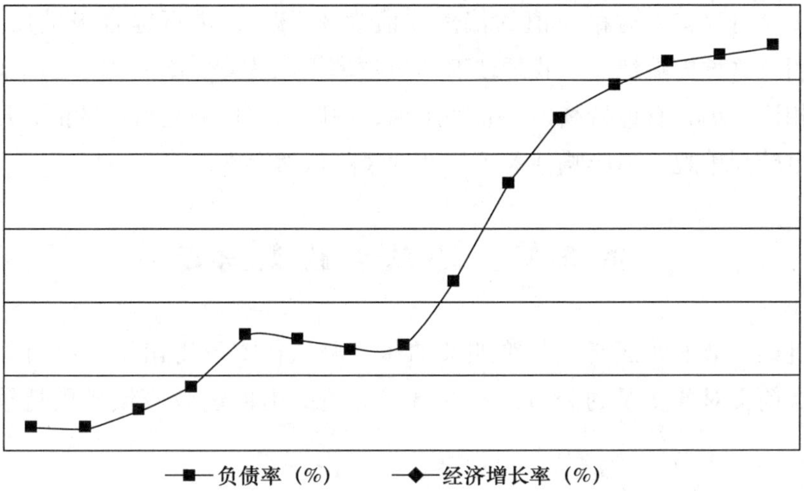

图 3－4　2000—2014 年美国政府债务负债率及经济增长率

注：2000 年美国负债率数据缺失，为制图方便，此处假设该年的政府负债率与 2001 年相同。

资料来源：根据 IMF 的 WEO 数据库（2015 年）绘制而来

四是财政支出对稳态值的正向偏离上升，带来的是负债率上限的下降；对稳态值的负向偏离上升，带来的是负债率上限的增加。根据式（7）和（8）可知，财政支出与负债率呈负相关关系。财政反应函数检验结果也表明，财政支出波动与负债率之间存在反向关系。当财政支出对稳态值的偏离增加时，说明较财政支出长期趋势，政府增加了更多的财政支出，这必然会减少用于偿还债务的财政盈余，从而使得负债率上限下降。而当政府缩小财政支出对稳态值的偏离，甚至是使财政支出对稳态值的偏离为负值，那么用于偿还政府债务的财政盈余就会增加，政府不用担心到期债务无法偿还，也不会担心以后的债务无法如期偿还，这样政府负债率的上限自然有所上升。当财政支出对稳态值的偏离达到最大值时，我国政府负债率的上限也可超过 83%。当然，2001 年和 2002 年，财政支出对稳态值的偏离分别高达 3.22、0.61，这两种情况在压力测试中并不能求出一个实数解，即政府负债率的上限是无法得知的。不过当时政府负债水平较低，利率处于平均利率以下，经济又保持高速增长，经济规模对稳态值的正向偏离也比较大，这些因素共同作用，使我国政府债务得以可持续。

此外，纵观近年来的经济环境，取各变量的极端值（利率取值为 5.8%，经济增长率参考发达经济体的发展速度取 2%，经济规模对稳态值的偏离取值为

-17.1%，财政支出对稳态值的偏离取值为8.2%），进行综合极端压力测试。结果表明，这种极端情况下我国政府的负债率上限为68.45%，与当前实际负债率水平相比，仍具有可持续性。总的来说，中国政府债务是可持续的，压力测试的结果也较为乐观，但影响债务可持续的风险依然存在。

第五节　小结与政策启示

通过第三节的实证研究与第四节的压力测试，本章得出了一些有意义的结论。根据前文对各变量的分析，本章将相应地提出促进政府债务可持续的政策建议。

一、研究结论

（一）检验财政反应函数的结论

本章从检验29个新兴经济体国家的财政反应函数开始，发现新兴经济体国家存在“财政疲劳”的现象。针对各个变量的影响，具体如下。其一，滞后一期基础财政盈余率的系数可以说明政府在控制财政盈余时的惯性，检验新兴经济体财政反应函数的四个模型均在1%的水平下显著，这说明新兴经济体国家有着较强的财政盈余控制惯性。其二，名义经济增长率对基础财政盈余率有负向影响。检验的结果与理论预期存在不一致，本章分析了可能的原因：当经济呈现增长趋势时，新兴经济体政府对未来充满信心，所以增加更多的财政支出；当经济出现滑坡时，为了提振经济，新兴经济体政府通常会采取刺激措施，一个可选择的方法就是举借债务，这样就会增加政府债务利息支出。这两种情况，都会使得经济增长的方向与基础财政盈余率的变化方向相反。与美国相比，新兴经济体国家的名义经济增长率对基础财政盈余率的影响程度可谓微乎其微。本章也分析了部分可能的原因。其三，新兴经济体国家的经济波动对基础财政盈余率有正向影响，当经济波动为正，即当期经济增长水平高于长期趋势时，财政收入就会增加，从而使得基础财政盈余率相应上升；反则反之。程度上，经济波动对基础财政盈余率的影响很微弱。其四，新兴经济体国家的财政支出波动对基础财政盈余率的影响系数虽然很小，但显著性水平很高，四个模型中均在1%的水平下显著。

（二）测算债务上限的结论

运用高度显著的财政反应函数，本章对相应指标进行赋值，测算了29个新兴经济体的政府负债率上限。首先，新兴经济体政府债务的上限均比较高，政府债务总体可持续。在可以计算出政府债务上限的29个国家中，2012—2014年有27个国家的政府债务均在债务上限以内。总的来说，新兴经济体的政府债务是可持续的。其次，新兴经济体政府债务的上限存在一定差异，各个国家政府债务可持续空间的差异更大。哈萨克斯坦的政府债务上限最高，巴基斯坦的债务上限最低。在29个新兴经济体国家中，债务上限呈现出“中间多两头少”的情况。最后，少数新兴经济体国家政府债务已经超过了上限，呈现不可持续性。以债务上限为标准，匈牙利和约旦的政府债务已经超过了最高限，呈现不可持续性。乌克兰、摩洛哥、马来西亚等国家的债务也很接近债务上限。

（三）进行压力测试的结论

依托前文的基础，本章进一步对中国政府负债率上限进行压力测试。在情景设计方面，主要考虑利率的变动、经济增长率的变动、经济规模对稳态值的偏离和财政支出对稳态值的偏离。中国的政府负债率上限压力测试结果呈现四个特点。一是平均偿债利率与负债率的上限呈反向变动关系，平均利率越低，政府对其债务所需支付的利息就越少，政府负债率的上限就越高。二是经济增长率的变动与负债率上限变动呈正向关系，即经济增长率下降，中国政府负债率的上限也随之下降。三是负债率的上限随着经济规模对稳态值的正向偏离程度的减小而降低，随经济规模对稳态值的负向偏离程度减小而增大。四是财政支出对稳态值的正向偏离上升，带来的是负债率上限的下降；对稳态值的负向偏离上升，带来的是负债率上限的增加。中国政府负债率的上限可能受到极端经济情况的影响，总的来说，中国政府债务是可持续的，压力测试的结果也较为乐观，但依然存在影响债务可持续的风险。

二、政策启示

（一）新兴经济体国家实践的政策启示

1. 财税体制改革

合理的财税体制，是政府债务可持续的根本保证。拉美等新兴经济体国家在爆发债务危机后，都致力于改革不合理的财税体制。党的十八届三中全会确立了深化财税体制改革的内容，旨在建立现代财政制度。深化财税体制改革，应重点推进三个方面的改革。一是深化税收制度改革。当前中国税收制度仍然存在一定问题，比如税制结构不合理、税收功能不完善、宏观税负不稳定等，为此，要建立兼具科学发展、市场统一和社会公平等特点的税收制度体系，充分发挥税收在调节收入分配、筹集财政资金、促进结构优化等方面的作用。二是要改进预算管理制度。此前中国的预算具有“软约束”的特点，因此要变“预算软约束”为“预算硬约束”，建立公开透明、全面规范的现代预算制度，以此来规范政府的行为，并实现公众对政府的有效监督。三是允许地方政府自行发债。由于原有规定，地方政府只能请财政部代发债券，这严重束缚了地方政府举债的自主性，因此应设立一定的发债条件，只要地方政府可以达到该条件，即可报财政部备案后自行发债。四是要调整中央和地方的财政关系。1994 年分税制改革，使中央有更多的财权，地方则承担着更大的事权，应在保持财政收入格局大体稳定的基础上，合理划分中央和地方之间的财权与事权关系，使地方办事和花钱相统一，使中央权力和责任相一致。只有深化财税体制改革，才能从根本上实现政府债务可持续。

2. 债务重组

不管是巴西、阿根廷，还是智利、墨西哥，在爆发债务危机时，各国大都采取了债务重组的措施。尽管中国政府债务规模尚处合理范围，但是部分地方政府债务的还款期限较为集中，因此中国财政部实施了地方政府债务置换计划，旨在降低地方政府债务违约风险，这是中国政府债务重组的一种方式。国务院规定将政府债务划分为一般债务和专项债务，对不同的债务类型实行不同的管理方法，也可视作债务重组的一种方式。债务置换和债务分类，可以在一定程度上促进政府债务的可持续性，但也要注意几个方面的问题。一是降低债务利息负担。通过申请发行债券，直接降低利息负担；通过优化期限结构，腾出更多资金建设重点项目。二是妥善偿还存量债务。存量债务不会因为债务置换和债务分类而有所减少，地方政府还是需要履行还款义务。对于地方政府应偿债务，地方政府责任人应明确偿还时限、偿还规模、需付利息等，不得转嫁偿债责任，甚至逃废债务。三是确保在建项目的后续融资。对于在建项目，应优先保证其后续融资，以使其可以续建和收尾。

3. 风险管理

新兴经济体国家在应对债务危机时，都比较注重债务的风险管理。中国的中央政府债务可持续的风险，较地方政府债务的可持续风险要小得多。因此，中国的政府债务风险管理也应更集中于地方政府性债务。针对地方政府性债务的风险管理，应着重从以下三个方面入手。一是建立风险预警机制。各地方政府应根据自身一般债务、或有债务、专项债务等情况，按照主管部门划定的指标，比如债务率、偿债率、新增债务率、逾期债务率等，评估本地区的债务风险状况。对于风险较高的地区，上级主管部门及该地区地方政府应提高警惕，采取积极措施以降低地方政府债务风险。二是建立应急处置机制。中央不再对地方政府债务“兜底”，各地方政府应建立应急处置机制，当政府债务可持续性受到较大挑战时，地方政府应通过多种方式筹集偿债资金，比如压缩公用经费、控制项目规模、处置存量资产等等。三是严肃财政纪律。上级主管部门应加大检查监督力度，对违法违规融资和违规使用政府性债务资金的主体进行惩罚。此外，应将政府债务管理作为政绩考核指标，强化地方主要负责人对政府债务风险管理的意识。

（二）本节研究结论的政策启示

根据前文得到的结论，本节将从利率、经济增长和财政收支这三个方面，对保持中国政府债务的可持续提出政策建议。

1. 稳定利率水平与预期

利率对政府债务可持续的影响是直接的，因为利率水平的变化将直接导致政府债务利息的增减。新兴经济体的负债率上限测算也表明，一般利率高的国家，其负债率上限通常都不是很高。因此，稳定利率水平和预期十分重要。

（1）完善市场决定利率定价

2015 年 10 月 24 日，央行对商业银行和农村合作金融机构等不再设置存款利率浮动上限，这被认为是基本实现存款利率市场化的标志。尽管利率市场化取得显著成果，但仍然存在一些问题和风险。为了继续完善市场决定利率定价，应从以下三个方面做出努力。一是完善利率市场化的形成和调控机制，进一步加强中央银行对利率体系的调控和监督指导力度。二是实现金融产品创新。当前我国金融产品较美国等发达国家少之又少，银行等金融机构应着力开发多种投资产品，让资金价格不只是反映在存款与贷款的供求上，也要反映在多种投资产品的供求上，真正反映市场利率的水平。三是完善存款保险制度。2015 年国务院颁布《存款保险条例》，并于 5 月 1 日起施行，这标志着我国存款保险制度的正式建立。但现有的存款保险制度仍存在一些可以完善的地方，比如该制度尚未将外国银行在中华人民共和国境内设立的分支机构纳入可保范围，再比如保险费率中的基准费率如何规定、风险差别费率如何设置，还有一旦发生系统性金融风险，存款保险制度该如何应对等，都是未来值得讨论完善的地方。只有真正实现利率市场化，政府债务的管理及运用才会更加注重风险与收益。

（2）政府稳定利率预期

实现利率市场化，由供求双方决定利率水平，并不意味着央行在调节利率水平方面不发挥作用。价格由市场决定，但政府应该着手稳定利率预期，使政府债务的偿还利率保持相对稳定，避免偿付利息因利率变动而大幅上涨的不利局面。这里可以采取的方式主要有两种，一是实行适当的货币政策以调节利率价格。当市场决定的利率过高时，可采取宽松的货币政策，通过调节存款准备金率、公开市场操作和再贴现等常规措施，必要时可采取一些非常规的措施，实现利率长期稳定，或在市场营造一种利率长期稳定的趋势。二是规范非市场化融资主体行为以应对潜在信用风险。这里的非市场化融资主体主要指地方政府融资平台（又被称为城投公司），由地方政府发起设立，用于筹集市政基础设施建设等公用事业项目的资金，是地方政府债务的主要来源。此前我国存在预算软约束的情况，政府可以对该类公司兜底，造成地方政府融资平台的利率普遍较高，其利率低敏感性扰乱了金融市场的秩序。《意见》和新的《预算法》对此有相应规定，融资平台也正逐步剥离政府融资的功能，但地方政府是否严格执行、实施效果如何等都需要进一步考评。此外，政府隐性担保的债务有“刚性兑付”的特点，这并不受到法律支持与保护，如果不加以规范，可能出现个体风险与系统性风险交错叠加，从而引发大范围的信用风险。通过这两种方式稳定市场利率的预期，从而使得政府偿债利息处于可预估状态。

2. 平衡经济增速与质量

政府债务的可持续离不开经济的发展，因为经济的发展可以保障稳定的财政收入来源，而财政收入是偿债的主要资金。尽管压力测试的结果表明，中国经济增长即使处于很低水平，政府负债率的上限依然很高，但这并不能否定经济增长的作用，因为实证结果表明，经济波动也是影响政府债务可持续的重要原因。《中国共产党第十八届中央委员会第三次全体会议公报》（以下简称《公报》）指出，要加快转变经济发展方式，加快建设创新型国家，推动经济更有效率、更加公平、更可持续发展，这是对政府债务可持续的有力保障。要从保持适当经济增速、优化经济增长质量两个角度做出努力。只有保持经济适量增长，只有实现经济结构的转型，在经济增长速度与增长质量之间寻求平衡，政府债务的可持续性才能得到相应的保障。

（1）保持经济增长适当

前文的压力测试结果表明，我国当前的经济增长速度并不会影响到政府债务的可持续性，甚至经济增长速度越低，政府负债率上限越高。尽管如此，我国还应当保持适当的经济增长。这里的适当，主要基于两个原则。第一个原则是不会严重影响就业水平。2008 年爆发的金融危机，蔓延至实体经济引发经济危机，我国城镇登记失业率就有一个明显的上涨，从 2007 年的 4% 上升到 2009 年的 4.3%，经济下行或处于低位运行时，居民的就业或多或少会受到影响。但经济增速即使处于低位，政府也要保障就业率，否则可能陷入恶性循环，即经济增速低迷，失业率增加，就业人员不多导致企业无法扩大生产，经济继续低迷。第二个原则是不能大幅降低居民收入。一方面是居民的绝对收入不能降低，从国家统计局公布的城镇单位就业人员平均工资看，我国居民的绝对收入是逐年递增的；另一方面是居民的相对收入不能下降，这需要控制物价水平，即控制通货膨胀率，使居民当期收入相对高于前期收入。考虑这两个原则，是为了维护经济发展的稳定。因为一旦参与经济活动的劳动者受到低增长的影响，整个经济发展将不具备可持续性，财政收入也不会可持续，从而政府债务也不会可持续。

（2）寻求经济结构转型

《公报》提出加快转变经济发展方式，加快建设创新型国家，就是要求寻求经济结构转型。纵观三十多年的改革开放，以往依靠资源投入的增长方式是不可持续的。政府债务与经济增长互为影响，一方面，经济增长的一个重要动力就是政府投资，而仅仅依靠财政收入并不能充分保证政府投资，因此政府就形成了举债的需求，也即政府债务的增长带来经济的增长；另一方面，经济增长后，政府为了继续维持这种增长，需要不断进行甚至增加投资，使得政府举债的需求进一步攀升，政府债务进一步增长，即经济增长引发政府债务的增长。为了保持经济的可持续发展，也为了维持政府债务的可持续性，政府只有寻求经济结构转型，使经济发展处于创新、绿色、可持续的势头，才能最终保证政府债务的可持续性。

3. 协调财政总量与波动

财政收支对政府债务可持续的影响也是直接的，财政收支的变化，将直接影响到基础财政盈余的变化。因此，完善财政收入政策，规范财政支出计划，控制财政收支总量，并使其保持一个正向的波动，是保障政府债务可持续的重要措施。

（1）完善财政收入政策

财政收入绝大部分来源于税收收入，完善财政收入政策，实际就是完善税收政策。不仅要稳健地提高财政收入水平，也要构建可持续的税收体系。首先，提高财政收入是政府债务可持续的首要保障，但财政收入的提高并非简单增加量，还要使其保持一个稳健的波动率，这样就可以减小财政收入的不确定性，使政府形成稳定的财政收入增长和波动预期，从而合理安排各个年度的债务余额和偿债计划。其次，公共财政收入是综合财力的重要组成部分，公共财政收入中的绝大部分来源于税收（2014 年中国财政收入的 84.9% 来自税收）。这就要求政府构建一个可持续的税收体系，可以努力的方向有：一是转变经济发展方式，促进经济的可持续发展，营造扩大税收来源的经济环境；二是进一步规范预算约束，推进税费改革，形成税收可持续的制度环境；三是继续提升税收征管能力，增强纳税主体的纳税意识，巩固良好的可持续税收的社会环境。最后，构建可持续税收体系的最核心、最迫切问题在于构建一个新的税种体系。比如全面推行营改增，全面开征房产税、财产税和资源税，都是可以尝试的方向。

（2）规范财政支出计划

财政支出波动对基础财政盈余率有着反向作用，财政支出波动越大，政府负债率的上限越小，从而可持续性越是受到影响。所以，应尽量减少甚至避免突发性的经济刺激计划，2008 年推出的“4 万亿计划”，现在看来就是没有规范财政支出，导致财政支出波动急剧上升，最终导致政府债务余额攀升的例证。管理财政支出计划，要增加关乎国计民生的重大项目的支出，如三农、社会保障、教育和科技等，减少重复建设的市政投入和一般性项目支出，并要定期和不定期跟踪检查，以提高资金的使用效率。另外，应根据新《预算法》修正草案的规定，做好各级政府的政府债务预算，将一般债务收支纳入一般公共预算管理，将专项债务收支纳入政府性基金预算管理，将政府与社会资本合作项目中的财政补贴等支出按性质纳入相应政府预算管理，以达到资金管理结构合理；实行合理的财政转移支付制度，调节和平衡各级地方政府的财力状况，达到政府债务在区域和层级结构上合理的状态。

第四章　全国地方政府债务违约风险

1994 年分税制改革让更多财权集中于中央，而更多事权下放到地方。财权与事权的不匹配，加之原有《预算法》的约束，即我国地方政府无权通过自主发债的方式进行融资，长期以来，地方政府通过地方融资平台、城投债、信托等方式筹资，地方政府性债务规模持续扩张。为应对 2008 年金融危机，中央政府曾于 2011 年明确上海、浙江、广东、深圳四省市试点自行发债，地方政府性债务急剧膨胀。2014 年 10 月 2 日国务院下发的《关于加强地方政府性债务管理的意见》中明确表示，“地方政府对其举借的债务负有偿还责任，中央政府实行不救助原则”，且地方融资平台也开始剥离，这将可能加大地方政府性债务的违约风险。尽管财政部于 2015 年开始实施地方政府债务置换计划，新的《预算法》也提出要强化预算约束，但地方政府最终还是需要承担现有债务偿还的责任。随着经济下行压力增大，地方财政收入受到一定影响，而债务规模居高不下，且部分地方政府债务规模逐年增加，这大大增加了地方政府债务的违约风险。因而，研究地方政府性债务违约风险，具有一定的现实意义。

第一节　地方政府债务规模

2013 年开始，中央和各省市对地方政府性债务先后出具了审计报告。此后，财政部会按期公布政府债务的相关数据。

一、全国政府债务

根据 2013 年的《审计结果》，截至 2013 年 6 月底，中国政府性债务的总规模高达302749.7亿元，即使不包括或有债务，规模也高达206988.65亿元。从政府层级来看，地方政府性债务规模要略高于中央政府性债务规模。从债务构成来看，中央政府负有偿还责任的债务中，中央财政资金偿还的国债债券、国际金融组织和外国政府贷款规模为81511.05，占到83.72%；中央负有担保责任的债务中，由财政部提供担保、由中央汇金投资有限责任公司发行，用于商业银行配股和中国出口信用保险公司注资的债务为1090亿元，剩下的1416.89亿元则包括转贷给中央单位由非财政资金偿还的国债债券、国际金融组织和外国政府贷款。

指标评价债务负担方面，截至2012年底，中国政府负有偿还责任的债务负债率为36.74%，加入19.13%的政府负有担保责任的债务，以及14.64%的可能承担一定救助责任的债务，政府性债务的总负债率为39.43%，低于《马斯特里赫特条约》60%的规定。外债方面，外债余额为4733.58亿元，占2012年GDP的比重仅有0.91%，远低于国际20%的控制标准。债务率方面，全国政府负有偿还责任债务的债务率达105.66%。如果或有债务按照上述比率进行折算，总债务率为113.41%，国际货币基金组织确定的债务率控制标准参考值为150%，中国的债务率在安全范围之内。逾期债务率方面，全国负有偿还责任债务的逾期债务率为5.38%，如果不包括应付未付款项而形成的逾期债务，逾期债务率仅为1.01%；政府负有担保责任债务的逾期债务率为1.61%，政府可能承担一定救助责任债务的逾期债务率为1.97%，都处于较低水平。

表4-1　全国政府性债务规模情况表

年度	政府层级	政府负有偿还责任债务（亿元）	政府或有债务（亿元）	
			政府负有担保责任的债务	政府可能承担一定救助责任的债务
2012年底	中央	94376.72	2835.71	21621.16
	地方	96281.87	24871.29	37705.16
	合计	190658.59	27707.00	59326.32
2013年6月底	中央	98129.48	2600.72	23110.84
	地方	108859.17	26655.77	43393.72
	合计	206988.65	29256.49	66504.56

资料来源：2013年《全国政府性债务审计结果》

在对政府债务摸底排查后，财政部开始着手债务置换计划。经过五年的努力，政府债务的规模得到有效控制，债务风险指标也完全控制在安全范围之内。截至2017年年末，我国政府债务余额为29.95万亿元，其中中央财政国债余额13.48万亿元，地方政府债务余额16.47万亿元。我国政府负债率为36.2%。这个指标比2016年的36.7%有所下降。我国政府的负债率低于国际社会通用的所谓60%的警戒线，也低于其他主要经济体和一些新兴市场国家的负债水平。

二、地方政府债务

以财政部公布的2016年省级政府一般债务余额与专项债务余额的总和为例，可以看出地方政府债务的一些特点。如图4－1，纵观31个省市的地方政府债务情况，可以看出如下几个特点。一是东部省市的地方政府负有偿还责任的债务余额较高，中西部较低。截至2016年底，江苏以10915.35亿元的政府债务余额占据榜首；除贵州外，政府债务余额排名前五的省市均处于东部地区。而债务余额最低的是西藏，政府债务余额为57.86亿元，仅为江苏的0.53%。二是负债率无显著的地域规律。债务率最高的是贵州，为73.96%；负债率超过36.7%（2016年我国政府负债率为36.7%）的有6个省市，其中辽宁、海南为东部地区省市，贵州、青海、云南、宁夏则为西部地区省份，即东部和西部区域都有一些省市的负债率较高。因此，负债率在各省市中并无明显的区域分布规律。三是债务余额与负债率无明显对应关系。债务余额高的省市，其负债率不一定高；负债率低的省市，其债务余额不一定低。比如，江苏的债务余额最高，但其负债率处于全国中低水平；云南和青海的债务余额并不高，二者债务余额之和不及江苏，但这两个省份的负债率却比较高，分别为42.96%、52.05%。当然，也存在债务水平高、负债率也高的省市，比如贵州、辽宁等；也有债务水平低、负债率也低的省份，比如山西、西藏等。

2016年全国人大常委会专题调研组提交的报告显示，地方政府负有偿还责任的债务规模高达15.40万亿元。从债务期限看，我国地方政府短期偿债压力较大。2015年到期3.1万亿元，占20%；2016年到期2.8万亿元，占18%；2017年到期2.4万亿元，占16%；2018年及以后到期6.2万亿元，占40%；以前年度逾期债务0.9万亿元，占6%。2016年和2017年两年的短期债务规模高达5.2万亿元，占34%。

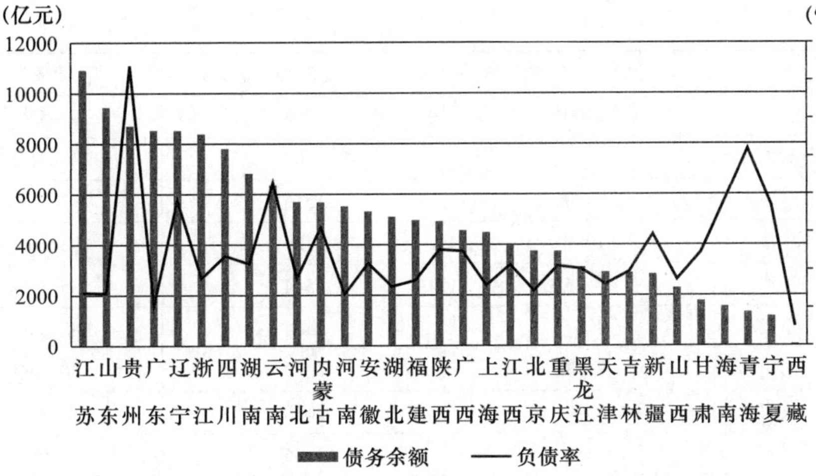

图 4－1　2016 年底中国地方政府债务余额及债务率

资料来源：财政部官网

从债务率看，以截至 2016 年 7 月 27 日各地区城投债余额与 2015 年地方公共财政收入相除，作为政府债务率，青海、重庆的债务率超过国际货币基金组织确定的债务率控制标准参考值范围 90%～150%，分别为 153%、151%；在这一范围内的有 9 个省市，从高到低依次为天津、湖南、甘肃、江苏、贵州、云南、新疆、广西、辽宁；其余省市均低于这一范围，其中河北、宁夏、内蒙古、上海、广东、海南、西藏这 7 个省市自治区均低于 40%。部分省市债务率过高，偿债压力较大。

表 4－2　2016 年各省市政府债务率排名

序号	地区	城投债余额（亿元）	公共财政收入（亿元）	债务率
1	青海	410	267	153.56%
2	重庆	3246	2155	150.63%
3	天津	3672	2667	137.68%
4	湖南	3318	2513	132.03%
5	甘肃	908	744	122.04%
6	江苏	9389	8029	116.94%
7	贵州	1509	1503	100.40%

续表

序号	地区	城投债余额（亿元）	公共财政收入（亿元）	债务率
8	云南	1709	1808	94.52%
9	新疆	1044	1107	94.31%
10	广西	1420	1515	93.73%
11	辽宁	1987	2126	93.46%
12	福建	2175	2544	85.50%
13	安徽	2087	2454	85.04%
14	四川	2668	3329	80.14%
15	陕西	1528	2060	74.17%
16	江西	1559	2166	71.98%
17	湖北	2152	3005	71.61%
18	浙江	3360	4810	69.85%
19	北京	3111	4724	65.86%
20	河南	1748	2739	63.82%
21	山东	2659	5529	48.09%
22	黑龙江	532	1165	45.67%
23	山西	735	1642	44.76%
24	吉林	505	1229	41.09%
25	河北	981	2648	37.05%
26	宁夏	134	374	35.83%
27	内蒙古	643	1964	32.74%
28	上海	1720	5520	31.16%
29	广东	2788	9365	29.77%
30	海南	92	628	14.65%
31	西藏	9	137	6.57%

资料来源：搜狐财经，http：//business.sohu.com/20160826/n466062430.shtml

第二节　地方政府债务风险管理

国际上，各个国家针对地方政府债务风险的管理提供了一些值得吸收借鉴的经验。针对地方政府债务的违约风险，国务院和财政部均制定了相关管理办法和管理措施。

一、国际经验

世界上有近40个国家对地方政府发债持允准态度。这些国家在地方政府债务的风险管理上已经形成一些经验。

一是控制债务规模。债务规模的控制主要基于债务与财政两方面。债务层面，严格控制债务余额和债务增量。各国综合运用诸如债务率、偿债率、负债率、债务依存度、利息支出率、资产负债率和担保债务比重等指标，对新增的债务量进行合理性评估，对债务总额进行合理性判断。财政层面，严格控制地方政府的综合财力。各国普遍采用地方政府贷款和净资产比、地方政府贷款和金融机构净资产比以及贷款损失债权人分担率等指标，衡量举债人的债务偿还能力。一般而言，欧盟对其成员国的两个标准，即债务余额占GDP比重不超过60%、财政赤字占GDP比重不超过3%，是各国地方政府发债时的重要参考标准。2008年金融危机期间，以“欧猪五国”为代表的众多欧洲国家均超出这个标准。而诸如巴西、印度、阿根廷等新兴经济体国家对此标准进行硬性约束。

二是硬化约束预算。对发债经验丰富的发达经济体来说，预算硬约束已经成为成文的规定或法律条款。在美国，将地方政府债务纳入预算管理，是绝大多数州政府的一致做法。新西兰和澳大利亚等国家，根据政府预算体系中的财政收入与财政支出、债务举借与偿还等情形，严格执行预算管理。澳大利亚还根据地方政府债务的潜在风险和资产情况，配置相应的公共资源以防范债务风险。2003年，南非通过《市政财政管理法案》，也进行了预算硬约束。

三是严管信用评级。各国地方政府在发行地方政府债券前，需由有资质的信用评级机构对地方政府的债务偿还能力和支付意愿进行评估，最终出具信用评级报告。信用评级机构的评价内容涵盖地方政府现有债务结构、稳健的预算政策能力和行政纪律、税收收入与收入来源依赖度、整体社会经济环境等四个方面。针对信用评级，美国与欧盟有明确的法案对评级机构进行监管。处罚手段包括高额罚款、信用评级机构暂停业务等。这就迫使信用评级机构在对地方政府债务进行评级时，必须严格执行信息披露、利益冲突、职业道德等要求，从发债的角度控制地方政府债务的风险。

四是设立风险预警。美国俄亥俄州和哥伦比亚在政府债务的风险预警方面的实践较为典型。美国俄亥俄州依靠的是严密的监测机制，一旦某地方政府被宣布处于紧急状态，临时建立的“财务筹划与监督委员会”可接管地方政府的财政管理权。哥伦比亚则采用红绿灯预警系统，严格限制地方政府利息支出率和债务率这两个指标。还有一些国家的实践也具有一定意义，比如日本选取实际赤字率、综合实际赤字率、实际偿债率、未来债务负担率等四个指标进行监测；再比如印度建立邦政府债务预警与纠错机制；澳大利亚和新西兰建立地方政府或有负债报告体系，定期评估可能对财政状况产生显著影响的因素；等等。

二、国内政策实践

2014 年 10 月 2 日国务院下发了《关于加强地方政府性债务管理的意见》，明确提出“牢牢守住不发生区域性和系统性风险的底线，切实防范和化解财政金融风险”，这是我国地方政府债务风险管理的首部法规。该意见针对地方政府性债务的风险管理提出三条要求：一是建立地方政府性债务风险预警机制。财政部根据各地区一般债务、专项债务、或有债务等情况，测算债务率、新增债务率、偿债率、逾期债务率等指标，评估各地区债务风险状况，对债务高风险地区进行风险预警。列入风险预警范围的债务高风险地区，要积极采取措施，逐步降低风险。债务风险相对较低的地区，要合理控制债务余额的规模和增长速度。二是建立债务风险应急处置机制。要硬化预算约束，防范道德风险，地方政府对其举借的债务负有偿还责任，中央政府实行不救助原则。各级政府要制定应急处置预案，建立责任追究机制。地方政府出现偿债困难时，要通过控制项目规模、压缩公用经费、处置存量资产等方式，多渠道筹集资金偿还债务。地方政府难以自行偿还债务时，要及时上报，本级和上级政府要启动债务风险应急处置预案和责任追究机制，切实化解债务风险，并追究相关人员责任。三是严肃财经纪律。建立对违法违规融资和违规使用政府性债务资金的惩罚机制，加大对地方政府性债务管理的监督检查力度。地方政府及其所属部门不得在预算之外违法违规举借债务，不得以支持公益性事业发展名义举借债务用于经常性支出或楼堂馆所建设，不得挪用债务资金或改变既定资金用途；对企业的注资、财政补贴等行为必须依法合规，不得违法为任何单位和个人的债务以任何方式提供担保；不得违规干预金融机构等正常经营活动，不得强制金融机构等提供政府性融资。地方政府要进一步规范土地出让管理，坚决制止违法违规出让土地及融资行为。

针对债务风险应急处置机制，国务院办公厅于 2016 年 11 月 14 日专门发布

《关于印发地方政府性债务风险应急处置预案的通知》，对地方政府性债务风险应急处置的组织指挥体系和职责、预警和预防机制、应急响应、后期处置和保障措施等方面，作出了明确规定。其中，预警和预防机制主要包括：一是建立预警监测机制。财政部建立地方政府性债务风险评估和预警机制，定期评估各地区政府性债务风险情况并作出预警，风险评估和预警结果应当及时通报有关部门和省级政府。省级财政部门应当按照财政部相关规定做好本地区政府性债务风险评估和预警工作，及时实施风险评估和预警，做到风险早发现、早报告、早处置。此外，地方各级政府及其财政部门应当将政府及其部门与其他主体签署协议承诺用以后年度财政资金支付的事项纳入监测范围，防范财政风险。地方各级政府应当定期排查风险隐患，防患于未然。二是建立信息报告制度。地方各级政府应当建立地方政府性债务风险事件报告制度，发现问题及时报告，不得瞒报、迟报、漏报、谎报。三是进行分类处置机制。对于地方政府债券，地方政府承担全部偿还责任。对于非政府债券形式的存量政府债务，经地方政府、债权人、企事业单位等债务人协商一致，可以按照《中华人民共和国合同法》第八十四条等有关规定分类处理。对于存量或有债务，地方政府的存量担保和存量救助债务均不属于政府债务，地方政府及其部门对其不承担偿债责任，仅依法承担适当民事赔偿责任。对政府可能承担一定救助责任的存量或有债务，地方政府可以根据具体情况实施救助，但保留对债务人的追偿权。四是设置债务风险事件级别。按照政府性债务风险事件的性质、影响范围和危害程度等情况，划分为Ⅰ级（特大）、Ⅱ级（重大）、Ⅲ级（较大）、Ⅳ级（一般）四个等级。当政府性债务风险事件等级指标有交叉、难以判定级别时，按照较高一级处置，防止风险扩散；当政府性债务风险事件等级随时间推移有所上升时，按照升级后的级别处置。政府性债务风险事件监测主体为省级、设区的市级、县级政府。经济开发区管委会等县级以上政府派出机构的政府性债务风险事件按照行政隶属关系由所属政府负责监测。

针对短期偿债压力较大的问题，财政部实施了债务置换计划。地方债务置换始于2015年，2015年财政部批复了3万亿元的存量债务置换计划，以缓解地方政府短期偿债的压力。实施债务置换计划，主要基于两方面考虑：一是土地财政收入和地方财政收入均在放缓，其实，地方财政收入中的很大一部分来源于土地财政，甚至有些地方基本依靠土地财政；二是通过债务置换计划，可以延长债务的偿还期，从而降低地方债务的短期还款压力，降低地方政府融资成本，防范流动性风险。债务置换的方式有两种：一种是由地方政府与商业银行协商，共同签订契约，由银行购买。对实施购买行为的银行而言，其变化仅仅体现在资产结构方面，由高息短期贷款转变为低息长期债券。另一种是引入中央银行，中央银行通过抵押补充贷款或再贷款，给予商业银行足够的流动性，去购买置换另一个商业银行对城投贷款的债券，这类似于美国的 QE，最终结果是除了银行的资产结构出现变化，还会增加商业银行的超额储备。地方政府债务置换计划的实施，取得了显著的效果。前财政部长楼继伟曾表示，置换后的地方存量债务成本从平均10%左右下降至约3.5%，预计将为地方政府每年节省2000亿元的利息。同时，将继续发行地方政府债券置换非政府债券形式的政府存量债务，降低地方利息负担。

第三节　文献及预测方法

本节对衡量债务违约风险文献进行回顾，并运用GM（1，1）模型预测各省市财政收入，并根据一定比例，计算可担保地方财政收入。

一、文献综述

当前，对于地方政府性债务的风险研究，主要包括以下几个方面。

第一，对地方政府性债务的定性研究。其一是对地方政府性债务的评估框架研究，主要是 Hana（2002）提出的财政风险矩阵，其从两个不同角度将政府债务分为直接显性、直接隐性、或有显性、或有隐性等四种类型；刘尚希（2003）认为财政风险矩阵有不足之处，应该从公共债务与公共资源存量、公共债务与公共资源流量、公共债务与经济总规模、公共债务与政府无形资产这四个层次来评估财政风险。其二是对地方政府性债务成因的思考，呼显岗（2004）认为，我国地方政府性债务的形成主要是由于投融资体制、国有企业改革和财政体制改革等制度方面的滞后，也有积极的财政政策的推动作用；黄燕芬和邬拉（2011）还考虑了管理因素和社会因素，将成因进一步拓展；张平等（2016）认为地方政府债务管理缺陷和影子银行监管漏洞，是我国省级政府债务风险影子银行化的主要原因。其三是分析不同的举债主体在融资时的风险，最大的举债主体当属融资平台公司，安国俊（2010）经过研究得出，融资平台风险会向金融和经济领域传递；张丽恒（2011）的研究表明，我国政府债务负担率虽在国际规定的安全范围内，但是近年来地方政府投融资平台的债务规模不断扩大，将加大政府负债规模累积的程度；国有企业也是重要的举债主体（樊纲，1999），国企改革通过国有银行、社会保障等途径影响国家财政，最终影响国家负债偿还的可能性。

第二，对风险预警指标的研究。这方面的研究集中以地方政府的财政和债务数据为基础，构建系统的指标体系，用于监测地方政府债务。张志华等（2008）总结对比认为，美国俄亥俄州模式和哥伦比亚的"红绿灯"预警系统较为典型，可以作为我国地方政府性债务预警指标的参考。贺忠厚等（2006）从宏观、微观这两个角度探究预警指标；裴育和欧阳华生（2007）对预警工作流程的关键环节，比如指标体系构建、指标值风险区间设置、指标权重确定、风险值测度等方面进行了深入探讨；考燕鸣等（2009）从地方政府"借、用、还"这三个环节来构建指标体系；缪小林和伏润民（2012）则从债务的外部负担和内部结构来构建评价指标；吕函枰和马恩涛（2017）构建 GCA－BP 神经网络的地方政府债务风险预警系统，并对各省市的债务风险进行了分级；赵全厚（2017）认为，除了现有显性债务风险预警指标外，还应注重考核与监测隐性债务。综合上述学者的研究结果，地方政府性债务的预警指标基本包括债务负担率、地方财政负债率、地方财政偿债率、债务逾期率、债务依存度、新增债务率、担保债务比重等方面。

第三，基于模型的风险评价研究。常用的信用风险模型有基于 VaR 和 CaR 的信用风险评价，但这一般适用于市场风险的衡量；也有学者运用资产负债管理模型（ALM）来衡量政府公债的风险；最常用的是 KMV 模型，这个模型在我国地方政府债券和城投债上违约风险的运用已经较为成熟。KMV 模型是基于风险债务理论（Merton，1974）和 BS 期权定价理论发展而来的信用监测模型，由美国 KMV 公司开发，通过计算违约距离，从而得出预期违约频率，有着较高的精准度。韩立岩等学者（2003）最先将 KMV 模型运用在我国市政债券信用风险的衡量，通过北京和上海的财政收支数据分析不同发债规模的信用风险；茹涛（2009）通过自回归方法预测上海市财政收入，认为发债金额少于上海地方财政收入 36% 时，违约概率上升幅度较慢；周鹏（2010）运用多元线性回归模型预测辽宁省财政收入，计算得出发债规模占发债主体财政收入的 15% 左右即是安全的结论；蒋忠元（2011）用一阶自回归方法预测江苏地方财政收入，认为 531.078 亿元的地方政府债券发行规模违约风险非常小，2009 年财政部代江苏发债 84 亿元完全处于安全线以内；李腊生等人（2013）对 KMV 模型进行了改进，认为中央与地方之间存在紧密的“父子关系”，将中央政府“父爱主义”转化为地方政府债务可转移，通过修正的KMV模型实证得出，我国地方政府债务本质上不存在经济上的违约风险，但存在一定程度的道德风险；陈棋（2014）根据最新公布的省级审计报告，选取10个省市面板数据进行分析，认为2014年我国地方政府偿债规模不宜超过30814.12亿元；张海星和靳伟凤（2016）认为，相同违约概率下，地方财政收入波动越小，地方政府安全发债规模越大；洪源和胡争荣（2018）基于流量和存量修正了KMV模型，认为中西部地区政府债务的违约风险普遍高于东部地区，专项债务违约概率低于一般债务。

之前学者运用KMV模型评价地方政府性债券的违约风险，而债券只是地方政府性债务的来源之一，除此之外，还有银行贷款、信托等很多重要来源，本文从地方政府性债务总量来评价违约风险，更为全面。在预测地方财政收入和债务规模时，学者更多运用线性回归思想，而本文采用预处理的GM（1，1）模型进行预测，预测结果更为精准。

二、地方财政收入预测

（一）GM（1，1）模型的原理

GM（1，1）模型主要适用于小样本、贫信息的不确定性系统的预测，当然这个模型也有一定的适用范围。其具体计算过程如下。

假设原始的序列为：

$$x^{(0)}(t)=\{x^{(0)}(1),\ x^{(0)}(2),\ \cdots,\ x^{(0)}(n)\} \tag{1}$$

对原始序列进行一次累加，可以得到一个生成序列 $x^{(1)}(t)$。按照累加后的 $x^{(1)}(t)$，建立 $GM(1,\ 1)$ 模型，其微分方程的形式为：

$$\frac{dx^{(1)}(t)}{dt}+ax^{(1)}(t)=u \tag{2}$$

其中，a 是发展灰数，u 是内生控制灰数。

利用最小二乘法，可求得待估参数向量：

$$\hat{a}=\begin{bmatrix}a\\u\end{bmatrix}=(B^TB)^{-1}B^TY_n \tag{3}$$

这里：

$$B=\begin{bmatrix} -\frac{1}{2}(x^{(1)}(1)+x^{(1)}(2)) & 1 \\ -\frac{1}{2}(x^{(1)}(2)+x^{(1)}(3)) & 1 \\ \vdots & \\ -\frac{1}{2}(x^{(1)}(n-1)+x^{(1)}(n)) & 1 \end{bmatrix} \tag{4}$$

$$Y_n=[x^{(0)}(2),\ x^{(0)}(3),\ \cdots,\ x^{(0)}(n)]^T \tag{5}$$

通过上式，可以得到时间响应函数，也即原始序列预测模型：

$$\hat{x}^{(1)}(k+1)=(x^{(0)}(1)-\frac{u}{a})e^{-ak}+\frac{u}{a} \tag{6}$$

对式（6）求导，可得还原模型：

$$\hat{x}^{(0)}(k+1)=(-a)(x^{(0)}(1)-\frac{u}{a})e^{-ak} \tag{7}$$

或

$$\hat{x}^{(0)}(k+1)=\hat{x}^{(1)}(k+1)-\hat{x}^{(1)}(k) \tag{8}$$

将得到的预测值与实际值进行误差检验，如果误差相对较小，即可用于预测。

（二）GM（1，1）模型的改进及预测

刘思峰和邓聚龙（2000）认为，当原始数据自身有问题时，可以先通过引入某种形式的缓冲算子进行处理。以天津市为例，根据2010—2017年天津的地方财政收入，来预测2018年天津的地方财政收入。使用简单的GM（1，1）进行预测时，其平均相对误差达到9.32%，还不是特别精确，所以先利用一阶平均弱化缓冲算子对原数据进行预处理。利用处理后的数据再次进行GM（1，1）预测，这时平均相对误差仅为3.59%，相对精准。

表4-3　2010—2017年天津市地方财政收入的GM（1，1）模拟效果

年份	实际值（亿元）	一阶平均弱化缓冲（亿元）
2010	1068.81	2056.76
2011	1455.13	2197.90
2012	1760.02	2321.69

续表

年份	实际值（亿元）	一阶平均弱化缓冲（亿元）
2013	2079.07	2434.03
2014	2390.35	2522.77
2015	2667.11	2566.91
2016	2723.5	2516.81
2017	2310.11	2310.11
平均误差	9.32%	3.59%

数据来源：实际值来源于天津历年统计年鉴，其他数据均来自于模拟

根据这种思路，预测2018年全国31个省市的地方财政收入①。并非所有的地方财政收入都可以作为地方政府债务的担保，对于可用于担保的比例，学者有不同的研究②。根据茹涛和陈棋的计算，选择40%这一比例来进行测定。

第四节　实证与分析

根据第三节预测的可担保地方财政收入，计算相关指标，最终代入KMV模型，计算出地方政府债务的违约距离和违约风险。

一、指标计算

（一）可担保地方财政收入增长率g和波动率σ

根据之前学者的研究，可以得到：

$$g = \frac{1}{n-1}\sum_{i=1}^{n-1}\ln\frac{A_{t+1}}{A_t} + \frac{1}{2}\sigma^2 \tag{9}$$

$$\sigma = \sqrt{\frac{1}{n-2}\sum_{t=1}^{n-1}\left(\ln\frac{A_{t+1}}{A_t} - \frac{1}{n-1}\sum_{1}^{n-1}\ln\frac{A_{t+1}}{A_t}\right)^2} \tag{10}$$

① 2017年财政收入来源于各省市2017年统计公报。

② 韩立岩等和周鹏选择50%的比例，茹涛选取40%的比例，陈棋按照40%、50%和60%的比例，测算了不同担保比例下的可用于偿还债务的财政收入，李腊生等认为30%更合理，蒋忠元则假设基本建设拨款、科技三项费用和企业挖潜改造费用是可支配地方财政收入。

其中，A_t 为可担保地方财政收入。将 2005—2016 年可担保地方财政收入代入式（9）和式（10），可以计算出增长率和波动率。

（二）2018 年应偿债务

政府每年应偿债务等于负有偿还责任的债务，加上债务余额需要偿还的利息。[①] 这样，政府到期应偿债务的本息和为：

$$Sum_t = (1 + r_t)D_t + r_{t-1}\sum D \tag{11}$$

其中，D_t 为到期债务总额，$\sum D$ 是未到期债务累加额；r_t 为到期债务的利率，r_{t-1}是未到期债务的平均利率。

各地方政府公布了一定年度的政府债务余额，但数据仍然有所缺失，我们对此进行了相对合理的折算。[②] 到期债务总额根据刁伟涛（2015）的处理方法，以 6 年为平均债务期限进行折算。根据得到的 2010—2017 年政府债务余额数据，运用二阶平均弱化缓冲算子的 GM（1，1）方法，预测了 2018 年的债务总额。[③]

关于利率的选择，根据 2015 年财政部对现有债务的置换的结果，被置换的存量债务成本从 10% 下降至 3.5% 左右[④]，因而取利率为 3.5%。

二、风险评价

根据 KMV 模型，将 g、σ、A_t 和 Sum_t 代入违约距离公式：

$$DD = \frac{ln\frac{A_t}{Sum_t} + gT - \frac{1}{2}\sigma^2 T}{\sigma\sqrt{T}} \tag{12}$$

① 政府或有债务可能也需要由政府偿还，但各个省市需要偿还多少并不统一，具有一定的随机性。由于政府债务的违约风险大多来源于负有偿还责任的债务，因而本文忽略了政府或有债务的影响。

② 地方政府债务余额大多来源于 wind 数据库，2016 年债务余额来源于财政部，2017 年为二阶平均弱化缓冲算子的 GM（1，1）方法预测。存在部分缺损值，则根据各省 2014 年初公布的地方政府性债务审计结果中的表述进行相应折算，比如《北京市地方政府性债务审计结果》中提到“2013 年 6 月底负有偿还责任债务余额比 2010 年底增加 3325.49 亿元”，则用加减法进行折算；再比如《天津市地方政府性债务审计结果》中提到“2010—2012 年政府债务年均增长率为 9%”，则用乘除法进行折算。

③ 此处预测的各省市债务总额的平均相对误差基本在 3% 以内，只有天津超过 3%。

④ 此处参见楼继伟 2015 年《国务院关于规范地方政府债务管理工作情况的报告》。

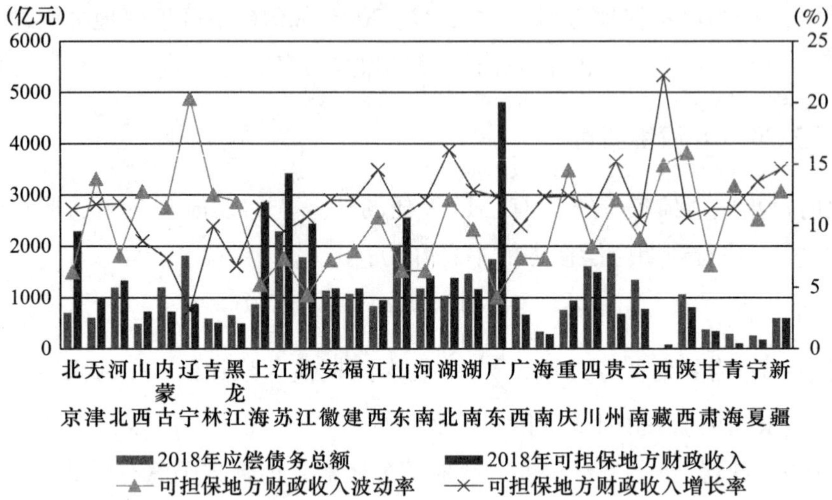

图 4－2　2018 年全国地方政府债务及可担保地方财政收入情况

资料来源：2018 年应偿债务总额根据预测及利息折算加总得到，2018 年可担保地方财政收入由预测计算而得，可担保地方财政收入波动率、增长率由计算而得

以及预期违约概率公式：

$$EDP = N(-DD) \tag{13}$$

以 2017 年为基期年份，则 T 在 2018 年为 1。将计算出来的指标，代入式（12）和式（13），可以计算出 2016 年全国 30 个省市地方政府性债务的违约距离和预期违约概率。

表 4－4　2018 年全国地方政府债务违约距离及违约概率

东部	违约距离	违约概率	中部	违约距离	违约概率	西部	违约距离	违约概率
北京	20.5904	0.0000	山西	3.8350	0.0001	内蒙古	－3.7528	0.9999
天津	4.4217	0.0000	吉林	－0.5757	0.7176	广西	－3.8711	0.9999
河北	2.9933	0.0014	黑龙江	－2.0456	0.9796	重庆	2.2535	0.0121
辽宁	－3.5288	0.9998	安徽	2.1937	0.0141	四川	0.3917	0.3476
上海	24.7045	0.0000	江西	2.5154	0.0059	贵州	－7.0661	1.0000
江苏	6.7844	0.0000	河南	4.8724	0.0000	云南	－4.9460	1.0000
浙江	9.6128	0.0000	湖北	3.6816	0.0001	西藏	13.7086	0.0000
福建	2.6111	0.0045	湖南	－1.0679	0.8572	陕西	－1.1079	0.8660

续表

东部	违约距离	违约概率	中部	违约距离	违约概率	西部	违约距离	违约概率
山东	5.3647	0.0000				甘肃	0.3466	0.3645
广东	26.9441	0.0000				青海	-7.0944	1.0000
海南	-0.4168	0.6616				宁夏	-2.3983	0.9918
						新疆	1.0868	0.1386
			全国	1.0000	0.0000			

资料来源：计算而得

三、地方政府债务违约风险结果分析

（一）全国地方政府债务违约风险总体可控

美国市政债券的违约概率约为0.5%，这与标准普尔BBB-或者穆迪Baa3的债务信用评级类似。我国的地方政府债务，从安全性的角度来说，至少要达到这一评级，一般达到0.4%认为相对安全。从全国水平来看，31个省市加总的地方政府债务违约风险几乎为0，即几乎不存在违约风险。本文选取地方一般财政收入的40%作为地方政府债务的担保，而实际上，地方财政总收入还包括中央转移支付、政府性基金收入等等。也就是说，只要地方政府保证一定比例的地方财政收入作为偿还地方政府债务的担保，地方政府债务几乎不会存在违约的风险。

（二）地方政府债务违约风险存在地域差异

从区域划分来看，东部地区和中部地区的地方政府债务违约风险也几乎为0，只有西部地区地方政府债务违约风险较为突出，远远超过安全标准，但违约概率水平仍处于可控范围。西部地区12个省市中，除西藏外，其他11个省市的地方政府债务违约概率均超过安全范围的0.4%，违约风险最低的重庆也有1.21%的违约概率，是安全范围的3倍多；违约风险最高的省市有9个，均达到100%的违约概率。中部地区8个省市中，吉林和黑龙江受制于东北三省疲软的经济，地方财政收入增速不及地方政府债务增速，且没有较高的可供担保比例，地方政府债务违约概率较高；湖南由于债务余额较大，而经济增速又有所下滑，地方政府债务的违约概率也比较高。东部地区 11 个省市中，辽宁的情况与吉林和黑龙江类似，个别年份甚至出现地方财政收入负增长的情况，因此违约概率也达到 100%；海南由于财政收入增长速度不及政府债务增速，因而也有着较高的违约概率。

（三）地方政府债务违约风险程度各有不同

从全国 31 个省市地方政府债务违约概率来看，主要分为三类。第一类是存在极高违约风险。这包括辽宁、黑龙江、内蒙古、广西、贵州、云南、青海、宁夏等 8 个省市。第二类是存在较高违约风险。这涵盖海南、吉林、安徽、湖南、重庆、四川、陕西、甘肃、新疆等 9 个省市。第三类是无违约风险。包含东部地区 9 个省市、中部地区 4 个省市和西部地区 1 个省市。

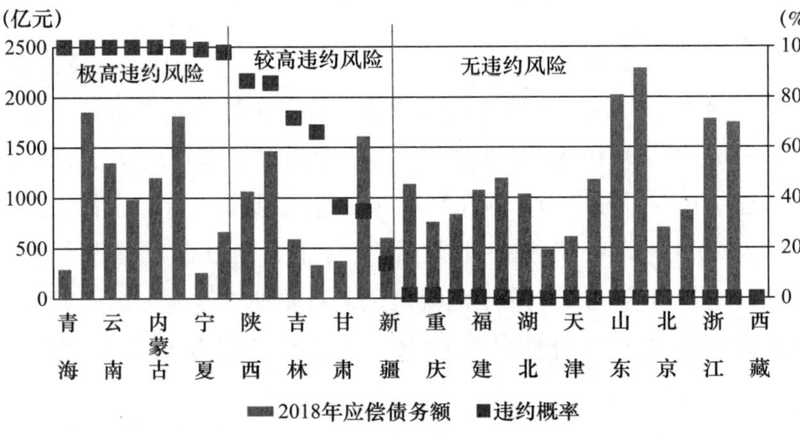

图 4－3　2018 年 31 个省市应偿债务本息和与违约概率

资料来源：2018 年应偿债务本息和根据预测计算得到，违约概率根据 KMV 模型计算得到

第五节　政策建议

基于以上对于长三角地区地方政府性债务违约风险的评价，提出如下几个方面的建议。

一、稳健提高财政收入，构建可持续税收体系

首先，提高财政收入是防范地方政府性债务违约风险的首要保障，但财政收入的提高并非简单量的增加，还要使其保持一个稳健的增长率和波动率。这样可以减小财政收入的不确定性，使地方政府形成稳定的财政收入增长和波动预期，从而合理安排各个年度的债务。其次，公共财政收入是综合财力的重要组成部分。以江苏为例，江苏的公共财政收入中税收占比高达80%，这就要求地方政府构建一个可持续的税收体系。可以努力的方向有：一是转变经济发展方式，促进经济的可持续发展，营造扩大税收来源的经济环境；二是进一步规范预算约束，推进税费改革，形成税收可持续的制度环境；三是继续提升税收征管能力，增强纳税主体的纳税意识，巩固良好的可持续税收的社会环境。最后，构建可持续税收体系的最核心、最迫切问题在于构建一个新的税种体系。

二、严格控制债务增量，分类管理存量

国务院下发的《关于加强地方政府性债务管理的意见》明确规定，地方发行债券融资，需自借自还，中央不再兜底。总结来说，有五个方面约束：一是硬指标，对地方政府债务规模实行限额管理；二是硬程序，规范地方政府举债过程和资金用途；三是硬预算，将地方政府债务分类纳入全口径预算管理；四是硬监管，完善债务报告和公开制度，加大监督检查力度；五是硬考核，将地方政府性债务作为指标纳入政绩考核。国家为地方政府性债务的管理提供总纲，具体到各省市，可以从两个方面来应对债务风险。一方面，各省市地方政府要根据每年可担保地方财政收入和规模控制指标（比如偿债率、债务率和债务逾期率等），来计算每年可新增债务的量；也要尽量减少或有债务，尤其是避免违规担保债务，减少可能承担一定救助责任的债务。从严格控制债务总量出发，降低地方政府性债务的违约风险。另一方面，对已经形成的地方政府性债务，要实行分类管理，主要表现在：对于负有偿还责任的债务，要计提充足的财政收入来应对当期需要偿还的债务，还要合理规划债务资金的去向，做到债务使用与项目相结合，专项专用，避免挪用等情况，保证债务资金使用恰当、期限合理；对于或有债务，地方政府可以尝试转移或有债务风险，比如为或有债务投递商业保险，或者引进其

他资本联合推进公私合营模式（PPP）。

三、积极优化期限结构，调整收支结构

优化地方政府资产负债结构，形成短期债务由短期流动性资产偿还，长期债务由长期流动性资产偿还的结构，防止资产与债务的期限错配。另外，调整地方财政收支结构，增加可持续税收在财政收入中的比例，减少过度的土地出让收入；管理地方财政支出，增加一些重大项目的支出，如教育、科技、三农、社会保障等，减少一般性项目支出和重复建设的市政投入，并且要定期和不定期进行跟踪检查，提高资金使用效率。此外，根据新《预算法》修正草案的规定，做好各级政府的政府性债务预算，将一般债务收支纳入一般公共预算管理，将专项债务收支纳入政府性基金预算管理，将政府与社会资本合作项目中的财政补贴等支出按性质纳入相应政府预算管理，以此达到资金管理结构合理；实行财政转移支付制度，以调节各级地方政府的财力状况，达到地方政府性债务区域结构合理的状态。

四、设立风险预警指标，防范各层风险

国际层面，已经有较为成熟的指标。国内层面，厦门市先试先行，发布《厦门市政府性债务风险指标预警监测实施办法》，选取 5 个指标，包括债务率、新增债务率、债务依存度、偿债率和逾期债务率，并按市本级、区级，给出安全区的范围。安徽省在《安徽省地方政府债务风险评估和预警暂行办法》中选择债务率、新增债务率、偿债率、逾期债务率、综合债务率等指标作为预警指标。广东省则在《广东省政府性债务风险应急预案（试行）》中明确，将测算债务率、新增债务率、偿债率、逾期债务率等指标，综合评估各地区债务风险状况，按照债务风险预警监测结果，从低到高划分预警级别是其重要特点。

应从借债、用债、偿债这三个环节，同时评价静态与动态指标，形成较为完备的地方政府债务风险预警指标体系。针对安全区、轻警区、重警区的具体划分，各省市地方政府可根据地区经济发展水平、债务规模与结构等因素，制定略有差异的标准。

表 4-5 风险预警指标体系

分类	指 标	安全区	轻警区	重警区
借债环节	债务负担率	0~30%	30%~60%	>60%
	债务依存度	0~15%	15%~30%	>30%
	财政赤字率	0~1.5%	1.5%~3%	>3%
	债务适应率	0~50%	50%~100%	>100%
用债环节	债务项目的投入产出比	50以上	25~50	<25
	具备自我偿债能力债务占总债务比	60%以上	30%~60%	<30%
	GDP增速与债务增速比	100%以上	50%~100%	<50%
	民间投资增速与债务增速比	100%以上	50%~100%	<50%
偿债环节	债务逾期率	0~25%	25%~50%	>50%
	债务偿债率	0~12.5%	12.5%~25%	>25%
	借新还旧占债务总额比	0~10%	10%~20%	>20%
	偿债准备金率	20%以上	10%~20%	<10%
	违约债务比	0~10%	10%~20%	>20%

第五章　债转股政策的国际经验与国内实践

2016年10月10日，国务院正式出台了《关于积极稳妥降低企业杠杆率的意见》和《关于市场化银行债权转股权的指导意见》。本章旨在从韩国、日本、美国等经济体的救助中寻求中国方案。

第一节　本轮债转股与20世纪90年代末债转股对比

本轮债转股从提出到政策发布，引起国内外各方面的高度关注。很多人担心这是20世纪90年代末（这里称“上一轮债转股”）的重现，对我国银行业、金融体系乃至现代市场经济秩序的建立，都会产生严重影响。这里就二者背景、遵循的原则和推进方式以及后果进行若干对比。

一、上一轮债转股回顾

（一）1999年推出债转股的背景

经济增速下滑，低效产能过剩。1999年第四季度，我国GDP增速降至7.6%，接近亚洲金融危机最严重时期1998年第二季度的7.2%。原因主要有两方面：一是经过20世纪90年代初期经济高速增长，大量低效产能积累，产品供给结构与国内外需求不匹配，结构调整和产业升级进展缓慢；二是虽然1998年中央实施积极的财政政策和货币政策以应对亚洲金融危机，但由于资本市场和银行体系不健全，一些政策效率并不高，政策时滞严重。

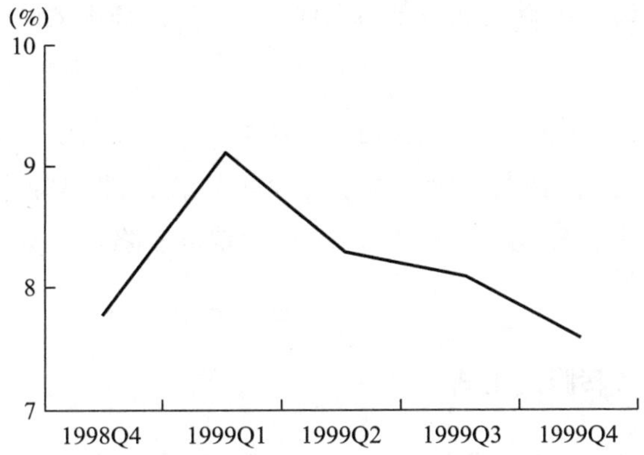

图 5－1　1999 年 GDP 增速出现下滑

资料来源：国家统计局，民生证券研究院

国企杠杆居高位，亏损现象严重，管理和经营机制问题凸显。1980 年至 1993 年，国企资产负债率从 18.7% 飙升至 67.5%，1999 年，国企平均资产负债率达 75.1% 以上。① 1999 年，全国国有企业净资产利润率为 2.1%，但相比之下，短期贷款利率达 5.85%，财务费用成为国有企业沉重的负担，亏损现象严重，实现“三年脱困”成为首要目标。此外，在向社会主义市场经济体制转变的过程中，国有企业办社会负担严重，企业生产经营、人事管理、收入分配等问题积重难返，需要加快改革步伐，建立现代企业制度。

金融体制改革滞后，银行不良率高企。1998 年，央行实施一系列宽松的货币政策，包括取消对国有商业银行的信贷规模限制、调低银行准备金率、鼓励国有商业银行扩大放款规模等。然而，当时贷款优先顺序和额度均由政府主导，国有企业融资优势明显，商业银行缺乏对贷款项目进行甄别、事中及事后监督的能力，风险管理能力低下，容易造成不良贷款。

更重要的是，尽管 20 世纪 90 年代初我国曾经积极推动了一轮金融体系改革，但当时改革思路首先是将原来的专业性银行改革成为综合性商业银行，如工商银行、中国银行、建设银行等，并成立包括招商银行、中信银行等在内的股份制银行。而当时国有企业大量亏损，这些商业银行承载改革使命。不良贷款急剧攀升与国有企业抓大放小、大规模下岗分流和破产重组在时间上也高度一致。

① 国家经贸委深化国有企业改革研究组：《债转股是三年脱困目标的重要措施》。

1999 年，国有商业银行不良贷款率高达 41%，不良贷款占 GDP 的比重为 29.7%。银监会网站数据显示，2003 年第二季度末的不良贷款比率依然高达 19.6%。

因此可以说，当年债转股，既是国企改革“三年脱困”攻坚的结果，也是尽快盘活银行资产、启动建立现代银行制度的初衷，即“救企业与救银行”并行。与本次债转股银行体系不良率相对较低、而企业降本增效压力过大的局面有很大的不同。

（二）1999 年债转股的推进

1999 年先后成立信达、华融、长城、东方四家资产管理公司，财政部为其各提供 100 亿元资本金，持有其 100% 股权。四大资产管理公司用 8200 亿元固息债券和 5700 亿元现金剥离 1.4 万亿元相对应银行的不良贷款，其中信达对应建行，华融对应工行，长城对应农行，东方对应中行。此外，国家开发银行可进行债转股，是当时唯一能自行债转股的银行。

2000 年，四大资产管理公司与 580 家企业签订债转股协议，580 家企业债转股总额占待剥离不良贷款总额的 29%。根据这些企业的经营状况，我们总结出国家挑选债转股企业的特点：一是属国家重点，地位重要，但困难很大；二是实物资产质量高，有市场潜力；三是亏损的主要原因在于负债过重，对企业债转股减轻负债可实现扭亏为盈。

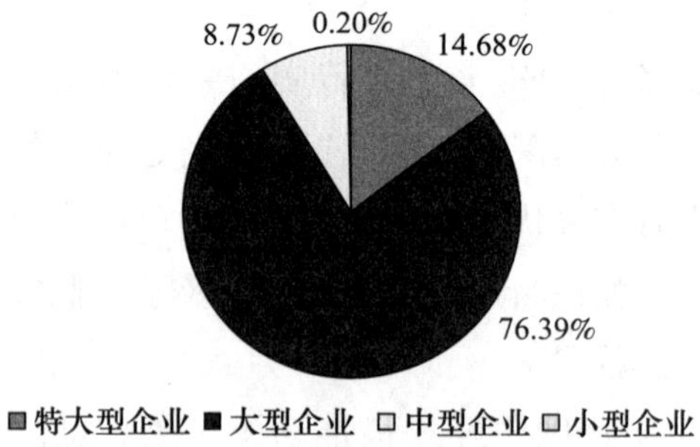

图 5-2　2000 年签订债转股协议企业规模

资料来源：民生证券研究院

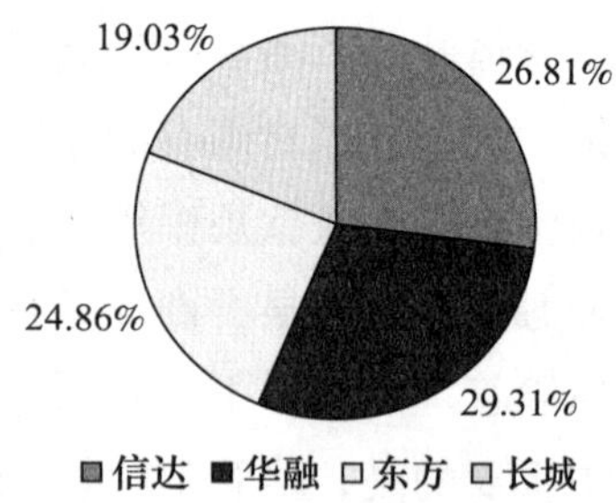

图 5-3　AMC 接受银行不良贷款的比例

资料来源：民生证券研究院

AMC 拥有完整的不良贷款运作流程，成为债转股主力军。与各商业银行相对应的 AMC 从中央银行获得再贷款，以面值从相应的商业银行收购对企业的债权，并将债权转为 AMC 对企业的股权。AMC 主要通过三种方式从企业退出并偿还再贷款，一是企业回购 AMC 持有的股权，二是 AMC 将转股企业包装上市，三是 AMC 将所持股份通过市场化手段转让给第三方。由于符合上市和具备回购能力的企业占少数，向第三方转让成为主要的退出渠道。

AMC 的运营具备安全保障。实际中，各资产管理公司与转股企业签订的债转股协议一般有三个共同点，一是普遍有回购条款，即企业承诺在若干年内（最长十年内）将 AMC 所持有的股权回购，AMC 顺利实现退出；二是企业一般都要承诺对 AMC 所持有的股份支付固定的回报率，或以回购溢价的方式来实现这种固定回报率，固定回报率水平一般不能低于 AMC 获得再贷款的利息率；三是地方政府对债转股公司进行担保，尤其是确保 AMC 的安全退出，如承诺优先考虑转股企业的上市等。

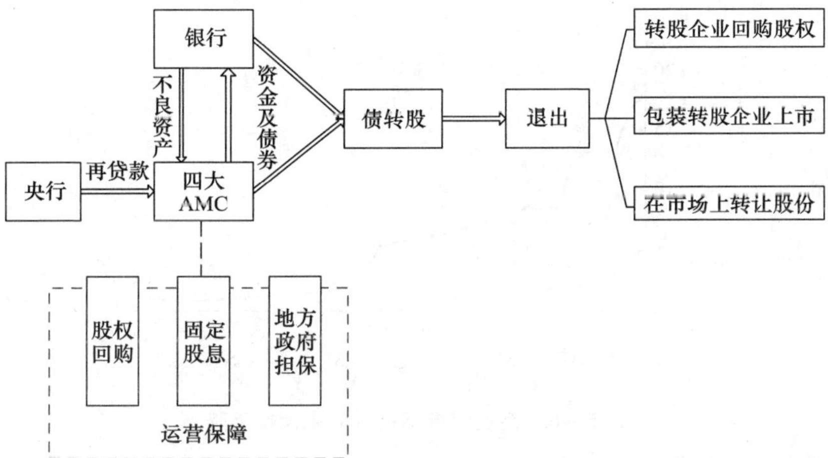

图 5－4　债转股流程

资料来源：民生证券研究院

（三）1999 年债转股对各参与主体的影响

银行成为债转股方案最大受益者。从 2001 年至 2005 年，国有商业银行不良贷款余额减少了 50.5%，不良贷款率由 31% 降至 10.5%，摆脱不良资产的包袱后，银行业绩大幅改善，银行业迎来大发展时代，四大行先后完成引进战略投资者、发行上市等改革任务。国有银行净利润从 2006 年的 1427 亿元，一路飙升至

2011 年的 6236 亿元，五年之内实现翻两番。

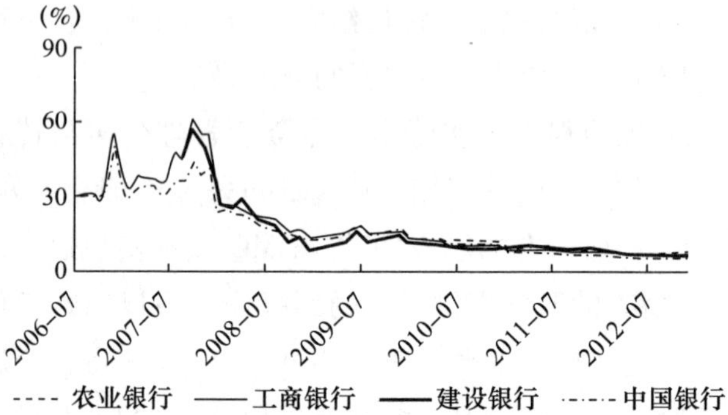

图 5-5　四大行 PE 大幅下降

资料来源：WIND，民生证券研究院

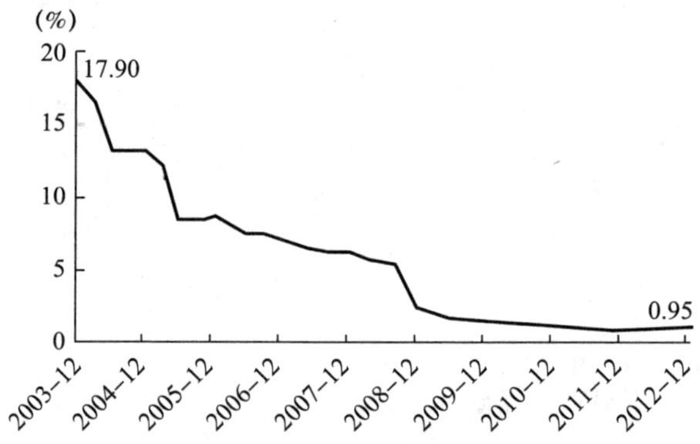

图 5-6　商业银行不良贷款率大幅下降

资料来源：WIND，民生证券研究院

国有企业实现杠杆率下降、扭亏为盈，得到改革和发展的空间。从短期看，实施债转股直接降低企业利息费用，改善盈利状况，2000 年与 AMC 签订转股协议的 580 家公司中，各企业平均资产负债率由 68.68% 降为 45.62%，平均每月可减轻的利息负担为 37.23 亿元，预计 2000 年盈利的企业有 439 家，占总数的 87.1%，其中有较大盈利的有 92 家；从中长期看，债转股为改善行业外部环境和企业基本面创造机会，企业可以实施制度性变革、建立有效的公司治理结构。

四大 AMC 现金回收率超预期，但政策性目标致短期亏损。截至 2006 年底，四大 AMC 基本完成政策性不良资产的处置任务，累计接受不良资产 1.42 万亿元，已处置1.14万亿元，其中接收商业化不良资产8012亿元，已处置1656亿元，回收现金0.22万亿元，累计现金回收率19.2%，超出国家预期。但为完成政策性任务，四大公司成立之初财政拨付的100亿资本金中80%为实物资产，现金流出现困难，处置资产回收的现金不足偿还再贷款及利息，账面政策性业务损失超万亿元。

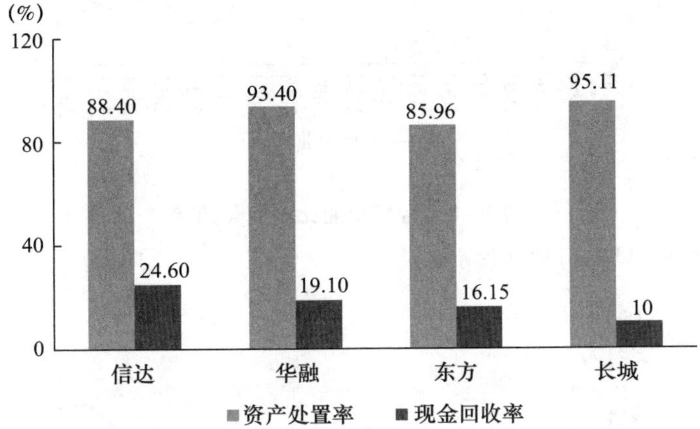

图5-7 AMC主要经营指标（截至2006年底）

资料来源：银监会，民生证券研究院

二、本次债转股与上一轮对比

（一）实施背景与目的不同

1999年债转股实质为在经济增速下滑、国企负债和银行不良率高企的背景下，以挽救国企脱困为目标的财政救市，最大受益者为国有银行。受1998年亚洲金融危机影响，我国宏观经济持续下行，需求疲软、供给低效导致国企利润率不断下滑（1999年国企净利润率仅2.1%）；加之大量国企过去以贷款创业，通缩压力下债务进一步扩张，财务负担使经营情况雪上加霜（1999年国企负债率达75.1%）；与此同时，我国不完善的银行制度助长了国企贷款攀升和银行不良贷款率高企（1999年不良贷款率达41%），金融系统面临风险。在这一背景下，为了帮国有企业和国有银行脱困，实现国企“三年扭亏”、防范金融风险，必须实施“债转股”。

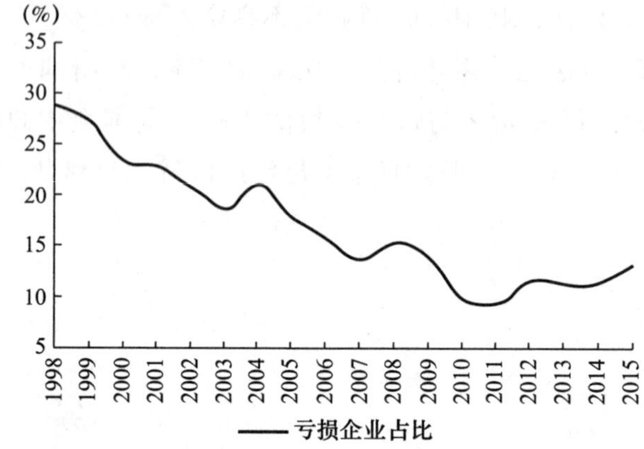

图 5-8　亏损企业比例变化趋势

资料来源：Wind，CEIC，民生证券研究院

图 5-9　工业企业负债/GDP 变化趋势

资料来源：Wind，民生证券研究院

本轮债转股背景则有所不同：目前基本面形势好于 1999 年，实施债转股目的在于推动产业重组，完成去杠杆去产能，与国企证券化形成组合拳，成为供给侧改革的重要工具。目前我国虽然也面临经济下行压力，过高的企业杠杆率也导致财务负担加剧利润恶化，但企业亏损程度、银行不良率都远不及 1999 年，在当前时间节点上实施债转股，意义在于配合供给侧改革：一是债转股将推动国企重组上市，在减轻企业压力的同时将服务于“国企证券化”的改革途径，推进

国有资产盘活；二是债转股后扩展银行放贷空间，将促进资金流向新兴产业部门，从而推动经济转型。

（二）主导原则不同带来企业改革力度不同

1999 年债转股实质是在行政指令下，以政府为主导的政策性任务。在企业选择方面，债转股企业名单由政府指定，AMC 基本不参与评估；在转股定价方面，统一实行账面价值收购；在企业经营改革方面，受制于《意见》规定“金融资产管理公司在债权转股权后，即成为企业的股东，对企业持股或控股，派员参加企业董事会、监事会，参与企业重大决策，但不参与企业的日常生产经营活动”，AMC 无法推动企业改革重组。这些举措的弊端在于导致企业缺乏变革，改革意愿不强，没有真正起死回生，供给侧风险也没有充分化解。

本轮债转股强调“市场化、法治化”为原则。在企业选择方面，市场化原则下，商业银行极有可能引入第三方评审，有效核定债转股企业。在转股定价方面，由于企业债务成本高企，而商业银行不良资产比率和拨备水平相对有利，商业银行的议价能力相对增强，这样有利于避免企业负担向银行转移。况且资本市场发展到今天，定价能力与当年相比已大大提高，只要确保公开透明，将使转股价格更加公允，减少国有资产损失和商业银行亏损。银行退出后股权进入市场，也将促进企业股权结构多元化，推动行业内兼并重组，去产能、去杠杆的同时，也可收促改革、调结构的成效。这正是供给侧结构性改革的应有之义。

（三）承接主体不同

债转股的合格债权银行、参与企业与实施机构达成协议后，银行通过实施债转股并成为企业股东，待时机成熟，企业经营改善，银行再择机抛出，收回资金（甚至还有可能盈利），对此需要进行明确的法律规定。1999 年债转股中，我国政府相继成立信达、东方、长城、华融四家资产管理公司（AMC）作为实施机构，分别对口建行、中行、农行和工行四大国有银行，承接不良资产。AMC 成为企业阶段性持股的股东，待企业经济状况好转后，再通过上市、转让或企业回购形式回收资金。实际上，这几家 AMC 事后如何退出并无明确法定，反而从事实业投资运营的同时，有的还发展为全牌照的金融机构。

本轮试点，实施机构除了上述四大资产管理公司之外，地方已成立了 20 余家资产管理公司，而且资本市场上也有为数众多的合格投资银行，都可以参与实施债转股业务。至于银行作为债权人，是否可以设立投资子公司或股权基金参与困难企业的重组，则需要获得相关法律许可。若银行设立投资公司从事这类业务，一要考虑远期内我国金融业是否向日本、德国等国的“主银行体系”发展，二要考虑近期内如何避免银行与其下属投资公司之间“合谋操作”。

（四）企业范围不同

1999 年债转股对象的选定方式为国家经贸委推荐、国务院批准，主要以“五个范围”“五个条件”为筛选条件，选定了基础设施行业中的不良贷款。1999 年 7 月下发的《关于实施债权转股权若干问题的意见》（下称《意见》），规定了债转股企业的范围，包括“七五”至“九五”前两年主要依靠商业银行贷款建成投产的、512 户重点企业中因改建扩建致使负债过重的、通过债权转股权后可转亏为盈的工业企业，入选企业在产品需求、工艺装备、环保生产、管理层、重组方案等方面还需符合《意见》要求。国务院根据要求批准的 580 户实施债转股企业主要分布在煤炭、化工、石化、机械和有色冶金等领域。

本轮债转股的对象为有潜在价值企业的关注类甚至正常类贷款，排除僵尸企业参与。在坚持化解过剩产能的目标下，明确央行不可能提供再贷款，财政也不再兜底，银行更注重收益效率，企业选择将遵循优胜劣汰，扶持出现暂时困难但有潜在价值的企业，避开过剩产能，从而加速市场出清。从银行账面上看，则反映为选择关注类甚至正常类贷款，而不再是不良贷款。

（五）退出方式不同

由于股权退出机制和金融市场不完善，1999 年债转股时可供选择的退出方式较为单一，不少股权难以处置遗留至今。由于当时债权人、债务人都是国有独资企业，相关损失由财政承担，加之金融市场不发达，AMC 的退出方式主要为企业回购且多数是打折回购，原债权人损失较大。这一做法弊端颇多：企业股权难以增值，AMC 无力也无意变革企业内部治理结构，致使企业股权无人愿意购买，政府成为最后受让对象，风险仍然集聚于此。

本次债转股将充分利用更加活跃的资本市场和多种金融工具，银行股权退出流程将更加完善。目前股票市场扩容完善背景下，我国资产证券化率、市场化程度都已明显提高，债权人、债务人的产权结构更加复杂，财政也已无法兜底，商业银行不可能再采取简单回购的方式退出股权。因而债转股后退出流程将可能出现多元化、复杂化的趋势：银行将利用丰富的金融工具促成股权交易，择机转让所有股权，从而减少退出损失、缩短持有时间。

总之，新旧债转股对比情况如下：

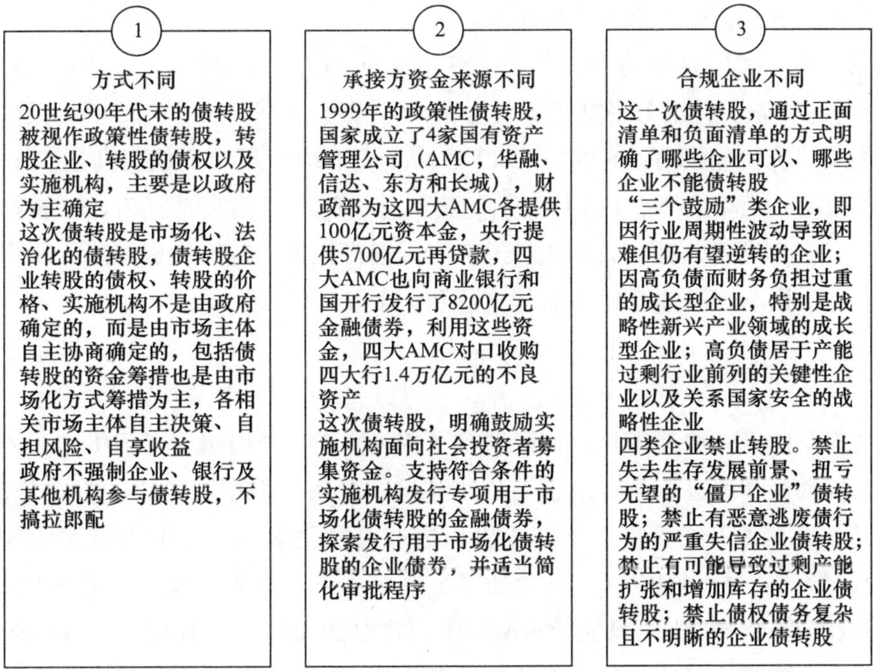

图5－10　新旧债转股对比

第二节　政府救助大企业的国际经验

一、韩国经验

（一）韩国对大企业救助背景

借助于战后经济复兴的良机，为同国外名牌竞争，韩国政府以大企业为中心推进工业化，扶植兴起了一批混合型企业集团，即韩国的大企业制度，这些大企业集团也称“财阀”。它们依靠政府推行的出口导向型政策而迅速膨胀，并长期遵循追求规模优先的战略，盲目扩大投资规模和经营范围，大肆从金融机构贷款，普遍过度信贷，形成“投资饥渴症”。在政府的政策庇护下，银行对企业放贷条件过宽，而且财阀内部企业之间相互循环担保，韩国大企业普遍过度负债，依靠债务融资经营，带来巨大金融风险。

1996 年，韩国企业的净资产负债率远高于发达国家水平，为 335%，大企业集团更达 449%。韩国公平交易委员会指出，截至 1998 年 3 月底，韩国前 30 大企业集团的负债金额高达 375 兆 4000 亿韩元，平均净资产负债率高达 522.1%。这样的超高负债率之下，遇到 1997 年亚洲金融危机，韩元贬值和外资撤离，以韩宝、起亚为代表的韩国大企业纷纷破产，银行积累巨额不良资产陷入严重支付危机，进而影响金融体系正常运行，危及整个经济领域。

（二）救助过程

为应对危机，快速恢复，韩国颁布了相关法规，政府组建专门机构，为向银行注入流动性和推进企业重组进行法律和组织准备。根据新的资产管理公社法，1999 年，韩国原有的不良资产处置机构成业公社更名为“韩国资产管理公社”（即资产管理公司 KAMCO），负责处置金融机构不良资产，实行企业重组计划。《韩国资产管理公司法》只赋予 KAMCO 债转股的权利，使其可以对外持股，债转股是企业重组计划的最后一个步骤。截至 2000 年 8 月，韩国资产管理公司对 148 家公司实施了企业重组，取得了明显的效果。

1. 对象

依据《韩国资产管理公司法》制定的企业重组计划，对目标公司的选择作出了政策性限制：第一，该公司已偿还韩国资产管理公司部分债务，且偿还额必须达到购买不良贷款所支付价款 20%；第二，经评估，该公司具有债转股的可行性。企业在满足第一项硬性条件的前提下，评估第二项具有一定弹性。

实行企业重组计划需遵循两大原则：第一，实现更高价值原则，即相比破产清算，公司重组能够获得更大的经济收益；第二，防范道德风险原则，要在尽量降低道德风险的前提下重组企业。

企业重组计划也对债转股提出限制。第一，债转股最低限度：剩余贷款（未转换为股份的银行贷款）应不超过新公司自有资本的 20%；第二，债转股后新公司的状况：新公司的资本负债率应低于同行业的平均水平，并维持 120% 的利息偿付率。可见韩国政府鼓励较大的债转股规模，彻底解除企业债务危机。

在上述政策指导下，韩国对陷入财务困难的148家企业实行了有条件的重组，在全部企业债务中67家财阀的债务占大部分。可见，韩国企业重组主要针对的是大财阀。

2. 程序

在重组方式的总体架构上，韩国采用了“伦敦方式”（London Approach）来处理政、银、企之间的关系：企业与相关的金融机构通过自主协商进行结构调整，政府监管部门“公司重组协调委员会”主持这一重组活动。该委员会充当积极仲裁人角色，为债权人和债务人提供协商的组织平台，但从不直接干预。债权人银行和债权人委员会与财阀进行谈判，共同协商确定一个企业未来发展的大体的战略性框架，督促企业转变经营机制、重组业务领域和集团组织机构，提高企业核心竞争力，以使各方利益得到保障。

企业债务处理则交由KAMCO具体操作。作为国有非银行类金融机构，KAMCO通过发行债券交换不良债权，采取折价购买的方式购入不良资产，大量剥离了银行的不良债权，平均收购价格约为账面价值的36%。

KAMCO对不良债权的处理方式主要有协议计划清收、转化重组、资产出售三种。

第一，对于损失风险相对较小、贷款有望收回的项目，KAMCO采取折价摊还、降低还款利率、提供贷款展期等方式催收贷款人还贷，达到回收现金和债务豁免的目的。

第二，执行企业重组计划，通过对企业中长期现金周转情况的综合分析，对企业实行债务转化和资产重组，从而实现企业援助。主要方式有债务重组、债转股、暂缓行使抵押金、解除营运资金、提供付款保证、购买贴现票据或商业票据等，长期而言可能增加获得收益的可能性，从而提高贷款回收比例。

第三，KAMCO多将企业债务折价售出，方式包括资产证券化、直接出售、单独出售和国际投标。韩国资产管理公司发行全球存托凭证，向国际公开招投标来出售、转让不良资产给国际投资机构，国外公司如摩根史丹利、德意志银行等均投资参与不良资产经营。

3. 救助代价

韩国政府对银行和企业的救助代价，可从对银行注资额和KAMCO发债获得处置基金数额两方面观察。

为稳定金融系统，1997 年，韩国政府对汉城银行、Hnvait 银行以及韩国外汇银行注资，将其收归国有。同时，好银行收购问题银行时，由政府注资使其资本充足率达到 10%。例如，韩商与韩一银行合并为商业韩一银行，为此政府注入了 453 兆韩元，其中 3. 27 兆韩元用于补充资本金，1. 26 兆韩元用于购买不良债权，政府占合并后总股本的 95%。同时，政府放宽了对外资的限制，鼓励外资参与金融重组。1998 年中到 1999 年初，德国商业银行以 3500 亿韩元购入韩国外换银行 27. 79% 的股权；资产重组后的韩国第一银行售予美国的 NewBridge。

KAMCO 依靠发行不良资产管理基金获得处置资金。不良资产管理基金与其自有资金实行分账管理，KAMCO 仅作为财务代理人对公共资金进行运作。截至 1997 年下半年，NPA 基金已达到 10 万亿韩元。1998 年至 2002 年五年间，KAMCO 累计收购金融机构不良贷款的规模达到 110. 1 万亿韩元。

4. 退出与成效

单就债转股而言，韩国有关资产管理公司退出的规定为：（1）债转股的最长期限为五年。（2）股东有优先回购权。（3）具体的退出渠道：一是如果股票在韩国证券交易所挂牌，则以市场价卖出；二是卖给其他个人投资者或者公开拍卖；三是卖给其他股东。此外，只要符合法定条件的各种股权买卖、交换、划拨、抵消、置换等方式，均可成为金融资产管理公司股权退出的渠道。

截至 2002 年，累计收购的 110. 1 万亿韩元不良贷款已有 65 万亿处置完毕，实际回收了 30. 3 万亿韩元，较实际支付金额 26. 5 万亿多出利润 3. 3 万亿，回报率达 114. 34%。

5. 实际影响

对于被实施企业：至 2000 年 8 月底，韩国资产管理公司对 148 家公司实施了企业重组计划，不仅对一些债务企业提供资金融通，而且还发挥其本身的信息优势和人才优势，促使企业改善经营管理机制和法人治理结构。通过重组，韩国多家负债严重的大财阀纷纷剥离了旗下子公司，企业资产负债率大幅下降。其后这些公司恢复正常营业，其工厂开工率上升 10%～80%，偿债能力也得到提高。通过债务到期日和利率的重新安排，分期回收不良贷款同时，还保住了大量就业机会。

对于金融体系：KAMCO 在短期内处置了大量的金融机构不良贷款，提高了银行体系的健康程度，机构的资金中介功能得以恢复，解决了金融系统的混乱状况，维护了金融市场的稳定，大量外资重新投入金融业。

对于宏观经济：1997 年亚洲金融危机后，金融、经济形势极为严峻。仅

1998 年第一季度，韩国平均每天有近 150 家公司倒闭，有 1 万名工人失业。而经过不良资产处理和大企业救助，从 1999 年到 2000 年，韩国经济形势迅速好转，韩国外债额从 1998 年底的 1487 亿美元下降到 2000 年元月的 1368 亿美元，出口扩大和外汇储备增加，韩国经济增长率从 1998 年的 -6.7% 分别达到 1999 年的 10.7% 和 2000 年的 8.3%。

二、日本经验

（一）政府对大企业救助的背景

二战后，日本旧式财阀解散，工商企业脱离原财阀母体的控制，随之出现了产业资本对银行借贷资本的高度依赖、日本银行“超贷”异常突出的现象，加之日本政府允许银行投资股票，日本银行通过债转股化解企业不良贷款，吸收了大量企业股权，主办银行制度就此产生。日本现代主办银行对联系企业有参与权，虽不轻易干涉借款企业的一般经营，但对企业内部财务信息和管理信息可以较真实地掌握，从而使银行的借贷风险降低。因此，在实施初期，主办银行严格的监督起到了制约作用，保障了银行贷款的质量和社会存款人的利益，有效地降低了企业负债率和银行不良资产的比率。

此后，随着日本经济的飞速发展，企业对银行的依赖性渐增。企业财务危机一旦暴露，很可能迫使持股银行不断增加贷款，而不细究企业经营绩效有无改善。主办银行制度渐渐造成了企业和银行整体的“预算软约束陷阱”，使企业投资过量、不讲效益、劳动生产率无法提高，银行过度放贷、贷款不断变为不良资产、逐渐累积风险。

20 世纪 80 年代，资本市场发展、投资增长过快使日本经济吹起泡沫：企业设备投资的过度增加，股票价格的暴涨与暴跌以及城市房地产价格长期居高不下，酿成了证券和房地产的泡沫经济。同时日本银行也将大量的资金投入了证券和房地产市场，进一步加剧了泡沫的形成和扩大。

20 世纪 90 年代，泡沫经济破灭后，日本企业资产价格缩水、资不抵债，银行经营风险加大，国际信用等级降低。从 1991 年泡沫破灭到 2005 年承诺期止，日本对大银企的调控政策经历了三个阶段的演变，参照美国 RTC 模式设立的被誉为“日本版 RTC”的“不良债权清理回收机构”正是在此背景下建立的。

（二）救助过程

1. 对象

日本主银行制度下，某一家银行是一系列公司的债权人和主要持股者，这一系列公司之间也以主银行为中心形成企业集团，业务往来密切并互相持股。如此，日本银行业与实体企业之间相互持股，形成了利益联系紧密的特殊银企关系。银行与企业同质化的特殊体制，造成了企业经营风险向金融系统风险的转移，使得银行业出现大量不良资产，银行业大面积倒闭危及整个经济。在日本第一个“失落的十年”中，银行是政府的主要救助对象。

2. 程序

泡沫经济破灭使得银行不良资产剧增。到 1994 年末，日本中小金融机构开始相继倒闭：日本协和信用组合、宇宙信用组合等遭挤兑，并被政府接管。之后，第二大信用组合本津信用社、第一大二级地方银行兵库银行又相继倒闭。在政府大力救助下，倒闭危机延后，可是到了 1997 年，北海道拓殖银行、三洋证券、山一证券和德阳城市银行四大金融机构在一个月内相继倒闭。

（1）1991—1997 年“保驾护航”政策

经济开始衰退期间，资产价格下降使银行积累不良资产但尚未出现大规模倒闭，日本政府政策围绕处理不良资产和不让银行倒闭，放松金融管制——允许银行加大刺激债券的发行来增大自有资本率，并主要通过存款保险机构和金融同业援助来处理银行的不良资产。

1993 年至 1997 年，日本先后成立共同债权收购公司、住专债权管理公司、东京共同银行、债权重组托管银行四家机构。

表 5－1　日本四家共同债权收购公司

时间	机构名称	出资人	资本金	主要作用
1993.01	共同债权收购公司	162 家民间金融机构	约 79 亿日元	专门收购和处置银行及其他金融机构的不良资产
1996.07	住专债权管理公司	100 家大型商业银行	8060 亿日元	帮助 7 家严重亏损的住宅金融专业公司清盘
—	东京共同银行	日本城市银行、长期信用公司、信托银行和地方经济银行	79.3 亿日元	收购、整理和出售金融机构的担保贷款等不良债权
1996.09	债权重组托管银行（RCC）	日本政府	1600 亿日元	住专管理公司和东京共同银行改组而成

这些资产管理公司对不良资产的处理方式主要有以下几种：

①不良资产证券化。资产拥有者将一部分流动性较差的资产经过一定的组合，使这组资产具有比较稳定的现金流，再经过提高信用，从而转换为在金融市场上流动的证券。

②银行冲销坏账。根据利率降低到最低水平后银行经营利润必定增长的情况，日本中央银行要求银行用风险准备金弥补大部分不良资产，余下坏账分期冲销。

③日本银行业的兼并重组。银行的合并可以增加资产规模，进而对增加银行承担不良资产的能力、稳定金融体系起到了一定的积极作用。

同时，日本政府认为不良资产是不良经济的暂时表现，对实体经济仍保持乐观，因此不断加大了扩张性财政政策和货币政策等宏观经济政策的实施力度，等待经济复苏以自然解决不良资产。这一时期四个机构虽然处理了大量的不良资产，但由于未触及问题根源，同时出现了大量新的不良资产，导致不良资产的总额始终没有减少，反而使问题拖延恶化。

（2）1997—2002 年“金融大爆炸”与“金融再生”计划

1997 年 11 月以后，面对众多大型金融机构倒闭事件，日本政府被迫放弃了前期处理不良资产的方法和保护金融机构的态度，开始着手建立新的金融秩序。在 1998 年动用 60 兆日元用于处理银行不良资产之后，1998 年 7 月，日本政府提出“过渡银行”计划，仿照美国 RTC 模式，由政府成立一个过渡性银行控股公司——不良债权清理回收机构。该机构与过去设立的四个机构明显不同，体现在：一是资本金全部由政府出资，二是有明确的法律支持，三是机构设置与人员安排依照美国做法，四是公司运作管理按市场原则操作。该公司成立一个月后，已回收不良资产 638 亿日元，取得了较好的效果。

日本政府换届后，改革了政府金融监督机构，小渊政府出台了《金融再生法》等一系列法律法规，改变了对银行无条件援助的做法——依据银行内部改革成效及业绩决定是否给与公共财政支持，加强了日本银行之间的竞争，政府不再对银行进行保驾护航，从而将不良资产处置方式由过去的那种封闭式的、政府主导的模式向开放式的、以市场自由竞争为主导的模式转变。为此，许多中小型银行开始通过合并重组的方式来增强自身的竞争实力，从根本上约束不良资产的产生，也掀起了日本银行业大规模合并的浪潮，推动了“金融再生计划”规划的金融体系改革，初步确立自由竞争的金融体系。

（3）2002—2005 年“紧急经济对策”

但是，截至 2001 年 3 月底止的财政年度，日本银行业潜在亏损额为 105 万亿日元，而应付亏损的储备只有 52 万亿日元。重组后的日本金融体系好景不长，2002 年日本银行业又面临着全线亏损的局面，据日本金融厅公布的数据，当年银行业不良资产总额高达 52.4 万亿日元，比上一财年增加了 9.5 万亿日元。为应对此局面，新上台的小泉政府坚定了处理不良资产的决心，正式推出“紧急经济对策”，并开始将以彻底解决不良资产为核心的经济结构调整作为改革重心。日本银行在严格的审查和监管政策下，需在两至三年内快速处理不良资产，将债权转卖给国内外回收机构。

3. 救助代价

在上述前两个政策阶段，日本政府为救助银行业花费巨大。1992 年 4 月至 1997 年 11 月期间，存款保险机构为解决破产银行问题，提供援助拨款 2.1 万亿日元、贷款 80 万亿日元，购买破产银行不良资产 1174 亿日元。1998 至 2003 年间，为解决银行业的不良贷款问题，日本政府先后向银行业注资约 121 万亿日元：1998 年 3 月，政府向 21 家银行注资 10156 亿日元，随后 1998 年和 1999 年又相继推出两个 60 万亿元计划。2003 年，日本政府又对资本金严重不足的理索纳银行提供了约 170 亿美元的援助资金。

4. 退出与成效

由于首轮政策不力，1998 年 9 月底日本银行业不良债权的总额由 1992 年底的 40 万亿升至 87.5 万亿日元，占银行业贷款总额的 15%～20%，约为日本国内生产总值的 30%。第二、三轮政策从制度根源进行改革，到 2002 年 3 月底，日本民间金融机构持有的不良资产为 52.4 万亿日元，从 2002 年起，在日本经济逐步复苏的大背景下，银行不良资产率终于开始下降，到 2004 年 3 月底日本七大银行集团不良资产比率降为 5.2%，2005 年完全实现金融再生计划目标，9 月底不良资产率为 2.4%，重回合理水平。

5. 实际影响

自金融再生计划起，日本政府的政策触及制度根源，产生一定效果。金融再生计划掀起的重组浪潮使日本银行业由原来的 18 家大银行合并成为四家金融控股公司，规模经营使银行获得收益，削弱了传统的主银行制度互相持股的弊端，起到了提高不良资产处理效率、增加资产规模、扩大银行市场占有率、稳定金融体系、推动金融体系改革的作用。

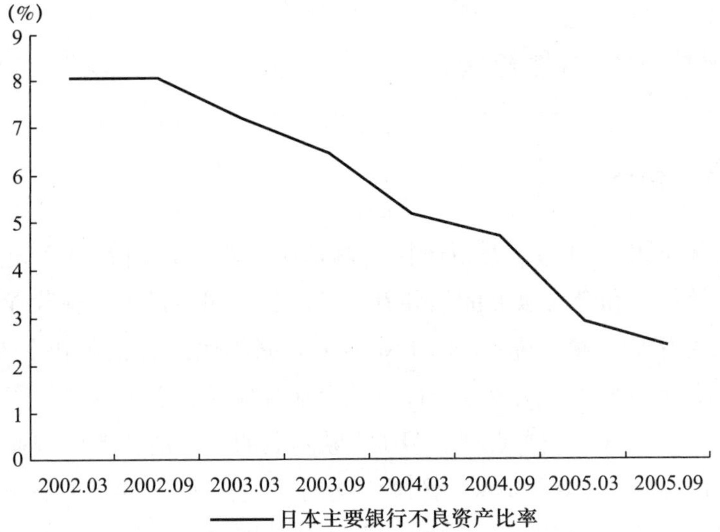

图 5－11　日本主要银行不良资产比率自 2002 年起下降

政策后期，银行不良资产率持续下降，经营收益提高，重新鼓励了市场对日本金融业的信心，使资本收益率上升，主要银行信贷国际评级得以恢复，金融系统的稳定推动了日本经济的复苏。

第三节　美国政府救助大企业的案例介绍

2008 年 9 月，随着美国金融危机愈演愈烈，世界保险和金融服务的领导者美国国际集团（AIG）陷入了严重的流动性困境，并无法再获得私人资本的援助，形势十分危急。关键时刻，美国政府决定对 AIG 施以援手，启动了一系列救援方案。作为“大到不能倒”的典型，AIG 受到来自美国财政部和美联储总额达到 1823 亿美元的不良资产救助计划（TARP）的救助，其中包括现金注资、提供贷款和联邦政府担保等。联邦政府对 AIG 的救援，是美国历史上最激进的一次政府对私人部门的干预，也是迄今为止美国政府对私人企业最大规模的资金救助行动。本文将依次整理归纳拯救 AIG 事件的发生背景、事件中政府的救助方式和救助成本、政府救助的获益、事件的影响和效果以及后续发展。

一、拯救 AIG 事件背景

（一）AIG 简介

美国国际集团（AIG），是以美国为基地的国际性跨国保险及金融服务机构集团，是世界保险和金融服务的领导者，其成员公司通过世界保险业最为庞大的财产保险及人寿保险服务网络，向 130 多个国家和地区的企业和个人提供保险、金融、投资产品和服务，主要涉足以下四个业务领域：普通保险、人寿保险和退休服务、金融服务以及资产管理。AIG 不断发展的全球消费者信贷业务，主要由美国的 American General Finance 管理。同时，通过旗下的 AIG Sun America 及 AIG VALIC，集团成为全美首屈一指的退休金管理服务机构之一。AIG 亦是个人和大型企业投资管理市场中的翘楚，为客户提供专业的股票、定息证券、地产及其他投资管理服务。AIG 的股票在纽约证券交易所、美国 ArcaEx 电子证券交易市场、伦敦、巴黎、瑞士及东京的股票市场均有上市。

（二）危机爆发前的 AIG

1968 年，美国商界传奇人物莫里斯·格林伯格接过 AIG 帅印。这位经历过诺曼底登陆的美国老兵不仅继承了前人的开拓精神，而且将独断大胆的经营风格发挥到极致。在“创新是可以做到的”这一信念推动下，格林伯格带领 AIG 不断推出新险种业务，并跳出保险领域，通过收购等方式将业务范围扩展至金融服务、退休金储蓄及资产管理等，在各个领域都建立了颇具规模的分支机构。在格林伯格的带领下，AIG 的市值在近四十年间从 3 亿美元一路飙升至 2500 亿美元。巅峰时期公司年净利润曾高达 140 亿美元，总资产规模接近 1 万亿美元，在《财富》世界 500 强排行榜上跻身前十。AIG 跃身成为名副其实的“保险帝国”。

但是业务过于繁杂也给公司增长带来隐患。AIG 旗下规模最小的金融服务机构 AIG 财务产品公司（AIGFP）就逐渐成为了风险最为集中也最可能爆发的“危险隐患”。这家负责金融产品交易的公司专做金融衍生品市场交易。自 1998 年起，该公司开始大量购买和发行以次贷为抵押品的债务担保证券（CDO），同时大举介入信用违约互换业务（CDS）。凭借母公司 AAA 级信用评级的金字招牌，AIGFP 在担保市场上如鱼得水，到 2005 年其账面上的 CDS 交易额已达到

5000 亿美元，利润从 1999 年的 7.37 亿美元暴增到 32.6 亿美元，成为 AIG 集团收益的“台柱子”。

（三）金融危机中的 AIG

在 2007 年，随着全球流动性泡沫破灭，次贷市场危机掀起的金融风暴让 CDS 产品开始出现巨额亏损，AIGFP 一下子就从“摇钱树”变成了“财务黑洞”。由于 AIGFP 是投资银行而非保险公司，其亏损需由母公司 AIG 负责。由于持有大量与次贷相关的保险合约，截至 6 月底，AIG 信贷违约掉期业务累计亏损已达 250 亿美元，其他业务亏损也累计达 150 亿美元。到 2007 年底，仅在 CDS 产品上，AIG 的担保总额就高达 5273 亿美元。从 2007 年第四季度到 2008 年第三季度，AIGFP 共亏损了 238 亿美元，同期 AIG 亏损 430 亿美元。

在类似投资银行的业务上，无限地为一些公司债券提供偿债担保，背负沉重债务负担，导致 AIG 周转资金失灵，融资困难。随着华尔街金融海啸的不断升级，多米诺骨牌效应的危机不断传导，多家重量级金融机构破产或被收购，金融危机愈演愈烈。继次贷风暴击垮投资银行雷曼兄弟并迫使美林出售后，AIG 也被推至岌岌可危的边缘。2008 年 9 月 15 日，雷曼宣告破产当天，AIG 的股价出现了前所未有的雪崩般急跌，盘中一度跌到 3.50 美元，跌幅达到 71.17%，最后收于 4.76 美元，跌幅超过 60%。9 月 16 日，标准普尔将 AIG 的长期信贷评级由 AA－调低至 A－，短期信贷评级由 A1＋调低至 A2；几乎同时穆迪将 AIG 的评级由 AA3 调低至 A2；惠誉国际亦将其评级由 AA 调低至 A。交易对手追索抵押品、股价暴跌、信用评级下调，这些危机环环相扣，使得 AIG 这个具有 1 万亿美元资产的巨人走入绝境。

AIG 危机之初，纽约州保险局准许 AIG 部分保险子公司向其提供 200 亿美元流动性投资，但这只是杯水车薪。为防止信贷评级被下调，AIG 向美联储寻求 400 亿美元过渡性贷款以渡过难关，但美国联邦储备委员会以美联储是银行业监管机构，并非保险业监管机构为由，一度拒绝施救。同时，美联储强烈鼓励华尔街剩下的投资大行高盛和摩根大通，筹集 700 亿至 750 亿美元贷款拯救 AIG，还聘用摩根士丹利来评估拯救美国国际集团的各种选择，并督促 AIG 寻找私人资本进行合作，以免 AIG 倒下令全球金融危机一发不可收拾。但经高盛和摩根大通的评估认定，AIG 名下资产不足以依照所需要的规模获得注资，两家机构均不提供资金支持，私人企业自救未果。

二、政府成为拯救 AIG 的主角

表 5-2 美国政府对 AIG 的救助

时间	额度累计	救助方式
2008/09/16	850 亿美元	美国政府向 AIG 提供 850 亿美元紧急贷款，有效期为 24 个月，利率为 3 月期伦敦银行同业拆借利率再加 850 个基点。 作为回应，美国政府将获得 AIG 的认股权证，以控制该公司 79.9% 的股份，并有权否决向普通股和优先股股东派发股息，同时，作为贷款协议的一部分，AIG 的管理层被更换。
2008/10/09	1228 亿美元	由纽约联储银行出面为 AIG 提供额外的 378 亿美元贷款。
2008/11/12	1525 亿美元	美国政府向 AIG 提供的援助资金总额上升逾 1525 亿美元，其中包括 600 亿美元的贷款，400 亿美元购买优先股和 525 亿美元的资本。 1）美国政府 9 月 16 日承诺的 850 亿美元、为期两年的贷款，规模降至 600 亿美元，但期限延长到五年期，利息也更新为 3% 加上三月期伦敦银行同业拆借利率，这笔贷款以 AIG 全部资产为抵押； 2）联邦政府动用 400 亿美元用于购买 2% 的 AIG 优先股，这些优先股将给美国政府带来 10% 的年息； 3）纽约联邦储备银行同意向 AIG 提供至多 225 亿美元贷款，用于成立一家新的有限责任公司，允许 AIG 将住宅抵押贷款支持证券（RMBS）从证券借贷担保组合转移至新建的融资工具； 4）纽约联储还将与 AIG 一起创建第二只融资工具，最多买入约 300 亿美元与其信用违约互换（CDS）合约相关的多领域担保债务凭证（CDO）。 作为回应，AIG 必须遵守救市计划中对企业支出和公司治理等的限制，同时 AIG 前 70 名高管的补偿金以及“黄金降落伞”计划必须得到约束。
2009/03/01	1825 亿美元	美国政府向 AIG 再提供最多 300 亿美元的新资金，同时政府把 AIG400 亿美元的优先股转为“类似于普通股”的新股。

资料来源：新浪财经，整理得到

（一）首度救援：2008 年 9 月 16 日美联储输血 850 亿美元救 AIG

在 AIG 濒临破产边缘之际，华盛顿时间 9 月 16 日晚，美国政府同意向其提供为期两年、额度为 850 亿美元的有抵押循环贷款，以避免其破产危及整个金融系统。此举意味着美国政府接管了 AIG，最直接的效果是能避免更大范围的市场混乱。

美联储在声明中表示，在美国财政部鼎力支持下，授权纽约联邦储备银行向陷于破产边缘的 AIG 提供 850 亿美元紧急贷款。贷款窗口的有效期为 24 个月，利率为 3 月期伦敦银行同业拆借利率再加 850 个基点。

“这笔两年期贷款‘将帮助 AIG 按期履行债务义务’。”美联储声明称。这一条“联邦救生索”将允许 AIG 以有序的方式出售资产，而不是被迫廉价抛售资产。这份来自政府的援助计划可能有助于 AIG 保住优良的信用评级，从而避免破产。

作为回报，美国政府将获得 AIG 的认股权证以控制该公司 79.9% 的股份，并有权否决向普通股和优先股股东派发股息，这意味着美国政府实质上接管了 AIG。同时，作为贷款协议的一部分，AIG 的管理层还要被更换。

约半个月后，美联储 10 月 9 日宣布，将由纽约联储银行出面，为 AIG 提供额外的 378 亿美元贷款，美联储解释此举是担心该公司可能再度出现现金短缺。

（二）再度救援：2008 年 11 月 12 日美国政府援助资金升至 1525 亿美元

美国东部时间 11 月 12 日纽约股市早盘开盘前，AIG 公布了 2008 年第三季度业绩，当季亏损高达 245 亿美元。与此同时，美联储与美财政部联合发表公告，称将再次向 AIG 提供援助资金。至此，美国政府向 AIG 提供的援助资金总额将上升逾 1525 亿美元，其中包括 600 亿美元的贷款，400 亿美元购买优先股和 525 亿美元的资本。其中，用于购买 AIG 公司优先股的 400 亿美元资金，将来自政府的 7000 亿美元救市计划。

按新的援助计划，美国政府将早前于 9 月 16 日承诺的 850 亿美元、为期两年的贷款降至五年期 600 亿美元贷款，该笔贷款的利息也将从之前的 8.5% 加上 3 月期伦敦银行同业拆借利率下调 550 个基点，更新为 3% 加上 3 月期伦敦银行同业拆借利率。

为保障美国纳税人的利益，这笔贷款以 AIG 全部资产为抵押。此外，美国政府动用了 7000 亿美元救市计划中的 400 亿美元额度，用于购买 2% 的 AIG 优先股，这些优先股将给美国政府带来 10% 的年息。

同时，纽约联邦储备银行还同意向 AIG 提供至多 225 亿美元贷款，用于成立一家新的有限责任公司，允许 AIG 将住宅抵押贷款支持证券（RMBS）从证券借贷担保组合转移至新建的融资工具。另外，纽约联储还将与 AIG 一起创建第二只融资工具，最多买入约300亿美元与其信用违约互换（CDS）合约相关的多领域担保债务凭证（CDO）。此后，AIG将中止美国证券借贷项目以及相关的信用违约互换项目。

作为回应，公告中要求，AIG必须遵守救市计划中对企业支出和公司治理等的限制，同时AIG前70名高管的补偿金以及“黄金降落伞”计划必须得到约束。

（三）三度救援：2009年3月1日 美追加300亿美元再救AIG

美国时间2009年3月1日，AIG公布了第四季度财报，第四季度亏损617亿美元，远高于上年同期的52.9亿美元，创下了美国公司历史上最大的季度亏损记录。基于此，美国政府在对拯救计划进行修改之后，提供最多300亿美元的新资金。美联储和财政部称，除了上述300亿美元新资金以外，政府还将把其400亿美元的优先股转为“类似于普通股”的新股。而AIG此前一直对这些优先股支付每股10美分的股息。

在此之前，AIG已同意移交旗下的两家公司，一家为美国人寿保险公司（American Life Insurance Co），另一家则是美国友邦保险公司（American International Assurance Co）。通过将这两家寿险公司置于政府托管之下，以及向政府提供获得数万份保险合同现金流的权利等方式，AIG可以在2009年12月31日以前向联邦政府偿还价值大约为389亿美元的贷款。

表5-3 美国财政部救助AIG过程精要

时间	事　件
2008.7-2008.9	金融危机下，AIG面临严重资产质量及流动性问题。
2008.9	AIG共需要付出10万股C序列优先股和79.8%投票权的代价来获得政府通过FRBNY提供的贷款救助和自动展期贷款。
2008.10-2008.12	美联储授权设立AIG证券借贷设施向AIG国内保险公司的证券借款项目提供378亿美元的直接援助。FRBNY以投资级债务债券作为抵押物向特定AIG国内人寿保险公司提供现金贷款。FRBNY创立两个特殊目的工具来购买AIG公司更多的问题资产。财政部还用TARP资金向AIG公司购买400亿美元的D序列可累积优先股（之后被转换为416亿美元E序列不可累积优先股，16亿美元的差异来源于已累积未发放的优先股股利）、价值298.35亿美元的30万股F序列不可累积永久性优先股以及购买3千股AIG公司普通股股票的权利。

续表

时间	事　件
2009.3	政府援助重组，AIG 向 FRBNY 提供 250 亿美元的优先权益以偿还所欠 250 亿美元的自动展期贷款。
2011.1	AIG 公司发生资产和政府援助重组：AIG 利用从两个特殊目的工具处获得的贷款现金偿还了所欠 FRBNY 的自动展期贷款和到期的信用额度；财政部、信托等机构逐步将所持有优先权益转换为普通股。

资料来源：TARP：Govemment Exposure，长江证券研究所

财政部在 2011 年集中将优先股转为普通股，并在 2012 年后在二级市场公开销售套现。

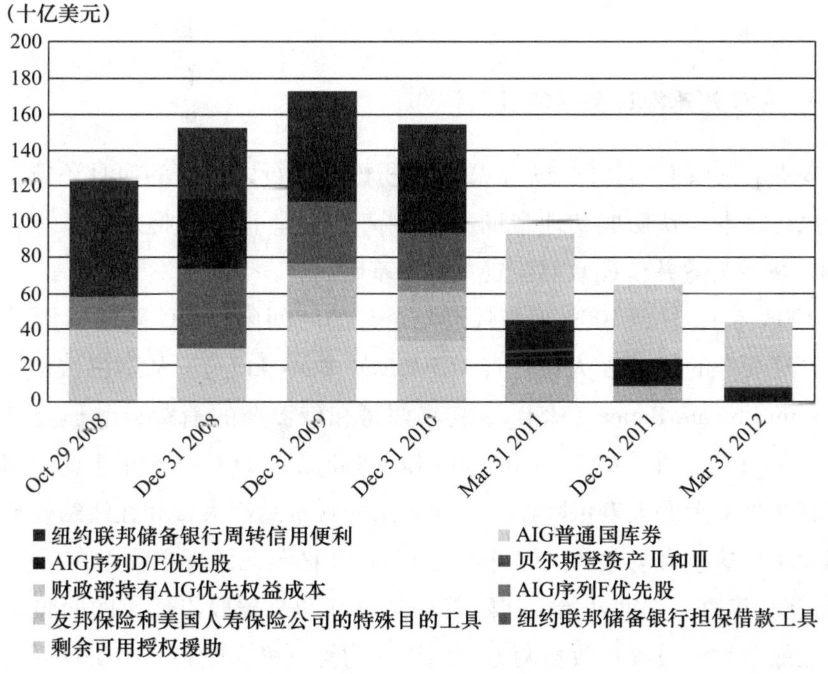

图 5－12　AIG 接受美国联邦政府救助构成

表 5-4　美国财政部优先股转普通股后二级市场公开销售套现情况

出售日期	出售股份数	每股售价	出售收益	剩余股数	累计出售股份比例	出售方式
2011.5.24	200	$29.00	$58 亿	14.6 亿股	12.08%	公开销售
2012.3.8	207	$29.00	$60 亿	12.5 亿股	24.59%	公开销售
2012.5.6	18 852	$30.50	$57.5 亿	10.6 亿股	35.98%	公开销售
2012.8.3	18 852	$30.50	$57.5 亿	8.71 亿股	47.37%	公开销售
2012.9.10	63 692	$32.50	$207 亿	2.34 亿股	85.85%	公开销售
2012.12.10	234	$32.50	$76.1 亿	0	100.00%	公开销售
合计	1 655	$31.18	$516.1 亿	0	100.00%	公开销售

资料来源：TARP：Govemment Exposure，长江证券研究所

三、拯救 AIG 事件的结果和后续

（一）AIG 艰难挺过金融危机

在接受美国政府的救助之后，AIG 也积极地进行大幅度的瘦身还债。AIG 前任首席执行官本-默切成功地帮助 AIG 剥离了大量非核心业务及海外资产，进而为 AIG 扭亏为盈并偿还政府注资奠定了基础。

从 2008 年 12 月至 2009 年 8 月近九个月的时间内，AIG 陆续出售了旗下从事财富管理业务的 AIG 私人银行（AIG Private Bank Ltd。）、从事机械相关保险业务的 Hartford Steam Boiler（HSB）、在墨西哥和俄罗斯的消费金融子公司和台湾友邦国际信用卡公司［AIG Credit Card Co（Taiwan）Ltd］。不止于此，AIG 分别出售了其在加拿大的人寿保险业务、在东京的日本总部大楼和在纽约曼哈顿的集团总部大楼。这些交易共为 AIG 带来了超过 30 亿美元的现金收入。

到 2009 年第三季度开始，伴随着经济复苏和全球股市债市的回暖，全球寿险行业在保费收入及投资收益两方面的境况均得以极大改善。AIG 旗下主营寿险业务的 SunAmerica Financial Group 便在 AIG 声誉受损的巨大压力下，依旧在多个寿险产品类别上保持着市场占有率行业前十的地位，这也令 AIG 的主营业务得以分享 2010 年行业复苏所带来的红利。虽然直到 2010 年第四季度 SunAmerica Financial Group 获得的续保收入以及养老金存款仍未恢复到金融危机前的水平，

但业绩状况已经明显好转。在 AIG 的另一主营业务财产保险和意外保险领域，AIG 旗下负责这部分业务的 Chartis 公司虽然在 2010 年第四季度大幅计提了 42 亿美元的新增赔付准备金，且当年保单总价值进一步下降了 8%，但通过增加销售经纪人佣金，以及适当缩减巨灾险和员工赔偿险的销售，Chartis 在 2010 年基本完成了业务重整。这一业务整合的效果在 2011 年得以逐步体现。2011 年第四季度 Chartis 获得了 3.48 亿美元的净利润。

（二）美国政府从救助中获益

表 5－5　美国政府获益

获益	具体内容
资金盈余	美国政府从 AIG 集团救助行动中所获收益达 227 亿美元，主要来自贷款利息收入、投资股息分红和 AIG 股票利得。
社会效益	美国政府得以维持了金融体系不全面崩溃，保障了社会就业不至于瘫痪，保持了社会和政治的稳定。

资料来源：整理得到

在资金盈余方面，2012 年 12 月 11 日，美国财政部宣布已悉数出售了其持有的 AIG 剩余股份。美财政部当天在一份声明中说，将以每股 32.5 美元的价格出清其所持有的 AIG 股票，总计约 2.34 亿股，预计将回收资金约 76 亿美元。交易完成后，美国政府从 AIG 救助行动中的获利将达 227 亿美元。其中美国联邦储备委员会获利 117 亿美元，财政部获利 50 亿美元。

在社会效益方面，由于 AIG 极其特殊，是个“具有系统性意义”的公司，美国政府的救助维持了金融体系不全面崩溃，保障了社会就业不至于瘫痪，稳定了社会。作为一个超大型金融服务集团，AIG 资产超万亿美元，提供从汽车保险、养老金到共同基金、存贷款甚至飞机租赁等各类金融业务，服务客户多达 7400 万人。由于 AIG 大量涉入信用违约掉期合同，众多金融机构成为 AIG 的交易对手，以至于有人认为，它已经成为整个美国乃至欧洲金融行业的财务担保人。此外，由于 AIG 业务范围遍及世界 130 多个国家和地区，全球雇员高达 11.6 万人，代理人和经纪人超过 70 万人，一旦破产也会波及很多层面。因此，美国政府对 AIG 的救助避免了使全世界许多银行和投资基金在按揭违约率不断上升的背景下失去保险保护，财务状况会进一步恶化，从而出现更多破产事件；防止了各个层面普通消费者的生活（绝不限于投保人）、潜在失业员工的生活受到巨大冲击而导致社会的不稳定；更在一定程度上抑制了全球经济可能出现的更为严重的连锁反应。

（三）后续“尾声”：AIG式救助或不复存在

2015年11月30日，美联储已经采取了最后的步骤来确保该行不能再像2008年援救AIG那样对金融机构实施救助，针对其帮助面临倒闭风险的金融公司的能力出台了正式限制。这基本就意味着金融危机期间“AIG式”的救助不会再出现。

根据美联储一项全票通过的修改后的法案，今后该行只有在一种普遍的、至少同时涉及五家实体机构的情境下，才可对金融公司实施援救。这种改变是为了反映美国国会在2010年多德－弗兰克金融改革法案中所表达的一种意图，即：阻止美联储援救个别公司。此外，受助者要使用紧急贷款，必须支付高于市场利率的“惩罚利率”，且规定美联储每隔六个月要审核贷款计划是否应结束。

四、拯救AIG事件的质疑

美国政府对AIG的救助也受到了不小的质疑和抨击。

首先，美国财政部在应对金融风暴过程中向数十家机构投入巨额救助金，进一步加重了本已沉重的财政支出负担。美国政府向AIG施出援手的巨额资金其实也流向了AIG众多的合作伙伴。2009年第一季度，AIG刚刚获得政府注资不久，即披露其根据信贷违约掉期合约，共向美国和欧洲多家金融机构赔偿930亿美元。此事引起一片哗然，人们认为美国政府用纳税人的钱为遍布全球的金融机构的损失买单。

其次，美国政府在接管AIG后获得了否决向普通股和优先股股东派发股息计划的权利，这意味着一旦政府参与企业资本重组，公权力介入民商事关系，政府很可能将自身利益置于股东利益之上，这是对市场经济规则的极大冲击。不仅如此，作为换取政府救助的条件之一，AIG还必须服从严格的高管薪资和企业监管要求。美国财政部在大笔购入AIG优先股时开出的条件就是冻结70名高管的年度奖金，并限制AIG的“金色降落伞计划”，这令素以分红文化著称的华尔街格外不满。在一贯崇尚自由市场精神的美国，政府的强制“国有化”行为，一度被戏称为“美国特色的社会主义”。

总之，当时美国政府关心的和所能够做的，只能是先救助 AIG，让整个金融体系不崩溃。但在通过外部监管加强约束等细节问题上，政府在快速反应方面远远不够。这种由政府出面的救助只是一根临时的救命稻草，并非永远的安全之策。要真正渡过难关，仍要依靠企业的市场业绩来支撑其信誉。所幸美国政府并未频频出招，而且慎重出手之后也及时退出。

第四节 中国二重债转股及企业重整案例

一、历尽辉煌：二重再陷重围

1958 年 10 月之前，距离四川省成都市一百多公里的四川德阳，人口不足万人。10 月 13 日，西南重型机器厂开工建设。1.2 万人的专业施工队伍由东北转战于此，四川省组织 3 万多名民工汇聚于此。建设者们主要依靠肩挑背扛，经过那个年代频频涌现的史诗般的“会战”，留下了中国现代工业历程中的又一个丰碑。建设当中，工厂更名为德阳重型机器厂。1960 年 12 月，又定名为第二重型机器厂。由此形成了“中国二重”的基础。经过十三年的边生产边建设，中国二重于 1971 年全面投产。此后，中国二重秉承“两个关系”，即“关系国家安全和关系国民经济命脉”，致力于重大装备制造半个多世纪，为国民经济和国防建设提供了超过 200 万吨的重大技术装备，在中国重大装备制造业实现一个又一个“有和无”的突破：

◆1978 年 9 月，成功研制出号称 20 世纪“中国轧机之王”的舞钢 4200mm 特厚板热连轧机，至今仍被誉为“共和国功勋轧机”。

◆1993 年 8 月 18 日，经国务院批准，中国二重被列入全国第一批 57 家试点大型企业集团之一。

◆2005 年 3 月，研制出我国第一台 5000mm 宽厚板轧机。

◆2009 年 11 月 5 日，成功制造出世界上首只 AP1000 主管道，这是第三代核电技术的关键零部件。

◆2013 年 4 月，成功生产出我国自主研发的 8 万吨大型模锻压机（该项目

2016 年 11 月 28 日正式通过验收）。[①]

◆2014 年 12 月，成功制造出国内首支国核示范项目 1 号机组发电机核心部件“CAP1400 型”压水堆核电机组核电转轴。

迄今为止，如果用一个词来概括中国二重发展过程的话，那么这个词就是“两起两落”。

（一）第一次起落，1971 年投产之初到 2001 年

20 世纪世纪 60—70 年代建成之初，二重就接到当时国内“极限制造”任务——为丹江口电站生产国内首台最大尺寸水轮机即 150MW 混流式水轮机转轮。[②] 整个 70 年代，二重为国内数以千计的矿山、冶金、钢铁企业提供了包括数以千计的大型矿山机械，特厚板轧机、炉底辊，水轮机组不锈钢叶片、发电机转子，重型火炮等等。到了 80 年代，通过从发达国家大规模设备引进和技术合作，中国二重实现了技术装备上的大升级；企业 1982 年的订单比上年猛增 159%，次年再递增 62.7%。这样的好年景此后持续了五个年头。90 年代经历国有企业改革攻坚，二重在迈向现代企业制度之路上虽然显得吃力，但在装备我国重化工业基础方面，仍提供着不可或缺的关键设备，包括宝钢 1580mm 热轧带钢轧机、1550mm 冷连轧机，鞍钢 1780mm 热轧带钢项目，邯钢 1680 薄板坯连铸连轧生产线，而且还能够为德国马克公司提供大型热轧 H 型钢成套设备，为美国铁本公司生产 1700mm 轧机。但是，到 20 世纪末，与当时很多制造类国有企业宿命相似，中国二重首次进入低谷。与诸多“中国首台”“国内第一”甚至“国际先进”等闪耀光环不相称的是，2003 年之前，二重年销售收入从未超过 10 亿元。1999 年销售收入仅 3 个亿，职工工资都发不出。

这次起落，后来比较幸运，借助全国第一次国有企业债转股之机，中国二重成功躲开一劫。2001 年 12 月，中国二重以其主体经营生产性资产和经营服务性资产作为出资，中国华融资产管理公司和中国信达资产管理公司以转股债权作为

---

① 大型模锻压机是衡量一个国家工业实力的重要标志。8 万吨模锻压机，是目前全世界最大的模锻压设备。迄今为止，仅有美国、俄罗斯、法国 3 个国家有类似设备，其中美国最高级别的模锻压机是 4.5 万吨级，法国为 6.5 万吨级，俄罗斯为 7.5 万吨级。据称欧洲研制出大型干线飞机空客，后来之所以能与美国波音抗衡，一个重要技术突破是法国 6.5 万吨模锻压机的投产。二重 8 万吨模锻压机成功，为中国正在研制的大型商用飞机（C919）成功飞上蓝天提供了重要保障。

② 该水轮机转轮直径 5500mm，最大直径 6130mm，净重 114 吨。按工期要求一年左右完成，当时为多快好省，国家要求七个月完成。最终二重按时保质保量完成任务。

出资，设立二重集团（德阳）重型装备有限责任公司，注册资本 116 300 万元，股权结构如下：

表 5－6　第一次债转股后中国二重股权结构

序号	股东名称	出资额（元）	持股比例（%）	出资方式
1	中国二重	568 210 000.00	48.86	经营性资产
2	华融公司	556 200 000.00	47.82	转股债权
3	信达公司	38 590 000.00	3.32	转股债权
	合　计	1 163 000 000.00	100.00	

这次债转股实施后，中国二重（合并口径）资产负债率由 2000 年底的 82.3% 降至 2001 年底的 56.6%。

（二）第二次起落，自完成第一次债转股后的 2001 年到 2012 年

2001 年以后，随着中国又一轮重化工业的快速发展，二重的业务范围不断扩大，销售收入大幅上升，2007 年实现销售收入近 60 亿元，利润 4 亿元。企业一度订单应接不暇，产能严重不足。曾经有几年，钢铁、机械等行业的不少企业天天要设备，二重不敢接单，怕接了干不下来。每年底制定第二年计划时都很苦恼，市场需求强烈，产品价格高企，就是生产不出来。尽管遇到 2008 年国际金融危机，可是国家推出了 4 万亿应对扩张计划，各方面都要求抓住机遇，乘势而上。国资委也要求各企业做大做强，企业产能要干到行业前三，否则就准备被踢出央管行列。要知道，中央企业当中，中国二重共和国“长子”“脊梁”的名头早已蜚声于外、内化于己。进入市场化改革以来，无论国管“39 户”“53 户”“112 户”还是“117 户”，国企中的“国家队”二重从未缺席过。从毛泽东、刘少奇、周恩来、邓小平一直到党的第三代领导集体，以及现在领导集体，都对二重情有独钟、关爱有加。要保住应有的地位，似乎只有快速扩张。

于是，中国二重启动了气势磅礴的“百亿工程”，开始大举投资。当时大环境真可谓顺风顺水：借助全国 4 万亿扩张计划，项目投资要贷款，各类银行趋之若鹜；要发债，各类机构纷至沓来；要发股票，也水到渠成。2010 年，占企业主业 90% 的“二重重装”成功上市，募集资金 25 亿元。一位争到了给二重发放巨额贷款的银行行长坦言：尽管有放贷责任终身追究制，贷款给二重这样的央

企，即使事办砸了，也要好说得多。就这样，短期内二重的固定资产投资就达到144个亿，接近于年营业收入的3倍。2012年，二重在营业收入同比下降30%的情况下，仍完成投资10亿元。这些资金大都来源于借款。这就是说，就在2008年美国华尔街金融危机的冲击波向全球一步步扩散弥漫之际，中国二重仍保持“大干快上”的节奏。

这里以四个项目建设为例，看二重投资手笔之大：一是投资57.3亿元建设镇江核电设备出海口制造基地，二是投资21亿元建成8万吨模锻压机项目，三是投资7亿多元建设成都研发中心项目，四是投资10多亿元的风力发电机增速器生产线项目。[①] 二重希望通过这些投资，把年销售收入由40亿~50亿元提升至100亿元，上一个大台阶；届时职工年收入也会由6万元升至10万元，以吸引更多优秀人才，从此走上良性发展轨道。

实际上，上述项目有的根本看不到回报的希望，有的因为工艺技术原因建成就面临淘汰。而且现实更残酷，这些巨额投资很快成为沉重的包袱：因为行业进入全球性衰退，产品订单锐减，价格暴跌，企业现金流很快近于枯竭。就在二重重装上市第二年的2011年，二重的业务收入规模大幅萎缩，持续大额亏损，企业净资产已经为负。而项目投资的银行贷款偿还日却陆续逼近。2013年至2014年到期债务达98亿元。到2014年底，二重总负债达到200多亿元，资产负债率已达133.7%，有息负债高达162亿元，60多亿元银行债务已经逾期。

二重20世纪末曾经的遭遇再次出现：一说要新贷款，各大银行躲得远远的；一说有收入，银行马上跑来催债。从2014年下半年开始，工农中建交五大行，以及德阳银行、汇丰银行合计提起了20.58亿元的诉前资产保全，法院裁定冻结查封二重上市公司*ST二重的6000万元银行存款、在建工程或等值资产。四川省高院查封了二重的土地（好在没有封厂门），德阳中院则查封了二重的汽车。看来，与上一次不同，二重的第二次跌落似乎更加沉重，形势更加严峻。

① 上述前三个即为二重管理层曾经津津乐道多年的“一中心两基地”建设的“三大核心项目”。其中“一中心”即成都工程研究中心，位于成都市龙潭都市工业集中区，占地近4.4万平方米，为一座建筑面积超过11万平方米高32层的擎天大厦，为依托中心城市，通过资金、信息、高端人才集聚实现二重重大战略调整，实际利用情况被企业内部人员讥讽为只是让“许多管理技术骨干每天乘班车往返百公里去看报纸”；8万吨模锻压机利用率不足10%，其“世界第一”的市场预计到2020年才能基本形成，订单要“吃饱”甚至可能到2025年；镇江基地项目更未完全建成，很多设备设施长期闲置，有的已经锈蚀报废。第四个风力发电机增速器生产线实为扩建原齿轮分厂，但能力不配套质量无保证，被用户大量退货，且因技术工艺更先进的直驱结构风力发电机出现，基本没有订单。

二、绝处逢生：融入国机集团

在钢铁价格比白菜价还低①的市场形势下，全球范围内重化工业都进入全行业严冬。国内装备制造业过剩局面尤为严峻。例如，2013 年，全国企业拥有的万吨级水压机达 17 台，除一重、二重各两台之外，其余都是后来上马的，都可以生产大型支撑辊，这本来是过去二重的“独家饭”。作为工业母机制造商，二重的市场主要在锻、冶两大行业。这两大行业订单占到企业市场的半壁江山以上。截至 2013 年，由二重提供锻、压母机的钢铁厂已达 100 多条生产线。当年最火爆时二重一年的冶金行业订单就达 60 多亿元，如今却严重过剩。有人说，中国重装行业的产能过剩在一倍以上。还有人说，把全世界的大型锻件订单都拿过来，中国的重装企业也吃不饱。

二重的情况要更严重。2010 年至 2013 年，二重的净资产收益率由 4.32% 快速下降至 -67.87%。以 2012 年为例，与国内同行相比，二重的效益指标几乎垫底：总资产周转率最低（0.18），而一重为 0.24，大连重工、太原重工、中信重工和上海电气则分别为 0.47、0.48、0.49 和 0.67，流动资产周转率二重只有 0.31，一重为 0.33，其余在 0.62 ～ 0.86 之间。应收账款周转率除一重更低外，其余都大大超过二重。

2013 年，二重不可压缩的固定费用即达 37 亿元，仅为消化掉这个费用，按照当时的市场行情，企业销售收入必须达到 100 亿元以上才可盈亏平衡。可当时在手订单只有 40 亿元。而且，到当年 3 月底，二重的应收账款达 49.5 亿元，占企业总资产的 19%，占年度预计营业收入的 76%。

如此局面，中国二重手中已无牌可打。申请破产清算，可能引发严重后果：仅下属主业上市公司——二重重装破产清算就将导致 5 万余户中小股东的投资化为泡影，2000 余户关联企业也将遭受灭顶之灾，更有公司 1.5 万名在岗员工将失去工作岗位，加上区域内配套企业的工人和家属，涉及到十多万人的生计问题。而且以中国二重在全国制造业中的地位，一旦破产清算，还将导致一些国家

① 全国钢材价格指数由 2011 年第四季度的 135.93 跌至 2015 年 1 月末的 77.13，吨钢材累计降价达 2100 元。过去 5000 多元/吨的线材降至 1900 元/吨，每公斤不足 2 元。同期蔬菜市场上小白菜价格为每公斤 6 元。

重大工程和国防工程受到影响。

在现代市场经济条件下，如果不申请破产清算，到哪里找到一线生机？2013年，二重决策者主动出击，四处寻找救助，以图走出困境。

国务院国资委也看在眼里。首先是从企业所在基础性、战略性行业的特殊地位出发，某些技术和条件在我国产业和战略性行业不可替代。其次，从1.5万左右的员工及其家人的生计考虑，也要避免大规模失业波及社会稳定。2012年国资委赴二重的巡视负责人发现，二重与中国机械工业集团（即“国机集团”，下同）之间可以优势互补，一旦重组整合，可避免同业重复和恶性竞争，于是开始做工作促成。一开始曾经有将一重和二重一并整合进国机的动议，但一重未同意。

2013年7月，在国务院国资委的牵线下，中国二重与国机集团以联合重组的名义走到一起。国机集团是一家多元化、国际化的综合性装备工业集团，主营业务包括机械装备研发与制造、工程承包、贸易与服务、金融与投资四大主业，涉及机械、电力、冶金、农林、交通、建筑、汽车、船舶、轻工、电子、能源、环保、航空航天等国民经济重要产业领域，市场遍布全球170多个国家和地区。这个企业多年以来，主营业务收入连续保持30%以上的增速，2013年达2423.61元，利润达80.79亿元。[①]

国机集团的产品线相对完整，但正好缺少重大机械装备这一环节。中国二重的并入，与国机集团形成良好的互补。同时二重重生产，对于市场尤其是国际市场的开发不足，面对国内日渐饱和的重型机械市场，唯有大力开发国际市场，才是将来二重的出路。在这方面，国机集团恰好可以弥补二重的短板。

二重正式并入国机集团，也经历了曲折复杂的谈判协调过程。此前，中国二重在国资委112家央企中属于第一梯队的53户（国控七大行业），享有“央管”副部级[②]；国机集团虽然企业行政级别不高，可年营业额是二重的50倍，利润是其136%，员工是其7倍。尽管官方特意以二重国机“联合重组”为名推动，重组之后企业表面上俗称“新国机”，但仍沿用“中国机械工业集团”之名，重组后的“新国机”高层位列央管副部级干部，企业规格升级。原来的二重完全

① 这些数据不含当时已经开始联合重组的二重的数据。

② 有趣的是，2013年3月6日国机与二重正式签署的《联合重组框架协议》，两天后上报国务院国资委时则用的是二重的文号，即“二重发〔2013〕30号文”，足见在国有企业中“级别”权重的高低。

成为下属子公司，实质上就是国机吃掉了二重。市场规则下，业绩是冷冰冰的试金石，能够活下来才是王道。

重组后，国机集团尽心尽力，对中国二重施以全方位的扶持。2014 年 9 月，国机集团和中国二重共同研究制定了《中国第二重型机械集团公司扭亏脱困总体实施方案》，为中国二重扭亏脱困确立了纲领性指导意见。但是，对于困难重重的二重来说，并入国机集团，也只是它迈向重生的第一步。

三、外科手术：剥去债务重负

中国二重要想活下来，当务之急是剥去紧紧箍在身上的债务枷锁。

截至 2014 年底，中国二重（包括二重重装）负债总额超过 200 亿元。其中含 121 亿金融债权，以及大量非金融债务、融资租赁、保理、大股东资金支持形成的债务以及中票、企业债等特殊融资工具。二重重装有股东 50000 余名，这也增加了债务重组的难度。所有这些问题都要在重整程序中一并依法处置，且不能影响金融债务的既定方案原则和企业的正常经营，难度相当大。

表 5 –7　债务重整前中国二重（包括二重重装）的债权结构

银行债权人	转股债权金额（元）	持股数量（股）
中国农业银行股份有限公司四川省分行	2 381 996 150	450 282 826
中国农业银行股份有限公司江苏省分行	50 630 754	9 571 031
中国银行股份有限公司德阳分行	1 829 583 736	345 857 039
中国银行股份有限公司镇江润州支行	439 369 192	83 056 558
中国建设银行股份有限公司四川省分行	1 280 648 858	242 088 631
中国建设银行股份有限公司江苏省分行	26 935 797	5 091 833
中国工商银行股份有限公司德阳旌阳支行	1 048 978 513	198 294 615
交通银行股份有限公司四川省分行	499 239 687	94 374 232
交通银行股份有限公司	202 716 995	38 320 793
兴业银行股份有限公司成都分行	511 818 969	96 752 168
中国民生银行股份有限公司南京分行	50 630 754	9 571 031
中国民生银行股份有限公司德阳分行	416 872 504	78 803 876
汇丰银行（中国）有限公司	184 038 571	34 789 900
长融国银（北京）投资管理有限公司	157 286 173	29 732 736

续表

银行债权人	转股债权金额（元）	持股数量（股）
德阳银行股份有限公司旌阳支行	153 957 901	29 103 573
中国光大银行股份有限公司成都分行	132 764 638	25 097 285
上海浦东发展银行股份有限公司南京分行	39 557 123	7 477 717
上海浦东发展银行股份有限公司成都分行	71 063 781	13 433 607
招商银行股份有限公司南京分行	50 630 754	9 571 031
渤海银行股份有限公司德阳支行	104 624 996	19 777 882
国家开发银行	73 479 158	13 890 200
华夏银行股份有限公司德阳支行	31 291 202	5 915 161
合　计	10 808 896 845	2 043 269 725

备注：1. 不含提存至管理人账户，尚未划转给银行抵债的股份。

2. 不含国机集团代偿债权转股情况

国机集团为中国二重设计了整体的债务重组方案，并派出了财务和法律方面的精兵强将赴德阳基地，将方案一步步付诸实施。

1. 成立债务重组谈判小组

国机集团成立了以集团副董事长刘祖晴为组长的债务重组小组。小组人员除国机集团及中国二重的主要领导外，还有重要部门的负责人以及法人股东。17家债权银行也分别派员参加。

随后，进入实质性谈判阶段。小组聘请工银国际作为财务顾问，确保合法性和专业性。一开始，债权银行、原二重集团、四川省和德阳市都主张国机集团既然完全接管了二重，就应该全面承担债务，拿钱还债。国机集团则要求二重首先解决“失血”问题，而且各债权方也应该付出相应代价，地方政府承担相关保障责任，通过司法重整，各方共同来救二重。2015 年 3 月至 8 月，债务各方进行了密集的谈判，先后有 40 多次大的谈判，加上小规模的沟通，加起来有 100 多次，各方最终达成了一致。

2. 确定主动退市

二重重装上市后连续亏损被“ST”，2014 年年报披露，必将又是个巨额亏损。如不采取行动，二重重装将于 2015 年 1 月收到上交所发来的退市通知。届时如将再上市，则必须重新经历漫长的 IPO 过程。为此，二重选择主动退市。按照现行监管规则，主动退市企业若以后做到连续三年盈利，利润总额达到 3000

万元后，重返主板市场时可不必经过冗长的 IPO 审批环节。

2014 年 12 月，中国二重向上交所提交了退市申请。这一举动属国内证券市场首例主动退市，受到了上交所的高度评价。国机集团作为公司实际控制人，为维护中小股东利益，向公司全体股东发出全面要约收购。2015 年 2 月 17 日，*ST二重发布公告披露要约收购方案。但最终中小股东的反应未达到要求收购条件，即大股东国机集团不必再拿出几十亿现金。[①] 对于这一结果，市场普遍分析认为主要在于国机集团开出的 2.59 元/股的要约收购价太低，股民“不买账”。相对于公司停牌前 2.35 元的价格，每股 2.59 元的要约收购价虽然有 10%的溢价，但是仍低于大多数中小股东的持股成本。另有分析则认为公司面临重整，股票将有较好的升值前景。

4 月 22 日，在二重的股东大会上，现场和网络投票数据显示，超过 99% 的股东同意主动退市，二重终于卡在年报公布之前这个时间点上，破解了主动退市的最后一个难题。在股东大会审议通过后，二重申请撤回股票在上海证券交易所的交易。[②]

3. 确定债转股价格

专业机构经评估后公开表示，如二重破产清算，债务偿付率只有 17.38%。最终，以中国农业银行等为主体的几家大的债权银行接受了债转股方案（仍有国开行等少部分债权银行拒不接受该方案）。

债转股过程中，债权所转股权如何定价，意味着债权方与原有股权方之间的利益重新分配（或损失的分担），不可避免地需要一轮轮多方拉锯式博弈。中国二重最先提出来的价格是每股 14 元，但其他债权银行不接受。二重于是不断调整价格，先后出价 11 元、9 元、7 元，依然未达成一致意见。最终，根据德勤事务所提交的资产评估报告，对二重未来上市的预期，以及中国二重作为大股东确保 20% 股份的底线，提出了每股 5.29 元的报价。经难以计数的反复磋商，各债

① 根据方案，在从 2 月 26 日到 4 月 3 日的要约收购期限内，如果 *ST 二重社会公众持股数量占总股本的比例低于 10%，则要约收购生效。反之则不生效。而在 *ST 二重 22.93 亿股总股本中，中国二重持有 16.39 亿股股份、中国华融资产管理股份有限公司持有 2.53 亿股股份。换言之，*ST 二重此次要约收购的最低数量为 1.71 亿股。然而，4 月 3 日晚间，*ST 二重公告称，截至 2015 年 4 月 3 日，公司实际控制人国机集团预受要约的股东为 12759 户，预受要约股份数量合计 1.13 亿股——距离 1.71 亿股的门槛相去甚远，因此要约收购自始不生效。

② 根据有关规则，在取得上交所同意后，二重重装退出主板后，可申请到全国中小企业股份转让系统下的“老三板”板块挂牌，挂牌后投资者可以选择持有股票或转让。

权方最终同意以每股5.29元的价格进行转股。

4. 实施方案

债务重组小组针对金融债务、经营性债务制定了差异化的清偿方案。中国二重银行债务121亿元，其中15亿元留债，15亿元现金偿还，91亿元以股抵债。抵债股票来源包括两部分：一是股东让渡股票，第一大股东——中国二重让渡其所持股份的59%，其他股东让渡其所持股份的20%；二是转增股票，即以二重重装现有总股本为基数，按每10股转增4.46股的比例实施资本公积金转增形成的股票。

中国二重经营性债务（主要为供应商、配套商债务）约28亿元，债权人以户为单位，每户25万元以内（含25万元）的债权部分，100%全额清偿；超过25万元部分，按时间长短与清偿打折比例相匹配的办法，提供三种方案供债权人选择，即要求二年内清偿者为5.5折，要求三年内清偿者为7.5折，要求五年内清偿者则100%全额清偿。

2015年9月11日，中国二重召开银行债权人全体大会，各债权人原则同意债务综合受偿方案。9月21日正式进入司法重整程序，11月27日召开债权人会议高票表决通过重整计划，11月30日法院裁定批准重整计划并终止重整程序。

表5-8 债务重组前二重重装的股权结构

股东名称	期末持股数量	比例（%）
中国第二重型机械集团公司	1 639 089 524	71.47
中国华融资产管理股份有限公司	253 020 000	11.03
中国机械工业集团有限公司	37 389 867	1.63
解剑峰	3 800 000	0.17
周瑞风	3 538 504	0.15
周丽敏	3 088 312	0.13
张强	2 868 000	0.13
沈亚彬	2 647 600	0.12
杨林	2 560 000	0.11
赵华	2 100 076	0.09

表 5-9　债务重组后二重重装的股权结构

股东名称	持股数量	持股比例（%）
中国第二重型机械集团公司	663 809 495	20.02
中国农业银行股份有限公司四川省分行	450 282 826	13.58
中国银行股份有限公司德阳分行	345 857 039	10.43
中国机械工业集团有限公司	275 106 236	8.30
中国建设银行股份有限公司四川省分行	242 088 631	7.30
中国华融资产管理股份有限公司	202 416 000	6.10
中国工商银行股份有限公司德阳旌阳支行	198 294 615	5.98
兴业银行股份有限公司成都分行	96 752 168	2.92
交通银行股份有限公司四川省分行	94 374 232	2.85
中国银行股份有限公司镇江润州支行	83 056 558	2.50

债转股完成后，二重重装的董事会共有 9 人，国机集团和中国二重派出 6 人，华融派出 1 人，中国农业银行和中国银行各派出 1 人。中国工商银行和中国建设银行各派出监事 1 人。银行股东与其他股东具有同等权利，可参与股东大会行使表决权。

除中国工商银行镇江分行债权所转股份由长融国银（北京）投资管理有限公司持有外，其余银行股东债权所转股份均由各银行总行或其分支机构直接持有。因是经过司法程序被迫持有公司股权，所以并不违背《商业银行法》。但是持有股份有一定的时限限制。

5. 盘活资产

对于所谓“一中心两基地”即原二重的“三大核心”项目，国机集团将资产先从原有主体剥离，注入现金，让二重重装摆脱财务困境，轻装上阵。

对于成都工程研究中心项目，经评估后资产价值 7.8 亿元，国机集团再注入 3400 万元使工程完工。经多方努力办理产权手续后，以原有资产和注入资产为基础成立新公司作为产权主体，通过挂牌转让，国机资产公司以 8.14 亿元摘牌收购。二重实际需要的部分写字楼按市场价向国机租用，其余面向社会经营。这项资产盘活，并且使二重每年减少 5000 万元的折旧和财务成本。

对于 8 万吨模锻压机项目，根据资产评估价值，与资产相关的银行贷款本金 10.3 亿元在债务重组中列入以股抵债剥离处置；其余近 6 亿元，连同项目银团贷款打包，以投资方式注入生产航空锻件的二重万航公司，国机再以等额资金协议收购万航部分股权。然后利用平台优势，国机一方面推动万航与中航工业合作，共同建立高端锻稳固的主体市场，另一方面拓展国内外市场，逐步盘活这项资产。

对于镇江基地项目，减债托管、分块盘活。即第一步将投资中的银行贷款23.8亿多元列入以股抵债；第二步由国机集团购买镇江公司股权，然后将公司再托管给二重重装经营。通过评估、挂牌、转让程序，2016年5月，镇江公司的股权在北京产权交易所挂牌，国机集团以25.83亿元摘牌收购，清理闲置设备，补充完善投资，整合现有产能，这块资产明晰清洁、初具产能。

对于中票、企业债等，国机集团采取“先收购后代偿”的方式，帮助二重摆脱困境。

按照初步的估计，国机集团在此次二重债务重组上，先后支出了109亿元现金。其中45亿用于生产，50亿元用于债务重整，14亿元用于分流人员。除此之外，国机集团还提供了14亿元用于中国二重的技改资金支持。为此，向国有出资人代表国务院国资委出资申请了近70亿企业改制和转型升级资金。

中国二重通过债务重组，达到了多方共赢的目的。一是中国二重资产负债率从130%以上下降至90%左右，资产质量得到明显改善。每年利息支出可减少5亿～6亿元，银企关系逐步恢复正常。

二是银行债权人的不良债权得到妥善处置。金融债权清偿率达到100%，有效化解了债权风险，缓解了系统矛盾，同时极大维护了地方金融秩序，改善了金融生态环境。

三是中国二重给予供应商、配套商相对较好的债务清偿，减轻了对地方相关产业的冲击。推动配套企业恢复对中国二重这类大企业集团的信心，建立了更为紧密、稳固的合作关系，带动双方加快转型升级。在司法重整过程中，企业经营生产正常，职工队伍稳定，没有给当地的维稳工作带来影响。

四、啃硬骨头：近半人员分流

一直以来，中国二重都面临着人工成本过高的问题，人员数量和销售收入严重不匹配。2014年底，二重的销售收入只有几十亿，但是人员有1.5万人左右，人力成本约达10亿元。沉重的人工成本压得中国二重喘不过气来。即便是“伤筋动骨”，这个“瘤子”也必须下定决心摘除。

对于陷于经营困境的中国二重，如果说最重要的事情是剥去债务重负的话，那么最难做的事情就是人员分流。人员分流不仅涉及巨额的遣散资金，而且在与职工的谈判中，需要反反复复地交流沟通，如果沟通不顺利，可能激发群众强烈的不满，导致事件升级，造成社会不稳定。而这一结果，是企业和当地政府都不愿意见到的。

二重成立了人员分流领导小组，主要采取四种方式，把多余的员工进行合理安置。

一是离岗退养。根据《国有企业富余职工安置规定》，制定了《中国二重职工提前离岗退养实施办法》，规定后勤辅助、一般管理岗位人员和部分年龄偏大、身体状况不佳、技能水平无法适应要求的操作岗位人员提前退养，以达到调整人员结构的目的。截至 2016 年 12 月末，共有 2845 人办理了提前离岗退养。这部分人的退养生活费待遇由基本生活费和生活费补贴两部分组成。

二是解除劳动合同。根据《劳动合同法》及《违反和解除劳动合同的经济补偿办法》文件中有关协商解除劳动合同的相关条款，制定了《中国二重解除劳动合同实施办法》，与部分在企业无法发挥个人价值、非不可或缺人才的职工协商解除劳动合同。在文件有效期内，共办理解除合同手续 1764 人。对协商一致解除劳动合同的人员，按照《劳动合同法》和劳动部发的 481 号文件规定支付经济补偿金。

三是离岗休养。根据部分职工的要求制定的《中国二重职工提前离岗休养实施办法》，对在 2025 年 12 月 31 日前达到法定退休年龄的职工，除集团公司和德阳市及以上劳动模范、首席技术专家、首席技能大师和省部级以上荣誉个人获得者人员外的实行离岗休养。在文件有效期内，共有 436 人办理了提前离岗休养。

四是清退劳务用工。推行工程外包，除个别必要工序外，不再使用劳务派遣人员。截至 2012 年 12 月末，劳务用工人数由 2013 年末的 2299 人减少至 224 人。按照《劳动合同法》相关规定支付劳动派遣中介机构。

经过艰难的裁减冗员工作，2015 年底，中国二重全部在岗员工还有 7610 人。2016 年二重直接人工成本总额较 2013 年减少了近 5 亿元，降幅达 40%。

德阳市政府为支持二重进行人员分流提供了不少帮助。首先在公积金的领取上，以前按照规定，协商解除劳动合同的员工不能够立即拿到公积金，需要等到退休年龄才可以。但德阳市政府开了绿灯，帮助他们及时取到了公积金，为再择业或者创业提供支持。二是在失业救济金的发放上，德阳市政府帮助这些下岗员工提前拿到失业救济金，每个月1000元，领取两年。一开始市政府还准备为二重离岗员工开专场招聘会，后来因很多已经找到了去处，需求不大，也就没有实施。

对于余下的7610名员工，中国二重开始加强管理，引入竞争机制。一是对于300至400名中层干部一律实行重新选聘，优胜者上。结果有180人没有正式聘上干部岗位，成为普通工人。重新选聘的中层干部绝大多数是能力很强、干劲很足、有竞争意识的骨干人才。

二是对于普通员工实行薪酬改革。公司把工资和奖金总数分到各个子公司自己分配，集团兜住下限。这种分配方式，可激发各个分公司之间的竞争，激发员工努力上进。

精简之后，中国二重中层以上干部较2013年减少20%，管理人员较2013年减少37%；加强责任考核和奖惩力度，仅2015年就问责领导、干部79人次。

五、全面改革：力争扭亏脱困

中国二重剥去债务和人员的重负之后，下一步就是通过全面改革，恢复企业的造血功能，实现盈利。

（一）中国二重制定了转型升级战略，明确未来发展方向

国机集团紧紧抓住国家推进“中国制造2025”机遇，坚持市场需求与技术引领相结合、自主创新与业务协同相结合，推进中国二重转型升级。结合国家产业政策，国机集团指导二重制定了《产品及市场开发规划》，明确做强做专冶金、锻压等传统业务的同时，努力提升核电、煤化工等新兴领域的技术能力。国机集团发挥所属科研院所的技术优势，促成与二重的协同研发，先后签订联合研发协议16项、产品研发合同18项。

中国二重也积极实施业务协同带动商业模式转型。借助国机集团工贸业务资源和丰富的全球市场资源，中国二重从单一制造商向工程服务商及总包商转型，利用“一带一路”建设契机，进一步拓展国际市场。二重力争通过合作创新、模式创新和市场创新，走出一条新路来。

一是合作创新。2015年12月，国机集团将所属中国机械对外经济技术合作

有限公司（CMIC）的全部股权连同全部业务、人员无偿划转至中国二重，支持中国二重培育国际化经营能力、打造国际贸易和工程总承包平台。同时制定考核激励办法、采取“非实体经营”等支持措施，积极推进内部与中国二重的业务和产品研发协同。国机集团指导公司制定了产品及市场开发规划，积极推进长线产品研制项目立项。目前，中国二重已经与兄弟科研院所签订了 8 项联合研发协议及试制合同，申报以核电装备、高端铸锻件、航空模锻件及轨道交通、煤高效清洁综合利用装备等为代表的 18 项重点长线产品和研发项目，全年成功立项国家、省级研发项目 6 项。

二是模式创新。中国二重作为重型装备制造企业，为下游众多企业生产加工设备，却只能分享到微薄的利润。为改变这一状况，中国二重计划将来与下游企业进行股权合作，来改变自己的经营模式。

三是市场创新。多年以来，中国二重重生产轻市场，在“抓订单”方面缺乏经验。国机集团利用自己丰富的境外工程承包的资源，带着二重走出去。CMIC 在伊朗谈下来一个轧钢厂项目，将其中部分业务转交中国二重来做。在伊拉克的水泥厂项目需要高水平的转子，这个任务也交给了中国二重。在国机集团的带领下，中国二重也在“走出去”开发新市场上进行了积极的尝试。

（二）中国二重推动内部管理制度改革，完善市场化体制机制

一是在公司层面，通过业务协同、研发协同，加快推进市场开拓、产品研发合作，提高了主动适应市场需求、应对市场变化的能力。通过以从严管理为核心的管理提升工作，推进公司内部管理规范化、精细化，进一步提升了公司整体的执行力。

二是在业务单元层面，四个独立运营单元构建后，通过界定功能定位、尝试建立新的机制，激发起业务单元“适应市场抓订单、强化管理要效益”的主动性和积极性，符合自身特点的市场化、规范化的内部运行体系已经形成。

三是在辅助业务层面，加强辅业改革及社会职能移交稳步推进。制订了承担生活保障后勤服务、从事公路铁路运输和物流业务的子公司改制方案。将供电、有线电视网络业务顺利移交；职工社区社会管理职能及供水、供气业务移交也与地方达成共识。

围绕扭亏脱困目标，中国二重制定了扭亏脱困管理提升工作计划及实施方案，明确了 13 项重点工作、29 项关键措施、116 项主要工作内容，逐项落实责

任，强化监督检查；决定从2015年至2017年，连续三年实施干部职数精简；实施质量专项效能监察，考核问责干部70余人；实施“工程技术、操作、管理”三支队伍培养激励政策。

一系列扭亏脱困措施，落地即初见成效：2016年1—6月份，二重产品质量水平大幅提升，废品损失率由2015年的1.26%降至0.13%，合同完成率由同期的50%提高到92%，产品边际利润水平由过去的负值提升至14.3%；2016年非生产性成本较2013年下降40%。

2016年，二重集团实现总收入78亿元，利润5.2亿元。其中：二重重装经营性利润8000万元，一举扭转了2015年之前严重亏损的局面，按时完成了并入国机时定下的“三年脱困”目标。进入2017年以来，随着国内市场形势的好转，企业经营保持良好势头，职工精神状态进一步提振。截至2017年4月底，中国二重累计实现新增订货24.69亿元、营业收入16.02亿元、货款回收31.27亿元、利润总额3.95亿元，资产负债率进一步降至85.76%，合同完成率保持在96%以上，废品损失率处于0.07%的较低水平。中国二重似乎可以抬起头来，长舒一口气了。

六、拨开云雾：迎来光明未来？

因为深陷债务危机，中国二重经过了企业重组、债务重整、资产剥离、组织重构、人员分流以及内部运营提升、管理优化等一系列伤筋动骨式内外科手术。这些改制与调整是否叫“成功”，还有待于各方讨论，能否带来又一次辉煌，更有待于今后在市场竞争中的业绩来检验。值得肯定的是，其中进行的债务重组是在2016年10月国务院下发《关于市场化银行债权转股权的指导意见》出台之前在国内进行的先行探索之一，为其他企业实施债转股提供了一个难得的样本。这里有如下几个问题需要思考：

1. 二重的债务重组方案有哪些符合市场化、法治化的要求，哪些还需要进一步完善？

2. 在企业债转股当中，政府应该发挥什么作用？

3. 中国二重债转股的做法，哪些是可以参考和复制的？对于您所在的企业或行业，有何启示？

4. 更重要的是，中国二重在世纪之交就经历过了一次全国范围的大规模债转股，借此重获生机。可是时隔十六年，中国二重再次陷入债务泥潭，而且规模更大、情形更严重。似乎在很多国有企业与国有银行之间，存在一个定期的高负债—高不良资产—大规模剥离—债转股的循环。那么，如何看待这一现象？怎样从根本上加以解决？

第五节　政府推动债转股：为什么？应该怎么做？

2016 年 7 月 26 日，中共中央政治局会议就去年底定下的“抓好去产能、去库存、去杠杆、降成本、补短板”五大重点任务，分别确定了政策着力点。其中指出，“去产能和去杠杆的关键是深化国有企业和金融部门的基础性改革”。对于饱受关注的债转股，这句话意味着什么？应该如何理解？

一、对政府推动的债转股最需要关注什么？

2016 年年初，启动新一轮大规模债转股的话题一度被提起，引发各方热议不断。赞成者出于落实“三去一降一补”政策的需要，主张通过债转股，微观上帮助困难企业“降本增效”，宏观上降低企业杠杆率。质疑者则关注两个层次的问题：一是要不要动用主权信用和行政手段？也就是说，为了企业脱困，会不会再度祭出 1998 年那次由中央政府推动的行政化债转股？毕竟，国际金融危机以来，包括一些发达经济体在内的主权信用危机接连发生，大家都警惕公共信用被一再滥用会出现什么后果；改革开放以来，大家深知公权力随意介入民商事关系可能带来的制度性伤害，担心现代市场经济规则的确立遥遥无期。二是既然强调市场化和法治化，需不需要发布行政文件来推动？难道现有的市场机制和法律体系就不胜任吗？毕竟，债权人与债务人为了利益最大化（损失最小化），有动力和也有能力运用已有的市场规则协商谈判，妥善调整相互间的债权债务关系。事实上，2014 年底长航油运与债权人协商，实施了 65 亿元左右的债转股。2016 年 3 月，我国最大民营造船企业熔盛重工（“华荣能源”）也与 22 家银行债权人和 1000 家供应商债权人达成协议，实施了 170 多亿元的债转股。类似的市场化债转股还有几起，有的悄无声息，有的紧锣密鼓，这些做法都得到资本市场的承认和接受。可见市场化改革几十年，我国初步搭建起了现代市场经济的基本法律设施，至少在债转股方面，尽管一些更为便当的金融产品、金融交易有待开发，但并不存在多少严重的法律法规缺陷。在这种情况下政府如出面发文推动债转股，就有必要观察其在制度规则方面是加强了什么还是清理了什么。如果没有，这样的行政推动意义何在？

我国上一轮债转股为避免道德风险，强调“下不为例”，不仅在发行特别国债、向银行注资、转股企业重整上有所体现，而且明确，为实施该次债转股而成立的四大资产管理公司，一俟所转股权全部出售使命即告完成，届时一律关闭注销。可是事实上，这些年来这些机构究竟处置了多少当年的不良资产，成本－收益怎样，政府财政从中回收了多少，似乎没有人过问。更有意思的是，它们不仅没有像当初设立时那样有着生命期限，干脆成为新一批国有金融机构，甚至比其他金融机构更早地拿到了金融业全牌照，有的在境外上市了，既有商业利益享有国有金融机构的政治地位，在政策与市场之间两厢逢源。如今都说“资产荒”，眼见着银行不良资产在增加，企业有动力摆脱债务压力，再来一次大规模资产剥离与处置，简直是灾荒年景的一次盛宴。可是在一有市场自发的债转股持续进行着，二无系统重要性金融机构的危机信号，三无大规模企业破产和失业之虞的情况下，有关部门以勉勉强强的理由炮制债转股方案，背后是否有这些机构推动和运作，人们不得而知。

二、政府推动债转股的正当理由有哪些？

2016 年 7 月 26 日，中共中央政治局会议明确指出，“去产能和去杠杆的关键是深化国有企业和金融部门的基础性改革。”怎样理解其中的深刻含义呢？

现代市场经济中，政府都不得不介入债务危机的处理。但无论遵循什么原则，出于什么目的，只要政府出面，可能得有三个站得住脚的理由。

第一，对系统重要性金融机构实施紧急救助，为的是避免其破产清算引发危机大面积的传导和扩散。这要求明确相关金融机构是否拥有“系统重要性”地位，如 2008 年美国联邦政府先是任由贝尔斯登倒闭，后对雷曼之死袖手旁观，但 AIG 出现危机时却紧急施以援手。但是要知道，降低非金融企业杠杆率，缓解债务压力，近年来在我国市场化运作中一直在进行，如各种债务重组、资产证券化、债务打包转让等等方式可达八九种之多。市场能够自发地以各种方式纾解债务压力，本身也是我国现代市场经济体制建设的成就所在，应加以肯定、巩固和提倡。可是在各种方式中，由政府推动债转股，其“激烈”程度仅次于破产清算，但对市场经济规则的“伤害”却最重。之所以不得不祭出这一手段，是因为国内外金融发展史表明，经济低迷时期出现的个别流动性困难，在“金融加速器”作用下，容易放大为系统性危机。政府推动债转股，主要是为避免整个经济体信用风险的集中爆发。不过2015年我国商业银行的不良率1.67%，2016年末不良率为1.81%。过去三年，我国银行用拨备核销的不良贷款约2万亿元人民币。这就是说，从银行不良资产率变化速度和现有拨备水平以及银行自身处置坏账的能力看，即使问题存在，但也并没有严重到由政府出面推动债转股的程度。

第二，对于支柱企业实施紧急救助，为的是避免其破产清算导致产业链上众多企业倒闭引发大规模失业。解决就业问题本来也是政府宏观经济职能的首要职责。一些支柱产业的大型企业，不仅是一个国家经济实力的重要标志，更因为辐射众多产业而对社会就业有重大影响。2009—2012年，美国政府救助通用汽车，一度持有“新通用”61%的股权，就是因为汽车业在传统上本来是美国制造业的支柱产业。以底特律的衰落为标志，这一产业已为美国社会留下了诸多问题，是多年来美国产业“空心化”的重大苦果之一。美国汽车业就业人数1999年是132万人，到了2008年降为80.9万人，金融危机一年后的2009年又降到65.8万人。其中作为“龙头老大”的通用汽车，2009年全球员工总数为23.5万人。金融危机后，美国政府即实施了“再工业化”方案，极力挽回其传统优势产业的颓势，以增加这一产业的就业岗位。

第三，政府要么对涉事金融机构要么对涉事企业拥有产权从而承担民商事义务，因此必须主导或参与债务处置。这样做，或者避免危机扩散，或者进行人员分流安置，但都有权要求相关机构或企业进行改制。20世纪末我国为实现国企三年脱困和银行业重整的那次债转股，即属于典型案例。

如果说前两种情形在现代市场经济中普遍存在的话，第三种情形则有着某种“国情”或“特色”。这意味着，若没有系统重要性金融机构陷于困境，不存在大规模失业压力的情况下，若由政府出面实施债转股，范围应限于国有企业或国有金融机构。

可见，企业是不是日子难过，杠杆率是否过高，怎样缓解实体经济的债务压力，或许需要政府操心，但未必就说明政府应该亲自出面推动债转股。为建立现代企业制度而完善法人治理结构，为建立现代银行体制而根除定期产生坏账的“内生性”顽症，一直是我国改革的重点和难点，是现代市场经济制度能否在我国确立起来的关键。若再度启动一轮政府推动的债转股，着力点当为紧扣深化国有企业改革、加快我国金融体系现代化的重大现实而着手布局，甚至将其作为深化国企改革和银行体制改革的难得契机，顺势推动国有企业混合所有制改革迈出实质性步伐，在对困难国有企业债务重组过程中，大量引发多元投资主体介入，大幅度调整股权结构，彻底克服原来国有股一股独大局面造成的治理机制僵化问题。

至于“金融部门的基础性改革”，有人理解为是要放松对商业银行直接对实体企业持股的资本要求，如修改商业银行法第42、43条规定和相关资本管理规则，为下一步中国商业银行走日本当年的“主银行”模式创造条件。其实这属于误解。“金融部门的基础性制度”首先是产权制度、行业准入和竞争与监管体制。就我国银行业来说，“基础性改革”的迫切任务，是要从制度基础上结束其天然的软预算约束问题。我国银行业改革一度通过资产剥离、重新注资、引入战略投资者，股权多元化并上市，“几乎”要成为合格的现代金融企业了。但从2008年应对国际金融危机中一度出现的疯狂放贷看（如将“窗口指导”演变为通过传真、电话“打招呼”，甚至提出“尽职免责”向基层银行催贷），银行内在的风险控制机制并不健全，这是导致当前信贷坏账再度积累的根本原因。每逢危机来临，在刺激增长的宏观政策下，“银行—国企”之间、“银行—地方政府”之间制造坏账的机制不仅没有遏制，反而愈演愈烈。从某种程度来说，地方政府融资项目根本不缺钱，甚至出现金融机构找地方投融资平台“三不问”现象，即不问利率、不问期限，甚至不问有无项目，只要放出去贷款就有业绩。而贷款项目都是长期的市政工程或大型基础设施工程，将来风险根本无人考虑。可以预测，不出几年，这些信贷资金将再度产生一大堆不良资产和坏账。金融体系中一个“用钱者对出钱者负责任”的规则在我国远远未建立起来。当务之急，是从基础制度上硬化银行机构的预算约束，成为真正对自己行为负责、自主面临风险、可以在竞争中淘汰的市场主体。

三、市场经济中政府应该怎样实施债转股？

与市场机制下自发进行的债转股不同，只要有政府推动，在上述三大理由之下，债转股不可避免地带有“行政性”，要么需要动用主权信用，包括财政注资、担保或中央再贷款，要么需要税收、土地或其他公共资源的支持，当然，还少不了必要的政治决策程序，在我国，更不知道要再度引出多少道行政审批程序来，尽管“简政放权”改革如火如荼地进行。这里不便讨论被一再压减的行政审批事项当初是怎么创制出来的这回事，只是假定政府推动的债转股是真的贯彻党的十八届三中、四中、五中全会而不是虚文应景，是真的遵循“市场化”和“法治化”而不只沦为托词，那么应该怎么做呢?

第一，将重点放在制度规则改革和完善上。如果因为市场受到抑制，陷于债务危机的各方本可实现多赢的交易无法达成，政府需要做的就是拆除壁垒、清理障碍，培育现代金融的发展，营造现代市场经济的环境；如果因为法律规则存在缺陷或根本无法可依，或者这些法律实施中存在重重困难，政府需要做的是加快完善立法、严格执法，包括公司法、破产法、证券法、商业银行法等等相关法律法规，树立现代市场经济规则的权威。这样，我们看到的应该是全国人大关于加快立法修法的讨论，政府出台严格执法的方案，司法机关公正高效受理和裁决案件的措施，等等。

第二，严格划定对债务企业或金融机构获得政府救助的时限和界限。可以考虑就政府对市场主体实施救助制定专门的法律法规，明确公权力介入民商事关系的依据，以公共资源注入商业领域的条件、时机和程序，这些政策的有效时限，避免道德风险、跟风攀比并使政府长期无法脱身。这里仍以美国为例。2008 年底至 2012 年美国政府救助 AIG 之后，根据一项修改后的法案，美联储未来若要救助金融公司，只有在一种普遍的、至少同时涉及五家实体机构的情境下才可以。这反映了美国国会 2010 年多德－弗兰克金融改革法案的立法意图，即：阻止美联储援救个别公司。2015 年 11 月 30 日，美联储采取最后步骤，以确保自己不再像 2008 年援救 AIG 那样对金融机构实施救助，针对其帮助面临倒闭风险的金融公司的能力出台了严格限制。这意味着，金融危机期间“AIG 式”的救助不会再出现，其他金融机构不必抱有侥幸攀比它。

第三，公开透明和严格问责。市场自发企业自主的债转股自然需要遵循现行市场化信息披露程序进行。但若动用主权信用，首先因为牵涉到公共资源配置，须按照法定程序，无论是资金注入、信用担保、税收等优惠还是行政认定和批准，都应经过公开答辩，充分披露信息。其次作为市场主体获得公共救助，必须有人、有机构付出相应的代价，而不能权利、行为仍一如既往。

例如，美国政府向 AIG 提供首批贷款后，即拥有权利否决该机构向普通股和优先股股东派发股息，实质上接管了 AIG。作为代价，AIG 的管理层还要被更换，必须服从严格的高管薪资和企业监管要求。随着后续两次大额救助资金的注入，AIG 还将旗下的公司交由政府托管，支付高于市场利率的“惩罚利率”，且规定美联储每隔六个月要审核贷款计划是否应结束。1984—1995 年期间，美国的储贷机构（saving & loan association）陆续陷入困境。政府的外部监管和救助机构介入，陆续持有了这些储贷机构的大量股权，有的干脆直接接管，然后清理或出售，不少被直接破产关闭。

更进一步，因为尽职不足，造成坏账的个人也要承担相应的法律责任，而不能轻松地以无辜者身份获得救助。在长达十二年的储贷危机处置进程中，大约有超过 1000 家储贷机构被关闭，大量储贷机构过失人员遭遇诉讼并被投入监狱。

第四，政府救助不能免费，尽可能通过市场价格、市场规则减少损失，甚至由财政从中获益。这方面我们应该总结上一轮债转股的教训，仍以欧美成熟市场经济中的做法为参考。如美国政府救助通用公司时，先后投入了 495 亿美元，后调整为股权（占 61% 股份）。截到 2013 年 12 月 9 日，美国财政部出售了所持有的全部通用汽车公司股票，完全退出该公司，其中以每股 27.5 美元的价格向通用出售了 2 亿股份，余下的 3 亿股份则通过公开市场出售给通用。这样，联邦政府对通用汽车公司援助款项回收了 390 亿美元，测算下来，损失估计约 100 亿美元。但在对 AIG 集团救助中，第一回合（至少共三个回合）的救助中，政府提供 850 亿美元资金，就获得了 AIG 认股权证以控制该公司 79.9% 的股份。最后，美国政府从 AIG 救助行动中获益达 227 亿美元，主要来自贷款利息收入、投资股息分红和 AIG 股票利得。

2016 年 5 月 9 日《人民日报》发表的权威人士谈话中讲道，“对那些确实无法救的企业，不要动辄搞‘债转股’，不要搞‘拉郎配’式重组，那样成本太高，自欺欺人，早晚是个大包袱”。至于去产能中过程中困难企业出路，谈话中提出“把人员的安置作为重中之重”，明确要“保人不保企”。这是说，按照政府四大宏观经济职能（促进就业、稳定物价、维护增长、平衡国际收支），政策的重点在于就业失业问题。“那些本身没有行政干预、市场机制发挥较好的领域，就别再去指手画脚了。”这样的大声疾呼，体现着对现代市场经济中政府与市场关系的深刻认识，以及在此基础上对现代政府职能界限的庄严坚守。要把贯彻党的十八届三中、四中、五中全会精神落在实处，在当前形势下，由政府推动债转股就“师出有名”，避免国内外各种猜测和议论，也可以抓住机遇，下决心根治银行信贷扩张—企业不良贷款累积—企业搞债转股—银行搞资产剥离—最终倒逼央行或财政兜底这样的体制性顽疾；立法上确定，若无紧急情形和法定条件，一律不得动用主权信用搞债转股；国有企业债转股方案须纳入深化企业改革方案中的主体内容，要借债转股之机推进企业股权多元化，使混合所有制改革迈出实质性步伐。

第六节　以债权银行为主导实施市场化债转股的设想

2016 年年初以来，是否应该、能否实施市场化债转股，引发多方议论。因为不少人由此联想到 20 世纪末国有企业三年脱困时实施的那次政府主导的债转股。不管当下如何评论，从尊重历史的角度还是应当承认，那次债转股使我国银行的不良债权和国有企业的不良资产都得到阶段性重组，从而使不少国有企业得到“重生”，自有其客观价值。但由于是以行政化手段推动，自然也存在一些值得反思的问题，如一些资产处置不合理、政府最终买单、银行和企业治理结构没有得到重整等。其中最大问题应是债权人利益和选择权未得到应有的尊重和保护。但是，政府主导的债转股并不是唯一的债转股方式，以债权银行为主导的市场化债转股仍是一种具有价值的债务重组方式。

一、市场化债转股是市场经济中化解债务的通行做法

所谓债转股，是债权人（主要是商业银行，但不限于商业银行）和债务人，经过某种制度安排，将债权人对债务人的债权转换为债权人所持有的债务人的股本。如果这种制度安排是债权人基于债权损失最小化和债务人自愿协商的结果，这就是市场化债转股。市场化债转股不过是债务重组的一种具体方式。一旦债务人不能履行还本付息的约定，债权人可以在减债、展期、债转股和破产清算这几种方式中根据债务企业具体情况进行选择，在市场经济中是化解债务危机的一种通常做法。如 2008 年国际金融危机后，德意志银行设计发行了一种应急可转债（Contingent Convertibles，俗称“CoCo 债券”）筹资，约定一旦德意志银行陷入流动性困难，债券即转为股权，以保证银行资本充足率和流动性。在巴塞尔协议Ⅲ规则刺激下，欧洲不少银行纷纷发行这种债券，目前规模已达 900 亿美元，仅瑞信一家 2015 年就达 193 亿美元。这种由现代金融市场支撑的市场化债转股，将越来越常态化。

近年来，我国也先后出现多起由当事双方自行协商确定的债转股。如 2014 年底，长航油运与债权人协商，进行了 65 亿元左右的债转股，进行股权重组和改造，2015 年第一季度就实现了扭亏为盈。2016 年 3 月，我国最大民营造船企业熔盛重工（现更名为华荣能源）也与 22 家银行债权人和 1000 家供应商债权人达成债转股协议。债转股前熔盛重工资产负债率超过 1.2 倍，若破产清算，债权人将损失惨重。而债转股后，债权人通过股权获得的回报达到债务的 66.5%。这种市场主体自主决策、平等协商下的债转股得到市场认可，最终实现多赢。因此我们对行政化债转股要分外谨慎，但对市场化债转股也不必过分戒惧，而应因势利导、依法规范、自主实施。

二、如何推动债权银行实施市场化债转股?

市场化债转股的核心是尊重债权人（银行）的权益。关键是尊重债权人对债权的处置自主权，而不是由其他人，更不是由政府部门越俎代庖。简而言之，尊重债权人（银行）对债权处置自主权的债转股就是市场化债转股。要消除债权银行的担心，调动债权银行参与债转股的积极性、主动性，关键是尊重债权银行的债权处置权和处置方式选择权。

在这种认识基础上，我们推荐债权人（商业银行）主导的市场化债转股方案。具体而言，要在以下几个环节上实现债权银行的主导。

一是债转股对象选择的主导权。对哪些债务人（企业）进行债转股，由债权人（商业银行）根据债务人（企业）的负债状况、经营前景自主选择、确定。

二是债转股金额的主导权。自己所持的债权全部还是一部分、多大部分转为股权由商业银行主导选择、确定，转股价格则由债权人和债务人协商确定。

三是债转股实施机构的选择权。是由商业银行自身或下属投资机构实施并持有股权，还是委托第三方资产管理机构实施和持有股权，由债权银行按照监管法律和运营成本自主确定。

四是债转股后股东权益行使方式的选择权。债转股后，商业银行以什么方式行使股东权利，是直接行使还是委托行使，由商业银行依据法律法规自主决定。

五是退出方式的选择权。债转股后，商业银行如要变现股权，则由商业银行和其他股东、债权人，以及债转股后的企业依照法律法规和资本市场状况，协商确定退出方式。

如商业银行选择自己实施债转股并作为持股主体，在这当中有一个法律问题需要解决，即怎样处理现行商业银行法和商业银行资本管理规则的问题。现行《商业银行法》第 42 条和第 43 条对商业银行有“不得向非银行金融机构和企业投资”和所转股权必须在“二年内予以处分”的规定；现行《商业银行资本管理办法》采用了国际通行监管规则（巴塞尔协议Ⅲ）标准，对商业银行的持股投资有关于资本充足率的门槛限制。实施由银行主导的市场化债转股，确实会遇到上述法律规则的限制。对此有三个选项：

一是修订法律，放宽限制。但修法时间长，修法中也会有不少争议，不利于当下问题的解决。

二是根据现行法律由国务院进行特别规定，放宽商业银行对实体企业持股条件。但是最新国际通行的银行业监管规则是在 G20 框架下达成的，我国已承诺遵守这一监管规则。因此这一做法同样存在问题。

三是由银行寻找相关机构代持股份，或者由银行成立从事资产管理的“木偶公司”，由后者代持由债权转化的企业股权，行使股东权利。条件成熟后，由代持公司将股权通过适当渠道转让或由债转股后的企业回购等方式，实现商业银行股权的退出。在目前情况下，这种方式似可以避免银行面临的法律和法规的障碍，可较快实施商业银行主导的市场化债转股。

三、实施债权银行主导的市场化债转股时政府能做什么、应做什么？

实施由债权银行主导的市场化债转股，政府也不是无所作为。政府要做的主要是为市场化债转股创造好的法制环境和资本市场条件。

一是严格依法办事。政府部门要切实按照公司法、破产法、商业银行法等现代市场经济和现代金融监管的法律法规办事，尊重债权人和债务人的合法权益，尤其是债权人的债权处置权。提高执法能力和司法审判效率，增强司法透明度，严格依法处置任何形式的借债转股之机逃废债务的行为。

二是修订和完善法律法规。相机修订法律或对商业银行法进行特别解释，或对资本管理条例的适用条件作出具体规定，使市场机制在化解债务危机时保持一定的弹性，发挥应有的功能。

三是支持国有控股商业银行核销不良债权和呆坏账。现代市场经济中债权债务关系越来越复杂，由于经营状况的变化，商业银行出现呆坏账和不良债权在所难免。政府财政部门要支持商业银行依法依规及时处置不良债权，核销呆坏账，实现“轻装瘦身”。

四是发展多层次资本市场，为转股债权的退出创造条件。借鉴欧洲国家做法，允许商业银行发行类似 CoCo 债券的资本工具筹资；规范发展资产证券化市场，允许银行通过资本市场转让信贷资产；允许包括保险、证券、资产管理公司等非银行金融机构，以及小贷公司、村镇银行、民营银行等新型金融机构有序进入信贷资产流转市场，为转股后的债权最终退出打造更多的交易主体；稳妥发展中小板、新三板资本市场，加强信息披露，加强交易行为监控，为债权和股权交易打造更多平台，提高债转股后股权的流动性。

总之，实施以债权银行为主导的市场化债转股，可以避免筹资来源和实施机构之争，可以化解转股企业的行政审批之弊，也可以避免动用主权信用和引发道德风险之议。在这个过程中，政府致力于维护和实施法律以提升资本市场功能，通过有效治理以营造良好的市场环境。这样做也就可以使债转股成为利用市场机制化解债务危机的通行渠道。

第六章 我国非金融企业杠杆结构性问题

我国经济应该去杠杆还是加杠杆？基于对1998—2013年期间近400万个我国规模以上工业企业负债率的分析，本章提供三个方面的证据以初步回答这一问题。第一，杠杆率高在哪里？我们发现：在这十六年的时期内，样本企业呈现出了显著的、整体性的去杠杆趋势，平均负债率从1998年的65%持续下降到2013年的51%；与此同时，显著加杠杆的是数千家大型、国有、上市的企业。第二，杠杆率的变化是否有着企业基本面的支持？我们发现：这段时期内，样本企业的一些重要特征发生了显著变化，包括经营性风险上升、有形资产比例下降以及盈利能力提高，这些变化都和负债率的整体下降是一致的。我们进一步发现，私营企业的企业特征与其负债率之间的关系与西方企业高度一致，然而企业层面的因素却不太能解释国有企业的负债率。第三，资金供给方是如何影响企业的负债率的？我们的分析结果显示：一方面，资金配置对于国有企业的偏向性越来越强；另一方面，负利润的“僵尸企业”更容易得到贷款的现象在2008年之前可能就存在了，而2008年之后更加显著。基于这些结果，我们认为：以私营企业为主的一部分企业，其融资决策整体上是市场化的，对于它们应该保证充足的资金供给（加杠杆）；而同时，应尽快停止给低效的国有企业提供信贷（去杠杆），削弱非市场化的力量，让新增的贷款配置到最有效率的企业中去。

第一节 背 景

据中国社科院和各种机构的测算，截至2015年底，我国债务总额达到了

168 万亿元，债务总量与 GDP 的比值达到 249%。[①] 于是，有关中国经济应该去杠杆还是加杠杆的讨论成了一个全球性的热点问题。不过，对于中国这样一个结构性问题突出的经济体而言，任何大而一统的结论都可能会是有偏的，而统一的政策措施都可能会是低效的。在去杠杆这个具体的问题上，简单地讨论我国的整体杠杆率过高或者过低是难有定论的，因为从两方面都能够找出论点和论据来。比如，认为我国杠杆率过高的观点，其背后一个重要的证据是近年来我国广义货币供应量 M2 达到了 20 万亿美元，在绝对值上超过了美国、欧盟等，与 GDP 的比值达到 200% 以上。然而，在总杠杆率不断攀升的情况下，我国中小民营企业融资难、融资贵的问题似乎没有显著的改善；同时，整体经济又迫切地需要向着创新驱动的方向转型，需要金融的支持。这些情况都构成了中国应该继续加杠杆的理由。诸如此类的争论是很难得出结论的。或许，与其泛泛地讨论中国经济的"最优杠杆率"在哪里，不如首先去搞清楚一些基本的事实，诸如：分部门、分行业、分地区、分企业所有制、分时期，杠杆率到底高在哪里？

近期不少报告都指出：分部门（企业、居民、政府）来看，我国非金融企业的负债是最高的，并且是在 2008 年之后迅速上升的。2004—2008 年期间，这类债务占我国 GDP 的比重不到 100%。2010 年达到 105.4%，超过所有其他主要国家（李扬等，2012）；后面几年中继续飙升，2015 年 6 月达到了 163%。[②] 根据 Standard and Poor's（2014）的估计，至 2013 年底，我国非金融企业债务总量为 14.2 万亿美元，已经超过美国同类债务的总量（13.1 万亿美元）；他们进一步预测，至 2018 年底，我国企业债务将足足占到全球企业债务总量的 1/3 以上。

发展中国家在高速发展的过程中通常都会伴随着企业部门负债的上升，就这点而言，中国并不是一个特例。因此，我们需要更仔细地分析以回答一个问题：我国非金融企业杠杆率的上升是否有经济基本面的支持？尤其是考虑到，在过去十几年中，随着我国快速的市场化进程，我国企业的一些主要特征发生了非常显著的变化。比如，企业的盈利能力有了显著的提升（见图 6 - 14）。一个企业的盈利水平提高，在外部借更多的钱是合理的，因为它预期未来的现金流能够偿还

---

① 见国务院新闻办公室吹风会：http://finance.sina.com.cn/roll/2016-06-15/doc-ifxtfmrp2071493.shtml；以及《金融时报》报道：http://www.ftchinese.com/story/001067266?full=y。

② 黄益平：《破解中国高杠杆陷阱》，财新网，2016 年 3 月 14 日。

更多的债务。[①] 过去十几年中，以大型国企为主的我国一部分企业经历了快速的资本深化过程；通俗地说，就是它们的固定资产更加多了。这些企业在外部借更多的钱也是合理的，因为它们的抵押物多了，若它们还不出钱，可以卖掉固定资产。诸如此类的杠杆率的提高是有经济基本面的支持的。

反之，各界普遍担心的杠杆率的上升是没有经济基本面支持的。比如，近期很多讨论中都提到了国有“僵尸企业”，这些企业的盈利水平很低甚至一直是负的，但却能够持续地从银行体系得到贷款。与此同时，大量盈利水平高得多的私营企业却借不到钱。这些现象就引致了对于资金供给方是如何配置资金的巨大疑问，尤其是银行体系。“僵尸贷款”一词源于一篇研究日本20世纪90年代初股市楼市泡沫破灭后银行贷款行为的论文（Caballero, Hoshi, and Kashyap, 2008）。该文章发现，日本的银行业持续给亏损的企业贷款。这种“持续开绿灯”（ever-greening）的反常现象一方面是由日本的主银行制度导致的，在困难时期一个集团的主银行需优先给集团内部的子公司提供贷款；另一方面和当时日本参与了巴塞尔协议有关，日本的银行为了保持一定的核心资本充足率，就不断给亏损企业续贷，以免将之前的贷款记为坏账。

那么，我国的银行倾向于借钱给国有企业、甚至包括低效的国有企业，背后的原因又是什么呢？我们认为，可能有以下几方面。第一，正如前述，国有企业通常有着更多的厂房和设备，可以用作抵押物；出于这种动机的银行放贷是符合利润原则的，也是有基本面支持的。第二，因为国有企业有着政府的“背书”或者“担保”，如果它们还不出贷款，则政府会偿还；放贷若是由于这个原因，则个体银行是理性的，但是贷款却可能没有企业的经济基本面的支持。第三，出于国有银行的“政策性”责任，如国有银行需要全力支持、配合重大经济政策的执行。这类的放贷往往是不符合银行利润最大化的原则的，也往往缺乏基本面的支持。现实中，银行的放贷行为可能会同时出于上述原因中的多种。因此，虽然能够罗列出这几种可能性，但是实证上要检验、确定银行放贷的具体动机，区分哪些贷款符合效率原则、而哪些是资源的错误配置和效率的损失，这是个更加困难的问题。

上面我们提出了三个问题。对于这些问题，听到的陈述不少，但看到的证据

① 当然另一方面，盈利水平高的企业因为自身能够产生足够的现金流，因此往往对于外部资金的依赖更低。

很有限，大部分相关的研究或是考察宏观层面的数据，如全社会融资总量；或是考察上市公司的数据（Zhang et. al，2015）。宏观层面的数据不能回答上述微观异质性的问题，更难用来探究微观的机制。而上市公司是我国几十万规模以上企业中外部融资约束最小的那一小部分企业，那么，占企业整体中的大部分的非上市公司获得外部资金的情况又如何呢？

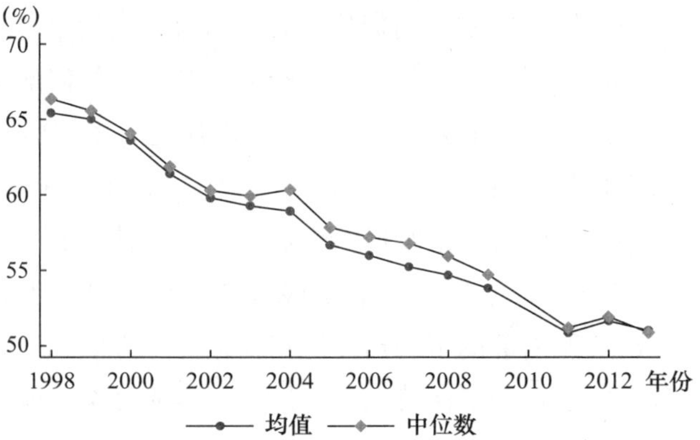

图 6－1　我国企业的负债率（1998—2013 年）

基于 1998—2013 年间我国所有规模以上工业企业的数据，本节考察我国企业杠杆率的变化，并初步回答上述问题。沿着提出问题的步骤，我们首先试图搞清楚一些基本事实。为此，我们分析了这套数据中近 400 万个企业样本的平均负债率（即负债总计/总资产）。从图 6－1 可知，平均负债率从 1998 年的 65% 持续下降到 2013 年的 51%，十五年间下降了 14%，平均每年下降近 1%。进一步，在图 6－2 和图 6－3 中我们按不同的期限把债权作了区分：平均短期负债率（短期负债/总资产）从 1998 年的 55% 下降至 2013 年的 47%，平均长期负债率（长期负债/总资产）从 1998 年的 11% 降至 2013 年的 6%。即：对于总负债的下降而言，短期负债率贡献了更多；而考虑到长期负债的初始水平很低，它下降的幅度要大很多。此外，长期负债的平均数和 75 分位数在 2008 年之后都略有上升，但中位数一直为 0，说明一半以上的样本企业始终无法得到任何长期负债。

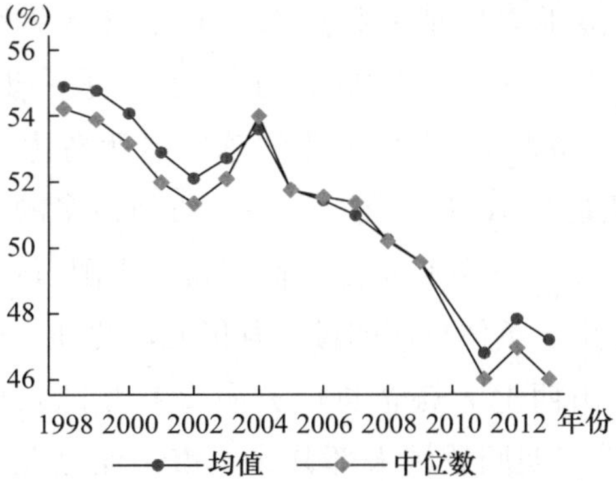

图 6－2　我国企业的短期负债率（1998—2013 年）

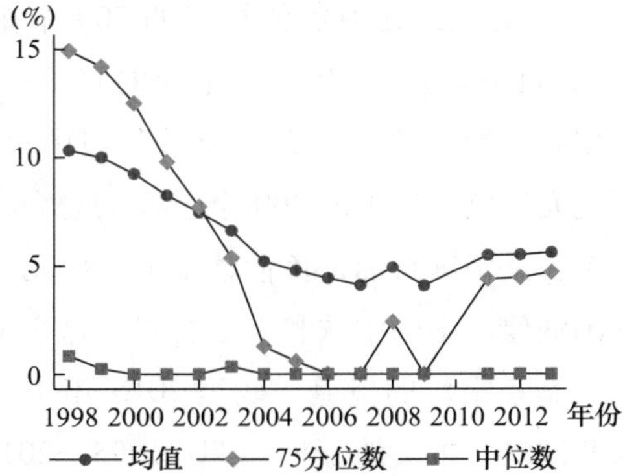

图 6－3　我国企业的长期负债率（1998—2013 年）

其次探讨“哪些企业的负债率高了、哪些低了”这个问题。我们对全样本按不同的口径进行分类，并给出详细的统计描述。经过反复考察，确定了以下六组事实：

事实 1：在样本中连续存在时间越长的企业，负债率下降的幅度越小。

事实 2：大企业的负债率小幅下降，而中小企业的负债率显著下降。

事实 3：重工业企业负债率的下降幅度一般要比轻工业企业小很多。公用事业企业的平均负债率呈上升趋势。

事实 4：东北和中部地区企业的平均负债率下降的幅度最大，超过 20%；东部发达地区企业的平均负债率相当稳定。

事实 5：国有企业的平均负债率始终高于私营企业，私营企业基本高于外资企业。在各类企业中，国有企业平均负债率的下降幅度最大。然而，存续时间长的国有企业的平均负债率是稳定的并且在 2009 年之后上升。

事实 6：在主板上市的制造业企业的平均负债率不断上升，2009 年之后超过非上市公司。

这些事实虽然是简单的统计描述，不过，对于讨论我国的杠杆率问题却可能提供了一些重要的事实基础，也纠正了一些现有的“主流”观点。第一点，近几年中，大量媒体以及机构的报告都聚焦于金融危机后我国负债率“屡创新高”，并给人一种“中国企业的负债率普遍都在上升”的错觉。其实，负债率的上升主要集中在几千家企业上，其中大部分是大型、国有、上市公司。2013 年，在本文所使用的工业企业数据库中总共有 35 万家企业，所有企业的负债总额为

49.1 万亿元，其中负债最多的 500 个企业的总负债就超过 1/4（为 13.5 万亿元），负债最多的 2000 个企业的总负债接近一半（为 23.5 万亿元）。进一步，根据我们的计算，2015 年上市公司中负债最多的 50 个企业的总负债就高达 11 万亿元，负债最多的 300 个企业的总负债达到 16 万亿元；其中，负债最多的单个企业是中国石油，负债整整 1 万亿元；排名 2—6 位的是中国建筑、中国石化、中国铁建、中国中铁和中国交建，这 5 家企业负债总额超过 3 万亿元。此外，根据《新京报》的报道，截至 2015 年末，山西七大煤企总债务逾 1.1 万亿元①。与此同时，本文的分析强调：1998—2013 年期间我国大部分非上市工业企业的负债率都在不断下降。一直到近期，这十六年间所呈现出来的显著的、整体性的"去杠杆"趋势在各类报告中几乎是被完全忽略的。第二点值得特别关注的是：在获得贷款方面，国有企业内部出现了分化。国有企业作为一个整体的平均负债率在显著下降，而只有一小部分国有企业的负债率显著上升，它们包括连续存在的国有企业、公用事业领域的企业和上市的国有企业，这些都是比较稳定的、大型的国有企业。从这个结果来说，这十几年中实施的国有企业改革似乎打破了中小国有企业的预算软约束，然而大型国有企业依然很容易得到资金；这可能是"抓大放小"政策的结果。

在确立了基本的事实之后，我们试图回答"负债率的变化是否有经济基本面的支持"这一问题。为此，我们借鉴西方资本结构的文献，首先考察决定企业债权融资的六个重要的企业特征的变化。我们发现，我国企业在 1998—2013 年这段时期内平均规模不断变大，经营性风险不断上升，有形资产（主要包括固定资产和存货）的比例不断下降，并且盈利能力不断提高。这些变化都是我国经济整体朝着市场化方向的转型在微观企业层面的反映——在国内国外的产品市场上遭遇的竞争越来越激烈，所以经营风险越来越大，而同时存留下来的企业的盈利能力越来越强，规模也越来越大；此外，市场竞争也迫使企业采用更加符合比较优势的方式来生产，因此我国企业不断向着劳动密集型、轻资产化的方向转型，这一变化显著地体现在有形资产占比的不断下降上。

我们随后借鉴西方资本结构文献中的标准回归模型来考察这些变量与负债率之间的关系。我们发现，在私营企业的样本中，回归结果和西方文献高度一致，

① 《山西七大煤企负债 1.1 万亿 靠政府补助发工资》，http://news.163.com/16/0517/04/BN87G64V0001124J.html#fr=email。

并且企业特征的变化与负债率的变化一致。比如：（1）企业经营性风险与负债率负相关，因而经营风险的上升可能导致了负债率的下降；（2）有形资产是债权融资的抵押品，与负债率正相关，因而有形资产比例的下降可能导致负债率的下降；（3）企业的平均利润率与负债率负相关，即内部现金和外部融资是替代关系，因此利润水平的上升可能也是负债率降低的原因。然而，在国有企业的样本中，除了利润率以外，其他一些重要的企业特征变量都不显著；这就是说，我们不太能够以企业特征的变化来解释国有企业负债率的变化。此外，我们粗略计算了样本企业近些年的“利息支出/利润总额”，发现国有企业大部分的利润都要用来偿还利息。我们由此得到初步的结论：私营企业的融资决策符合市场化的原则，而国有企业的融资决策中却有着更多非市场化的因素，即缺乏经济基本面的支持。值得一提的是，这一结论也与另一个 2008 年危机后出现的重要现象一致，即国有企业大量参与影子银行[①]。说明这些企业自身没有很好的投资机会，却从金融体系中以较低的成本借了大量的钱，后转手借出（比如给私营部门）以从中获得利差。这也从侧面证明，这些国企的负债率过高了。

接下来一个自然的问题是，这些企业过高的负债是怎么形成的呢？样本企业大部分是非上市公司，它们负债融资的最主要来源是银行贷款。那么，为什么银行会大量借钱给这些低效的国有企业呢？为此，在探讨了企业（需求面）的因素与负债率之间的关系之后，我们试图再考察一下供给面的影响，初步回答“我国银行业提供的贷款是否符合利润原则”这个问题。然而，正如之前所述，要将资金的需求面因素和供给面因素区分开来，或者说清楚“是企业自己不需要借钱，还是想借钱而借不到”，根据现有的数据是非常困难的。因为需求和供给是同时发生作用的，而我们只能看到“均衡”的那个结果。为此，我们使用两种计量策略来对这个问题给出初步的回答。

首先，我们在充分控制了每一年的企业特征以及每一年地区和行业层面的影响之后，估计企业的国有属性对于企业负债率的年度影响。我们发现，相比私营企业，国有属性所对应的获得贷款上的优势越来越大。在 2009 年之后，仅仅是因为一个企业是国有的，它的负债率就要比私营企业平均高 6%，到 2013 年更是达到了 8% 左右。我们认为，这一结果说明，我国银行体系配置信贷的倾斜性

---

① 《国企影子银行盛行》，http：//finance. sina. com. cn/money/bank/bank _ hydt/20110910/121410464849. shtml。

和偏向性越来越强。

其次，我们以地级市层面的贷款余额来度量一个地区外生性的资金供给情况，并考察其在2008年前后与不同所有制企业的负债率之间的关系。我们最主要的发现是：2008年之前，一个地级市的贷款越多，该地区所有企业的负债率都显著提高，但是利润率为负的国有企业的负债率更高，即给国有“僵尸企业”贷款的现象可能已经存在了；而这一关系在2008年之后进一步显著增强。这些发现说明，我国银行在给国有企业提供贷款时，并不是完全遵循利润原则的，而是由政府隐形担保或者由银行的政策性负担（林毅夫、李永军，2001）所驱使的，即前文所述的政府为国有企业“背书”或者“担保”、国有银行的“政策性”责任的原因。这一结果也支持前文所述的一个观点：当央行实行宽松的货币政策时，我国金融体系的传导是有偏的——资金并没有都流向健康的、需要资金的企业，反而增加了对于低效企业的资金供给，加剧资源的误配和日后不良贷款的隐患。事实上，从2013年下半年开始，我国商业银行不良资产率持续上升。[①] 且各界都认为，官方提供的银行不良资产率存在严重低估的可能——如同日本的银行，我国银行为了保持账面上的核心资本充足率而持续放出“僵尸贷款”。根据我们的计算，2013年在我们样本中有5%以上的贷款存量是由资产小于负债的企业所持有的，若以利润小于利息为标准则更多。这些都说明，在配合4万亿刺激经济计划中，我国银行体系配置信贷资源不完全符合利润原则。

本研究和已有的对于我国企业的资本结构的研究有着显著的差异。已有大部分研究是将西方文献中对于资本结构理论所做的实证检验直接应用于中国企业，考察“融资优序理论”和“权衡理论”等主流资本结构理论对于我国企业负债率的解释力。[②] 比如，Chen（2004）发现，我国上市公司的资本结构并不符合经典的“融资优序理论”，它们的融资次序是：留存收益、股权融资、债权融资。

---

① 参见《银行不良资产证券化被迫重启》：http：//paper. people. com. cn/gjjrb/html/2016 - 03/07/content_ 1658917. htm。

② “权衡理论”（trade - off theory）认为，企业使用债权融资可以获得税收抵减等收益，但也带来了破产风险的提高等成本，企业在这些成本和收益中做出权衡并得到一个“最优负债率”。另一种解释负债率的主要理论是“优序融资理论”（pecking order theory）。它认为，企业的融资选择主要是由融资成本决定的，而信息不对称以及相关的交易费用使得各种融资方式按成本从小到大来排序一定满足这种顺序：内部资金、外部债权融资以及外部股权融资；企业只有用尽了一种融资方式之后才可能按次序去使用下一种方式来融资。

Chen and Strange（2005）发现，与“权衡理论”的预期不同，我国的上市公司并未显示出一个稳定的“最优负债率”。Newman et al.（2012）考察了1539个浙江省的私营中小企业，发现企业规模和负债率正相关、企业利润率与负债率负相关，这和“融资优序”理论的预期是一致的；然而，固定资产的比例与负债率之间的关系不显著。另一些文献重在检验决定发达国家中企业资本结构的主要因素是否同样可以解释我国上市公司的资本结构。比如，Huang and Song（2006）发现，我国上市公司的负债率与企业规模、固定资产比例、利润率、非债务税盾和成长性之间的相关性基本与发达国家的实证发现一致；比较大的一点区别是，我国上市公司的长期负债比例很低。Bhabra et al.（2008）专门考察了上市公司的长期负债率，发现该比率与企业的规模和有形资产的比重正相关，而与利润率以及成长性负相关。肖泽忠和邹宏（2008）发现，发达国家中企业负债率的几个重要决定因素在中国上市公司中同样重要；但背后的作用机制可能不同，尤其是，盈利能力与负债率之间的负相关性是因为我国盈利的公司更容易发行股票来筹集资金。与上述这些研究相比，Li et al.（2009）的研究考虑了更多我国独特的制度性因素，也是与本文最为接近的一篇文献。他们考察的样本是2000—2003年期间工业企业库中企业的资本结构。他们发现，国有和私营企业比外资企业的负债率更高；此外，在法制环境和银行体系更发达的地区，企业的总负债率更低。从本质上来说，已有的这些文献关注的都是“截面”上的差异。与它们都不同的是，本文着重考察的是“时间序列”上的变化——在我国整体经济结构转型的大背景下理解我国企业负债率的显著变化。如同后文中将要汇报的：在1998—2013年这段并不长的样本期间内，我国企业的负债率和重要特征都发生了极其显著的变化。这或许只会在类似于中国这样的高速转型国家中才会出现。在美国等成熟经济体中，无论是企业的融资还是主要特征都要稳定得多，因此西方有关企业资本结构的研究自然就更多关注于截面上的差异。

此外，本文和大量的有关资本结构的研究相关。近期国内外有不少文章对于这一大块文献做了整体性的回顾和反思（如：朱武祥等，2014；Graham and Leary，2011），限于篇幅本文仅引用其中最相关的文献。本文的目的不是检验或者发展西方的资本结构理论，而是意在对我国当下“是否要去杠杆”以及“如何去杠杆”这些问题提供有价值的分析和建议。对于这个复杂的问题，本文的研究还是比较初步的。不过，我们的结果说明，完整的回答应该至少包括两个部分。第一，以私营企业为主的一部分企业，其融资决策整体上是符合市场化的原则；对于这些企业而言，应该保证充足的资金供给，让有基本面支持的企业能够借到钱。第二，以国有企业为主的另一部分企业，其负债的决定因素中存在大量“非市场化”因素；要尽快停止给低效的国有企业持续输血，让新增的贷款配置到最有效率的企业中去；同时，用出售国有企业“存量”资产的方式来偿还“存量”负债。此外，我国高杠杆是一个结构性的问题——大量负债集中在很少数企业上。对于这样的问题，大而一统的货币政策，无论是紧缩的还是宽松的，都可能会是低效的，甚至会加剧已有错配问题的严重程度。有效的政策必须逐步纠正现有金融中介、尤其是银行体系配置资金的低效，并削弱非市场化的力量。在当前我国整体经济结构转型的大背景下，增量资金的配置效率事关我国未来中长期的经济增长的潜力。

第二节　哪些非金融企业的负债率高了？哪些低了？

一、数据

本文使用的企业层面的数据主要来自于1998—2013年期间的工业企业数据库（其中，2010年的数据缺失），原始数据的总观察值个数为3 911 364个。我们首先检查基本会计恒等式，要求“总负债＋所有者权益－总资产”的绝对值小于总资产的1%，删除不满足这个式子的观测值82 783个。然后检查总负债恒等式[①]，要求“总负债－短期负债－长期负债”的绝对值小于总资产的1%，删掉不满足这个式子的观测值203 920个。再删除掉流动负债大于总负债的观测值4 774个，删除掉长期负债大于总负债观测值3 314个，删掉主营业务收入小于0的30个观测值，再删掉缺失回归变量的观测值82 197个，最后得到的样本总数为2 325 703个。此外，本文中的一些分析使用了1998—2013年上市公司的数据。这些数据来自于国泰安数据库，我们删除了非工业行业样本，并剔除了中小

① 在2008、2011—2013这几年的数据中，短期负债和长期负债数据的缺失较多，对于负债恒等式的校对只考虑非缺失样本。

板和创业板公司，最后得到的总样本个数为 20 306 个。我们对每一个企业层面的变量都做了 1% 和 99% 的缩尾（winsorize）处理。

二、分组统计描述：六组事实

在这一部分，我们以统计描述的方式给出六组有关中国企业负债率变化的事实。这些事实是我们试图回答“去杠杆还是加杠杆”这一问题的基础。

事实 1：在样本中连续存在时间越长的企业，负债率下降的幅度越小。

事实 1 是我们按企业在数据库中连续存在的年份来对全样本进行分组考察而得到的结论。我们将企业分成了四组，分别表示：企业连续存在了 3、7、11 和 15 年以上。图 6 – 4 中描绘了这些分样本的平均负债率的变化。其中我们看到：连续存在 3 年以上的企业组在 1998 年的平均负债率是 67%，至 2008 年降到 48%，下降了 19%；而连续存在了 15 年以上的企业组的平均负债率在这段时期内从 58% 下降到了 54%，仅下降了 4%。

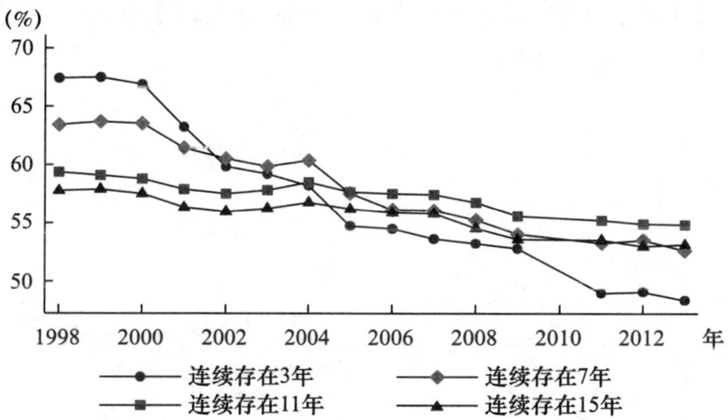

图 6 – 4 负债率按企业连续存在年限分组

事实 2：大企业的负债率小幅下降，而中小企业的负债率显著下降。

事实 2 是我们按企业的规模来对全样本进行分组考察而得出的结论。大企业与中小企业的划分是按照 2003 年国家经贸委、国家计委、财政部、国家统计局研究制订的《中小企业标准暂行规定》，我们将从业人员 2000 人以下、或营业收入 3 亿元以下、或者资产规模 4 亿元以下的样本划为中小企业，否则为大企业。图6－5显示，大企业1998年的平均负债率约为61%，中小企业为65%；到2013年时，大企业的平均负债率降至57%，而中小企业下降至51%。即中小企业的负债率有明显的下降趋势。

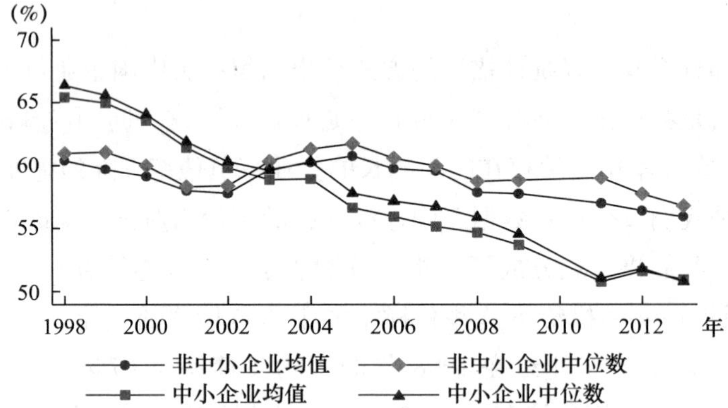

图6－5　负债率按企业规模分组

事实3：重工业企业负债率的下降幅度一般要比轻工业企业小很多。公用事业企业的平均负债率呈上升趋势。

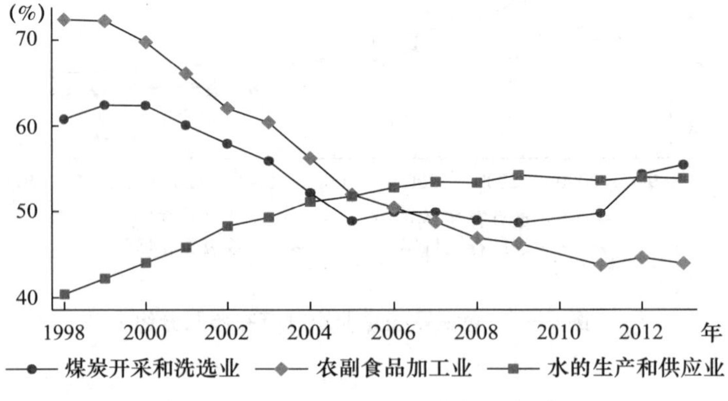

图6－6　负债率——三个典型行业

事实3是我们按企业所在的行业对全样本进行分组考察而得出的结论。我们按国民经济行业分类标准的二级行业将所有样本企业分成了39组。由于组数很多，我们不能一一汇报统计描述的结果。整体上，我们观察到重工业企业的平均负债率下降的幅度要小很多。图 6 – 6 中汇报了几个典型行业的平均负债率。其中，农副食品加工业从 1998 年近 72% 骤降到 2008 年的 47%。而属于重工业的煤炭开采和洗选业的负债率从 61% 降至 2009 年的 49%，随后又上升至 2013 年的 58%。此外，公用事业企业即包括电力、热力、燃气和水的生产和供应类企业的平均负债率都有一个显著上升的趋势。图 6 – 6 中显示，水的生产和供应企业的平均负债率从 40% 上升至 55%。

事实 4：东北和中部地区企业的平均负债率下降的幅度最大，东部发达地区企业的平均负债率很稳定并稍有上升。

事实 4 我们是按企业所处的省份对全样本进行分组考察而得出的结论。图 6 – 7 显示，东北、中部和西部地区的平均负债率在 1998 年时非常接近，都在 69% 左右。然而，到 2013 年，东北和中部地区的负债率大幅度下降至 45% 左右，下降 24%；西部地区下降 14% 至 55% 左右。东部地区的平均负债率的下降幅度最小，从 1998 年 63% 下降至 55%。我们随后对每个省的平均负债率都做了考察，图 6 – 8 显示，北京的平均负债率非常稳定，上海和天津的平均负债率小幅下降，而沿海的广东和浙江两省的平均负债率稳中稍有上升；此外，西藏是所有省份中唯一的一个平均负债率显著上升的。

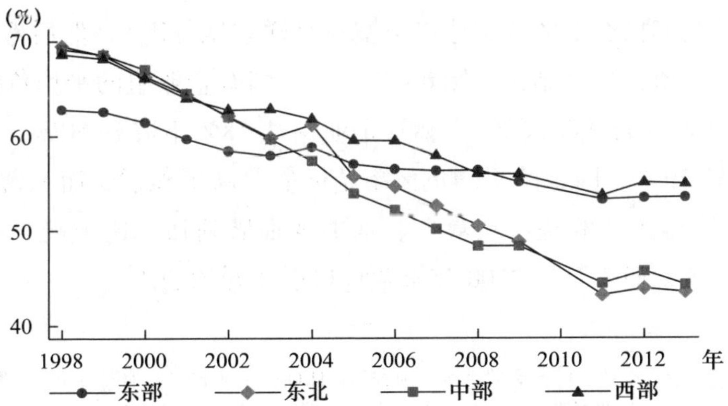

图 6 – 7　负债率——按企业所在地区分组

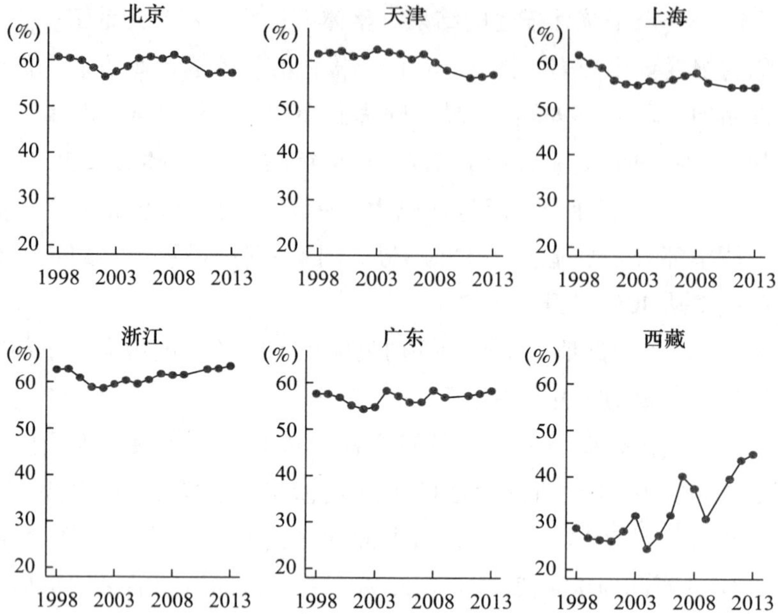

图 6－8　负债率——几个特殊的省份

事实 5：国有企业的平均负债率始终高于私企，私企基本高于外资企业。国有企业平均负债率的下降幅度最大。然而，存续时间长的国企的平均负债率是稳定并且上升的。

事实 5 是我们按企业的登记注册类型对全样本做分组①，然后考察每种所有制的平均负债率所得出的结论。图 6－9 显示，国有企业组的平均负债率从 1998 年的 73% 下降到 2013 年的 62%，私营企业组从 58% 下降到 50%，外资企业组从 55% 下降到 50%。国企的平均负债率始终显著高于私营，而私营基本高于外资。② 此外，值得注意的是：私营企业越来越难借到钱，这个趋势似乎从 2004 年左右就开始了，而不是从 2008 年金融危机后才开始的。③

---

① 国有组包括国有企业、国有联营企业、国有与集体联营企业和国有独资公司。私营组包括私营独资企业、私营合伙企业、私营有限公司和私营股份有限公司。外资组包括合资经营企业、合作经营企业、港澳台独资企业和港澳台商投资股份有限公司（港澳台商投资比例超过 25%）和中外合作经营企业、中外合资经营企业、外资独资企业和外商投资股份有限公司（其中外商投资比例超过 25%），混合组包括集体企业、股份有限公司（内资）和其他企业。

② 关于这个结果，Li et al.（2009）基于 2000—2003 年工业普查库的数据做了非常仔细的讨论。

③ 当然，金融危机显著影响了私营企业的出口，使其盈利能力下降，从而增强了它们对于外部资金的需求。这使得私营企业的外部融资约束问题更加突出了。

图 6－9 还显示，在 1999—2013 年期间内，国有企业的负债率的下降幅度是最大的。然而，关于企业的所有制和资本结构之间的关联，更有趣的结果是在图 6－10 中。图 6－10 提供的描述是对连续存在 15 年以上的企业做的，国有组从 1998 年的 59% 上升到 2013 年的 62%，而其他所有制企业组的负债率都是下降的。

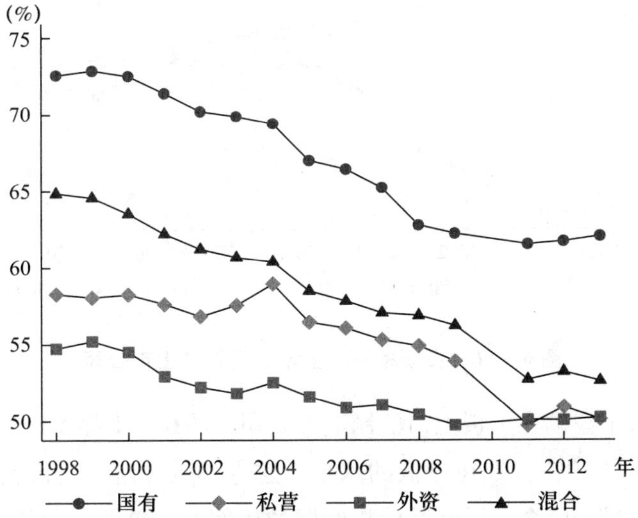

图 6－9　负债率按企业所有制分组

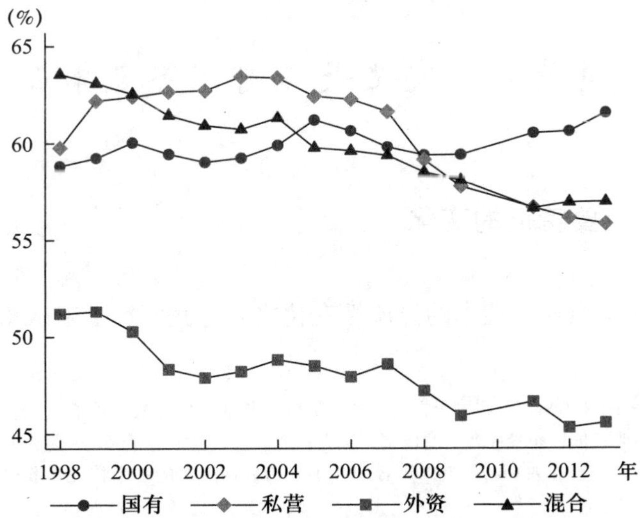

图 6－10　负债率连续存在 15 年样本且按所有制分组

事实6：在主板上市的制造业企业的平均负债率不断上升，2009 年之后超过非上市公司。

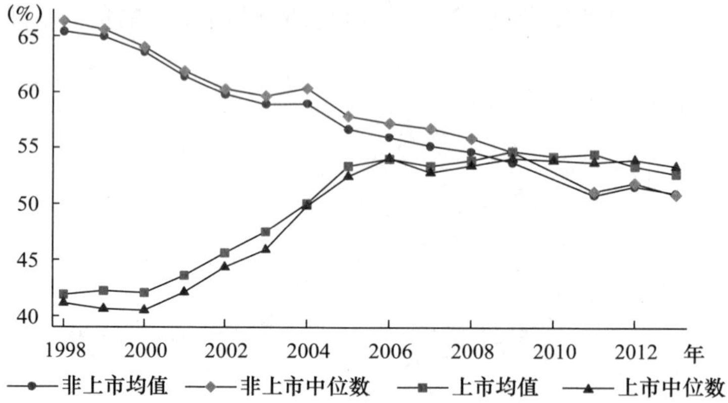

图 6－11　负债率——上市公司与非上市公司

事实6 加入了我国在主板上市的制造业公司。图6－11 显示，这些企业在 1998 年的平均负债率是 39%，处在较低的水平。这点不难理解，上市公司通过股权融资方式筹集到大量的资金，因此其债权融资的比例通常更低。[①] 然而，图 6－11 中更重要的一个发现是，上市公司的平均负债率在以一个很快的速度上升，在 2009 年达到 55%，和非上市公司的平均负债率相等，2009 年之后超过非上市公司。[②]

第三节　负债率的变化是否有经济基本面的支持?

一、企业重要特征的变化

在描述了我国企业负债率的异质性变化之后，我们接下来试图考察这些变化

① Huang and Song（2006）将我国上市公司的负债率与其他国家比较，他们发现，我国上市公司的总负债率和长期负债率明显低，而股权融资的比例明显高；他们认为其中的原因之一是当时我国上市公司的高估值。与之相关，有些文献（如 Chen，2004）提出我国上市公司融资的一个特征是股权融资优先于债券融资。

② 我国上市公司的负债率在这段时期内的上升被一些文献提及，比如 Huang and Song（2006），他们给出的解释是债券市场的发展，不过他们以及其他文献并未就此现象做深入的分析。

是否是由于企业特征的变化所导致的。为此，我们重点考察西方资本结构文献中通常检验的四个企业因素（参见：Rajan and Zingales，1995；Frank and Goyal，2003），包括：经营性风险（利润波动性）、有形资产占比、盈利能力和企业规模。此外，参照之前对于我国企业资本结构的研究（如：肖泽忠和邹宏，2008；Wu and Yue，2009），我们还考察税率以及非债务税盾。这六个方面在1998—2013年期间的变化报告在图6－13至图6－16中。

需要说明的是：（1）我们在这一部分的意图是想要回答“企业特征的变化是否是导致负债率变化的原因”这个问题。为此，我们更依赖于固定效应回归分析的结果，而不是描述性分析。不过，要严格地论证各个企业因素与负债率之间的因果关系，需要借助一些外生性的冲击以及细致的计量设定。从这点上来说，本文中提供的证据主要是相关性，因此是比较初步的。（2）两种主流的资本结构理论，即权衡理论和融资优序理论，对于这些变量与负债率之间的关系有着不同的预测。在此我们不详细复述，感兴趣的读者可以参考肖泽忠和邹宏（2008）的总结。（3）给定一个变量与负债率之间或正或负的关系，基于不同的理论可以给出不同的解释。为了避免意在区分不同理论的细节性的讨论，在下面的分析中，对于每一个变量，我们只给出一种我们认为最为直观的解释。（4）分析这些企业特征的变化，其本身对于理解我国这段时期内发生的整体性经济结构转型是非常重要的。然而，本文的关注点是，初步讨论这些特征在时间序列上的变化是否和负债率的变化一致。而对于造成这些特征变化的背后原因，我们只是提出一些猜测，不能视为严谨的分析和结论。

1. 经营性风险

图6－12首先考察企业经营性风险的变化，以企业在过去三年中的ROA的标准差来度量。图中显示，我国企业利润的波动性整体上在不断地增大；2008年危机后进一步飙升，而后稍有下降。经营性风险的整体增大一方面是因为我国国内产品市场的竞争趋于白热化，另一方面可能是由于我国企业更多地参与到了国际市场的竞争中。竞争的激烈使得单个企业越来越难以控制市场并保持稳定的利润率。利润的波动增强了未来现金流的不确定性，进而降低了企业获得外部资金的概率。因此，经营性风险的上升可能是导致负债率整体下降的一个原因。

进一步，图6－12还显示，存续时间越短的企业组经营性风险上升的幅度越大。比如，连续存在3年以上的企业组的经营性风险从2000年的4.9%上升到2011年10%以上；而连续存在11年以上企业组的经营性风险的变化幅度就要小很多。一个企业连续存在的时间越短，退出样本的概率越大，说明该企业有着较大的破产风险和违约概率，这也降低了企业获得外部融资的概率。因此，图 6－12 与我们在图 6－4 中所观察到的事实 1 一致，即存续时间越短的企业组负债率下降的幅度越大。

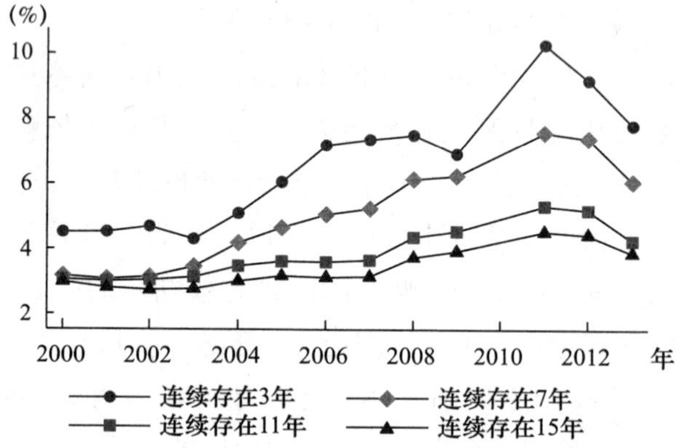

图 6－12　经营性风险——按企业连续存在年限分组

2. 有形资产占比

图 6－13 显示我国企业的有形资产（即固定资产净值与存货净值的总和）占总资产的比例在不断下降，从 1998 年的 63% 下降到 2013 年的 48% 左右，下降了 15%。其中，固定资产占总资产的比例下降了约 9%；存货的比例从 20% 下降到 14%，下降 6%。企业固定资产比例的下降是我国经济转型的一个重要表现，说明企业的生产方式在朝着更符合比较优势的方向转变——从计划经济体制下违背比较优势的资本密集型方式（林毅夫，2002）转向劳动密集型。而存货下降的原因比较复杂，可能是因为物流的改善，也可能是由于企业预期未来需求会下降。

无论是固定资产还是存货都可以作为债权融资的抵押物，因此有形资产的规模是决定一个企业借债能力的重要因素。有形资产的比例越高，企业—银行之间信息不对称的程度越低，而企业的借债能力越强，就越容易获得债权融资。因此，我国企业在 1998—2013 年期间有形资产的比例显著下降，尤其是固定资产比例的下降（或“轻资产化”的趋势）很可能是导致负债率整体下降的一个重要原因。①

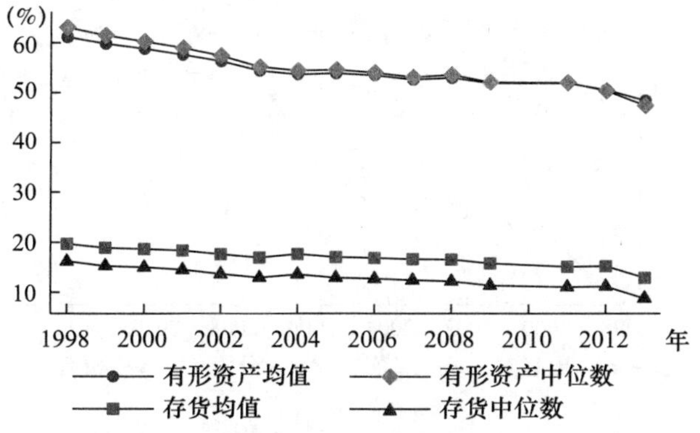

图 6－13　我国企业的有形资产占比

3. 利润率

图 6－14 描绘了分所有制、四个企业组的销售利润率（利润总额/主营业务收入）。我国各类企业的利润率整体上持续上升，至 2011 年达到一个局部顶点，之后开始小幅下降。分所有制来看：国有企业的平均利润率从 1998 年的－11% 左右上升至 2011 年的 3% 以上；而私营企业的平均利润率始终是四类企业中最高的，从 1998 年的不到 3% 上升至 2011 年的 6% 以上。

利润率水平的提高意味着企业的内部资金更多了，这降低了企业对于外部融资的需求。因此，我国企业的平均利润率水平的不断上升可能是整体负债率下降的一个原因。进一步，在四组企业中，国有企业利润水平的上升最为显著，这和图 6－9 中所观察到的国有企业的负债率下降幅度最大是一致的。

① 有形资产的变化也能解释我们在图 6－6 中观察到事实 3，即典型的重工业企业负债率的下降幅度低于典型的轻工业企业；这可能是因为重工业企业的固定资产比例下降幅度比较小。此外，图 6－3 显示，长期负债率下降的幅度更大。相比短期负债，长期负债对抵押物的要求更高。Bhabra et al.（2008）就考察了不同行业的我国上市公司的资本结构，他们发现，诸如制造业和公用事业等资本密集型企业使用更多的长期负债。因此，有形资产的下降也可能是个重要的原因。

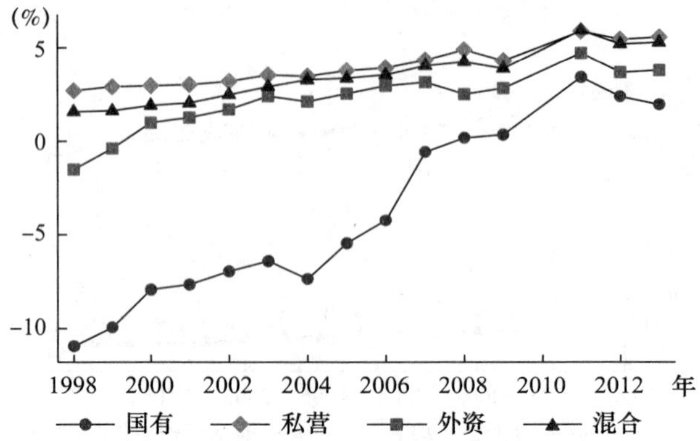

图 6－14　销售利润率——按企业所有制分组

4. 规模

图 6－15 中描绘了分所有制、四个企业组的规模，规模以总资产的自然对数来度量。它显示，我国企业的规模整体上都在变大。尤其是国有企业，从 1998 年到 2013 年期间，平均规模扩大了近 20 倍。通常越大的企业破产概率越低、而负债率越高。因此规模的变化似乎不能解释我国企业整体性的负债率下降。

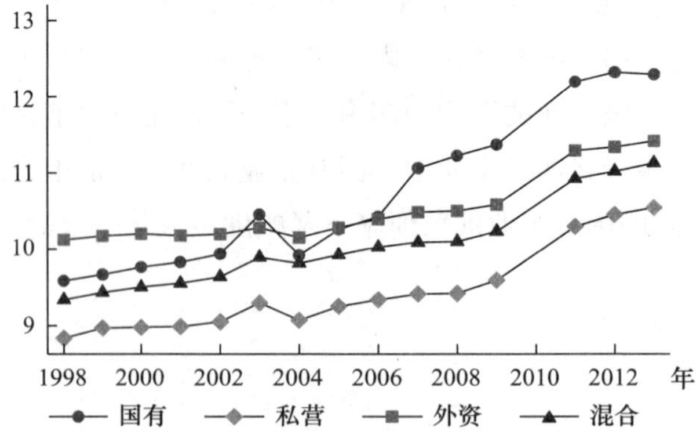

图 6－15　企业规模——按企业所有制分组

5. 税率

西方文献中发现，税率是决定企业资本结构的一个非常重要的因素。Wu

and Yue（2009）考察我国的上市公司，也发现税收的变化会导致负债率的变化。企业使用债权的方式融资需要支付利息，利息的支出降低了税前利润，从而降低了所得税。因此，债权融资可以抵消一部分的税收，即起到税盾的作用。税盾是权衡理论中所描述的企业负债的主要收益。

图 6－16 中描绘了我国企业的所得税税率（应缴所得税/利润总额）①。其中显示，全样本的平均所得税税率在 1998—2013 年这段时间内整体上是有所上升的。同时，我们也注意到，在样本企业中，有一定比例的企业应缴所得税为非正。为了排除这些企业的影响，我们在图 6－16 中又计算了应缴所得税为正的企业的税率。它显示，这部分企业的平均税率在 2006 年之前就稳定在 27% 左右，2007、2008 年税率显著下降，之后平均税率稳定在 22% 附近。简而言之，这张图中提供的信息显示，我国企业可供减免的税收源并没有显著下降，因此税收的变化似乎不是负债率下降的主要原因。

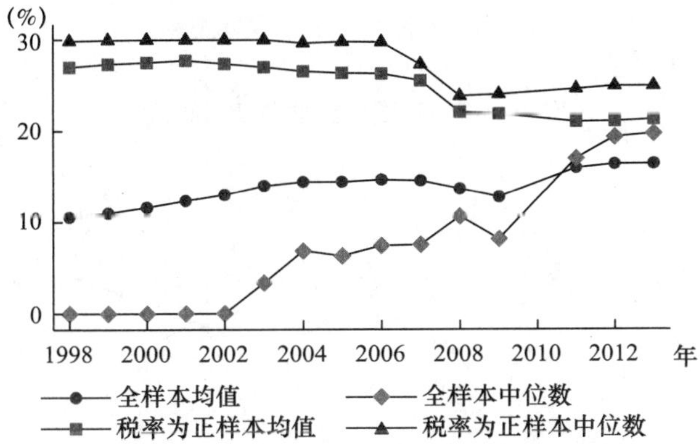

图 6－16　我国企业的应缴所得税税率

6. 非债务税盾

与税盾类似，折旧也可以降低企业的税前利润，从而降低企业应缴税收，因此被称为非债务税盾，与债务类税盾有互相替代的关系。图 6－17 中描绘了我国企业的非债务税盾，以“本年折旧/主营业务收入”来度量。图中显示，

① 严格来说，这里应该使用实际所得税税率（所得税费用/利润总额），然而工业企业库中没有这个指标，我们只能以应缴所得税总额来近似替代。在会计上，所得税费用包括了当期应缴所得税和递延所得税。

非债务税盾整体上显著下降，这与我们之前观察到的固定资产比例的不断下降是一致的。非债务税盾的下降应该提高了企业使用债务税盾来避税的动机。综合图 6 – 17、图 6 – 18 中所提供的信息，我国企业使用债权融资来规避税收的动机应该没有降低；而似乎税收上的考虑不是我国企业负债率大幅下降的主要原因。

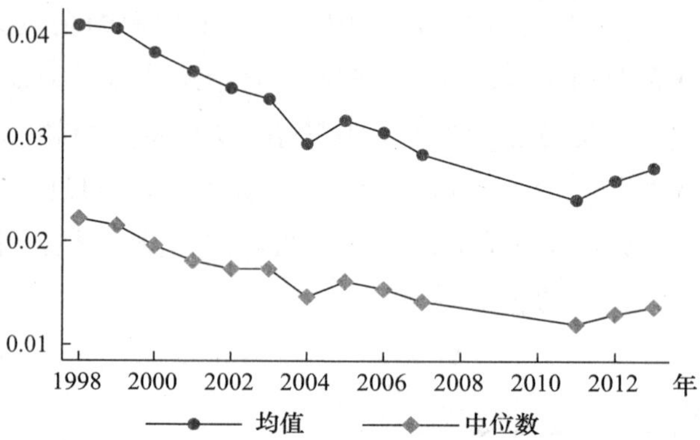

图 6 – 17　我国企业的非债务税盾

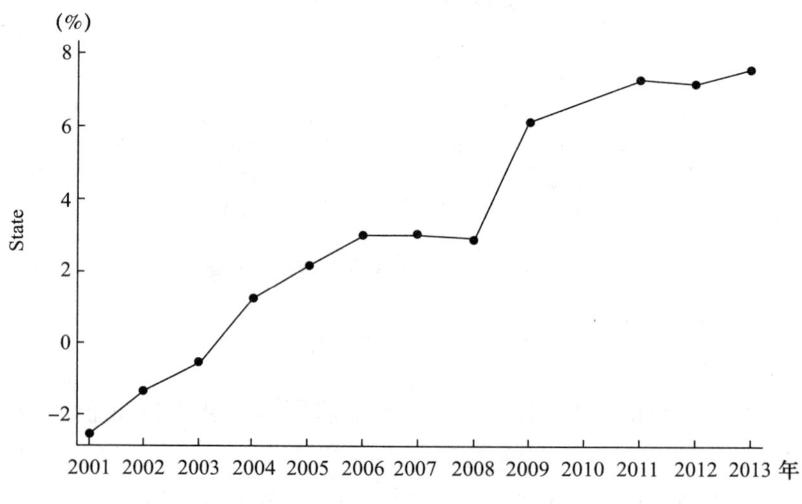

图 6 – 18　国有属性对于企业负债率影响的年度效应

二、回归分析：企业特征与负债率

以上的分析显示，我国企业负债率的整体性下降可能部分是由于企业的主要特征发生了显著变化，尤其是经营性风险、利润率和有形资产的比例。以下我们使用回归分析来更为严格地考察这些企业特征变量与负债率之间的关系。表6－1中的被解释变量TotLev是每个企业当年的负债率。我们控制了各个企业前一期的负债率L. TotLev，控制这个变量是基于“权衡理论”所指示的“最优负债率”（$Lev*_t$）的存在——若上一期的负债率（Lev_{t-1}）偏离了该最优负债率，则企业会在这一期把实际的负债率（Lev_t）往最优的水平调整，即有下面这个式子：

$$Lev_t - Lev_{t-1} = \lambda (Lev*_t - Lev_{t-1}) + \varepsilon_t$$

其中，λ是调整至最优的速度，取决于企业的特征以及宏观的情况等（Cook and Tang，2010）。对于这个式子更为详细的说明可以参考Flannerya and Rangan（2006）。我们使用的计量模型是固定效应（Fixed Effect）回归。由于控制了前一期的负债率，所以模型中可能存在一阶自相关的问题。然而，Flannerya and Rangan（2006）使用并仔细讨论了各种计量模型，并得出结论：对于此项研究而言，序列相关问题并不严重；但控制企业固定效应以及年度虚拟变量是非常重要的。因此，我们就参照他们以及后续研究（包括Cook and Tang，2010），使用普通的固定效应回归。每个回归中所控制的企业固定效应的数目都已报告在表中；比如，在全样本的回归中，共包括了328 727个不同的企业。值得注意的是，由于我们控制了STDROA这个变量，所以进入回归的样本是至少连续存在三年以上的企业。

我们控制了一组年度的虚拟变量（共15个）、一组（省份×年度）的虚拟变量（共465个）和一组（行业×年度）的虚拟变量（共570个）。使用这些虚拟变量以及上述企业固定效应，我们不仅控制了企业固定不变的一些特征（比如，所有制或政治关联）对于其负债率的影响，也控制了每年每个省影响企业负债率调整的地区性因素（如：各省当年的整体信贷情况），以及每年每个行业影响企业负债调整的因素（如：各行业当年的景气程度）。此外，我们控制“行业×年度”这组虚拟变量，这等同于控制了每个行业每年的平均负债率。Frank and Goyal（2009）发现，行业平均负债率对于企业负债率有着可靠的、稳定的解释力。通过控制这几组虚拟变量，我们试图把企业特征与负债率之间的各种内生性问题降到最低，尤其是遗漏变量问题。由于控制了大量虚拟变量，回归的 R－square 在 80% 以上。

我们放入了滞后一期的企业特征的变量，并考察其与当期负债率之间的关系；滞后一期是为了降低这些变量与负债率之间的反向因果关系。第（1）列中使用全样本，而第（2）（3）（4）列中分别使用了国有、私营和外资企业的样本。[①] 我们的发现如下：①L. TotLev 前面的系数是 1－λ，这意味着私营企业的调整速度（1－0.194）高于国有企业的调整速度（1－0.365）。②STDROA 为 ROA 过去三年中的标准差，在全样本和私营样本中显著为负，而在国企样本中不显著。③Size 为总资产的对数值，在全样本和私营样本中显著为正，而在国企样本中为负（10% 的显著性水平）。④Tng 为有形资产占总资产的比重，在全样本和私营样本中显著为正，而在国企样本中不显著。⑤Npr 为销售利润率，在全样本、国企和私营样本中都为负，在私营样本中的负效应是国企样本中效应的两倍以上。因此，在私营企业中，上述四个变量与负债率之间的关系都符合西方文献中的发现。上述①—②的发现都意味着：私营企业的负债率决定因素和西方企业是比较一致的，或者说更加市场化。而在国有企业中，只有利润率的结果是符合西方的实证发现的。

表 6－1　我国各类企业的负债率——基准回归

VARIABLES	(1)	(2)	(3)	(4)
	All	State	Private	Foreign
L. TotLev	0.269***	0.365***	0.194***	0.314***
	(0.002)	(0.006)	(0.003)	(0.004)
L. STDROA	-0.028***	0.017	-0.046***	0.025**
	(0.005)	(0.021)	(0.006)	(0.010)
L. Size	0.003***	-0.004*	0.005***	0.010***
	(0.001)	(0.002)	(0.001)	(0.001)
L. Tng	0.010***	0.003	0.004**	0.027***
	(0.001)	(0.005)	(0.002)	(0.003)
L. Npr	-0.158***	-0.088***	-0.184***	-0.168***
	(0.003)	(0.005)	(0.006)	(0.006)

① 还有一类是混合所有制的企业，因为其所有制不是很清楚，为了节省空间，所以我们没有报告结果。

续表

VARIABLES	(1)	(2)	(3)	(4)
	All	State	Private	Foreign
L. tax	-0.020***	-0.028***	-0.015***	-0.029***
	(0.001)	(0.003)	(0.002)	(0.003)
Nonpositive * L. tax	0.056***	0.043***	0.065***	0.043***
	(0.004)	(0.008)	(0.006)	(0.010)
Observations	1，203，426	159，188	675，955	288，118
R - squared	0.825	0.879	0.821	0.818
Number of Firm FE	328，727	47，290	212，433	70，412
Year dummies	YES	YES	YES	YES
Province * Year dummies	YES	YES	YES	YES
Industry * Year dummies	YES	YES	YES	YES

注：standard error in parentheses；$*p<0.1$，$**p<0.05$，$***p<0.01$

除了上述因素外，我们根据企业前一年的应缴所得税是否为正将样本分成两组，一组是为正的企业（Nonpositive =0），另一组是税率为非正的企业（Nonpositive =1）。在税率为正的组中，上期税率 L. Tax 与负债率之间是负相关的，在国有样本中的负效应更大。在税率为非正的组中，L. Tax 的估计值是正的，但因税率本身非正，所以实际的估计效应也是负的。简而言之，在我国的企业中，前一期的应缴所得税税率越高，后一期的负债率越低。这似乎说明我国企业并没有显著地使用负债来规避税收；与 Huang and Song（2006）以及 Wu and Yue（2009）等文献考察我国上市公司后得到的结论相反，值得之后研究仔细考察。

第四节　资金的供给是否符合利润原则?

最后，我们试图初步地考察下资金供给方配置信贷资源是否符合利润原则这一问题。按我们的理解，要在计量上清晰地区分需求和供给的因素，只能依靠一些外生性的对于供给或者需求的冲击。但此类的事件分析往往聚焦在很短的时间段内，却没法用来描绘十几年的趋势。因此，在现有的数据下，我们很难完全区分开供给和需求。以下，我们采用两种计量方式来为这个问题的回答提供一些初步的证据。

第一，以表 6－1 中的第一列回归为基础，我们将解释变量 L. STDROA、L. Tng、L. Npr 和 L. Tax 都与一组年度虚拟变量相乘后放入回归，同时保留省份×年度和行业×年度这两组虚拟变量；我们只保留国有属性和私营属性的样本，再将国有属性虚拟变量 State 乘以一组年度虚拟变量后放入回归，并考察它们对于企业负债率的效应的年度变化。使用这个计量模型，我们的意图是：充分控制住每一年各个企业特征、各个省份、各个行业对于企业负债率的影响，而后估计国有属性相对于私营属性在负债率上的年度效应。由于企业对于负债的"需求面"的因素已经被充分控制，国有虚拟变量的估计效应可能主要反映了资金供给方对于两类所有制企业的不同态度。由于回归的表格占用空间很大，我们不报告表格，而是以图 6－18 来汇报估计的结果。图中的结果显示：2004 年之前，两类企业在负债率上的差异还不大；2006—2008 年附近，该差异在 3% 左右；然而，这一差异在 2009 年之后显著上升，在 2013 年达到了近 8%。这就是说，仅仅是因为国有和私营企业在所有制上的差异，平均而言，它们在负债率上的差异高达 8%。

第二，以表 6－1 中的第一列回归为基础，我们在回归中加入了地级市层面当年贷款余额的对数 Ln（Loan）；为了区分出 2008 年后的效应，我们再加入 Ln（Loan）×Post 2008。此外，为了初步考察"僵尸企业"获得贷款的可能性，我们构建一个虚拟变量 NegativeProfit，反映一个企业在上一年的利润率 L. Npr 为负（有 16.8% 的样本）。我们将这个变量与 Ln（Loan）相乘，即 Ln（Loan）×NegativeProfit；再加入该交互项与 Post 2008 的相乘项。同时，我们加入每个企业特征变量与 Post 2008 的相乘项，比如 L. Npr×Post 2008。其他的模型设定与表 6－1 中完全一致。由于地级市贷款的数据是从 2004 年开始的，所以我们少了大概 1/3 的样本。

表 6－2　我国各类企业的负债率——信贷供给和"僵尸企业"

VARIABLES	(1)	(2)	(3)	(4)
	All	State	Private	Foreign
Ln（Loan）	0.012***	0.013**	0.007*	0.031***
	(0.003)	(0.006)	(0.003)	(0.006)
Ln（Loan）×NegativeProfit	0.000***	0.001***	0.000***	0.000**
	(0.000)	(0.000)	(0.000)	(0.000)

续表

VARIABLES	(1)	(2)	(3)	(4)
	All	State	Private	Foreign
Ln (Loan) × Post 2008	0.001	-0.001	0.000	0.000
	(0.000)	(0.002)	(0.001)	(0.001)
Ln (Loan) × NegativeProf × Post 2008	0.001***	0.001***	0.001***	0.001***
	(0.000)	(0.000)	(0.000)	(0.000)
L. Npr	-0.109***	-0.048***	-0.110***	-0.127***
	(0.004)	(0.008)	(0.007)	(0.008)
L. Npr * Post 2008	-0.119***	-0.132***	-0.128***	-0.057***
	(0.007)	(0.017)	(0.011)	(0.011)
L. TotLev	0.210***	0.316***	0.162***	0.251***
	(0.002)	(0.009)	(0.003)	(0.004)
Observations	979, 569	88, 965	600, 241	243, 970
R - squared	0.831	0.887	0.827	0.831
其他控制变量和 Firm FE	YES	YES	YES	YES
Number of newid2	283, 262	27, 604	193, 454	64, 925
Year FE	YES	YES	YES	YES
Pro * Year	YES	YES	YES	YES
Ind * Year	YES	YES	YES	YES

注：standard error in parentheses； * $p < 0.1$， ** $p < 0.05$， *** $p < 0.01$

回归结果报告在表6-2中：第一，Ln（Loan）是显著的，说明在2008年之前一个地区信贷的扩张导致了各种所有制企业当年负债率的上升。第二，Ln（Loan）× NegativeProfit 在全样本、国有和私营样本中都显著为正，不过在国有企业上的系数最大；即相比正利润的企业，国有的负利润的企业反而还更可能得到贷款。这说明，在2008年之前给国有"僵尸企业"贷款的现象可能就已经存在了。第三，Ln（Loan）× Post 2008 不显著，但 Ln（Loan）× NegativeProfit × Post 2008 高度显著。这说明，2008年之后，对于正利润企业的贷款配置并没有显著变化，然而，更多的资金配置到了利润率为负的企业中去。进一步，Ln（Loan）× NegativeProfit × Post 2008 在四列中的系数几乎是一样的，说明2008年之后，各种所有制的负利润的企业得到贷款的概率都提高了。

我们在本章背景中提出了我国的银行体系偏向于为国有企业提供资金的三种

可能的原因。我们在这一部分中报告的结果（间接地）支持了后两种原因。首先，图6－18中显示，在已经控制抵押物等企业层面因素后，国有属性对应着一个显著为正、且越来越大的获得贷款上的“优势”，这可能是因为政府给予国企的“隐形担保”所导致的。其次，表6－2中的结果表示，给国有“僵尸企业”提供贷款在2008年之前就已经开始；而在2008年之后，给各种所有制的“僵尸企业”提供的贷款都显著加剧。这可能是由于我国国有银行在2008年之后履行配合4万亿刺激经济计划的“政策性责任”所导致的，即贷款的配置偏向于某些细分的行业。这一结果有些出乎预料，背后的原因究竟是什么需要进一步的仔细分析。整体上而言，这些结果显示：我国资金供给方配置资金并不符合利润最大化的原则。

第五节　结论和政策性评论

近期，驱动我国过去十几年高速经济增长的人口红利正在很快耗尽；并且，由于20世纪80年代初开始实施的计划生育政策，在后面几年中我国将会快速老龄化，而人多从优势变成了负担。在这样的背景下，之后一段时间内，我国若要保持高速经济增长，一靠资本的优化配置，也就是每个人更多、更优地使用机器设备，以提升现有劳动力的边际产出；二靠持续的技术创新，以进一步靠近发达国家的技术前沿。对于这两个目标的实现，我国金融体系配置金融资源的效率都是至关重要的。资金是否能配置到真正高效的、有现实生产力的企业中，又能否配置到有创新潜质的早期项目中，以支持它们的发展？

另一方面，近些年中，我国的整体负债水平不断上升，“去杠杆”的呼声和压力越来越大。是否应该“去杠杆”，又应该如何“去杠杆”？基于对1998—2013年期间近400万个我国规模以上工业企业数据的分析，本文试图对这一问题的回答提供些初步的证据。具体而言，我们探讨了三个问题。第一，非金融企业的杠杆率整体水平很高，但具体高在哪里？我们发现，在这十六年的时期内，大部分的工业企业已经显著地“去杠杆”了；而显著“加杠杆”的是少数的大型、国有、上市的公司。第二，杠杆率的变化是否有着经济基本面的支持？为此，我们先考察了样本企业的一些重要的企业特征的变化，并发现，负债率的整体下降和某些特征的显著变化是一致的，包括经营性风险的上升、有形资产比例的下降以及盈利能力的提高。我们随后在回归分析中进一步发现，私营企业的负债率的决定因素基本符合西方文献中的发现；但反之，国有企业负债率的决定因素中有更多“非市场化”的因素。第三，我们初步探究了供给面对于杠杆率的影响。我们的分析结果显示：资金的供给方并不是完全按利润原则来配置资金的，在控制了重要的企业、地区和行业因素之后，我们依然发现，国有企业和私营企业在获得贷款的概率上的差异越来越大；此外，给国有“僵尸企业”贷款的现象在2008年之前就存在，而2008年之后更加显著。金融体系非市场化配置资金暗示着统一的、宽松的货币政策未必是有效的，反而只会增加“僵尸贷款”的总量，并进而加剧日后银行不良贷款的隐患。

Caballero，Hoshi，and Kashyap（2008）的研究显示，“僵尸企业”越多的行业生产效率越低，创造就业越少；其背后主要的原因是“僵尸企业”挤占了金融资源，阻碍了“健康企业”的投资和创新，也抑制新的企业进入行业，最终导致了全行业的低效。据英国 *Economist* 杂志最近的一篇报道的估计①，在2008年危机前，我国1元钱的新增贷款能创造1元钱的GDP，而现在则需要4元钱的新增贷款。其背后一个重要的原因就是低效企业挤占了大量资金。所以必须尽快停止给这类企业输血。“僵尸企业”的存量债务问题不能靠源源不断的“增量”资金来解决，而需要用“存量”去解决，比如变卖一部分国有资产来偿还债务，同时对企业进行改制和重组。在当下那么高的总负债率的情况下，新增信贷是特别宝贵的资源，需要善加利用。

我国经济高杠杆是一个结构性的问题，需要“结构性”的政策来解决。首先，必须果断地在低效的地方“去杠杆”；为此，需要持续推进国有企业改革，“关停并转”，以真正实现二十多年前党的十四届三中全会提出的“产权清晰、权责明确、政企分开、管理科学”的目标。与此同时，同样重要的是，要在高效的地方“加杠杆”；为此，需要继续推进我国商业银行和其他金融中介的市场化改革，使得宝贵的信贷资源能真正配置到有现实生产力、有足够资本回报率的企业中。如此，在纠正结构性的失衡中，为我国的经济增长激发出新的动力。

---

① http：//www. economist. com/news/leaders/21698240 – it – question – when – not – if – real – trouble – will – hit – china – coming – debt – bust.

第七章　非金融企业去杠杆

2008 年金融危机以来，我国经济增速不断降低至近期的 6.7%。在 2017 年闭幕的全国两会中，政府工作报告将该年经济增长的预期目标定为 6.5% 左右。国内外对此有很多讨论，其中不乏一些忧虑。

第一节　国有企业杠杆率

我们认为，GDP 增速的下降并不是一个严重的问题，因为这主要是由基数变大导致的。比如，2008 年我国的 GDP 是 31.7 万亿元；而到 2014 年，GDP 为 63.6 万亿元，即 2014 年比 2008 年整整翻了一倍。这就意味着，在 2008 年 GDP 的基础上增长 10%，和在 2014 年 GDP 的基础上增长 5%，从绝对量上来说是一样的。

我们计算了 2007—2016 年各年 GDP 增长的绝对量，即用某一年的 GDP 减去上一年的 GDP。发现，除了 2009 年之外，都在 4 万亿元以上。GDP 增长的绝对量并没有显著下降，只是因为基数变大了，所以增速下降了。根据国家统计局公布的数据，2016 年我国的 GDP 已经达到了 74.4 万亿元。随着分母越来越大，增速下降是很正常的。从这个意义上来说，"中国经济增长放缓，下行压力增大"这个提法可能本身是有些误导的。我们认为没有必要对此表示忧虑，更没有必要用一些短期刺激的方式来保持 GDP 的增速。此外，大家关心 GDP，一个主要的原因是就业。而与就业真正相关的是 GDP 的增长量，而非增速。每年 GDP 的增长量比较稳定，那么新增的就业量也是稳定的。

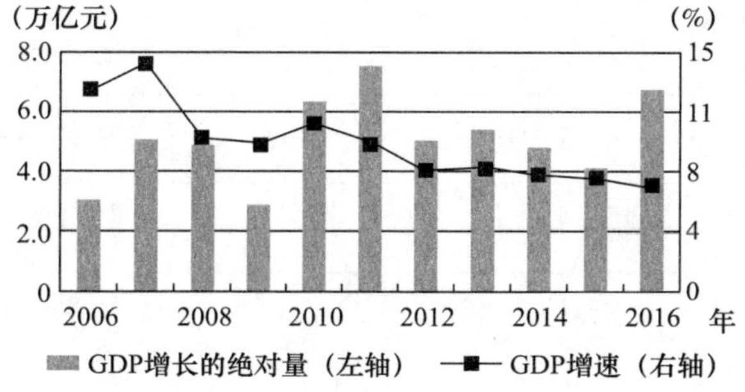

图 7 - 1　2006—2016 年 GDP 增长的绝对量

一、国企杠杆不断上升，“保增长”或为其中缘由

要弱化 GDP 增速目标，是因为在经济增速下降时，一些地方政府为了“保增长”，往往又会回到以投资来强刺激的老路上，并且其中伴随着大量金融资源的消耗。

2015 年年底召开的中央经济工作会议提出了供给侧结构性改革，其中，去杠杆是核心任务。然而，根据财政部公布的数据：至 2016 年年底，国有部门的负债总额为 87 万亿元，与 2015 年年底相比，增长 10%。其中，中央国企负债总额 47.6 万亿元，同比增长 8.2%；地方国企负债总额 39.4 万亿元，同比增长 12.1%。即在 2016 年，国有部门的负债仍然以两位数的速度增长，尤其是地方国企。这可能还是和“保增长”的目标有关。2016 年民间投资显著下降，一些地方政府便要求地方国企加大投资。根据统计局的数据，2015 年下半年，国企固定资产投资的增速基本在 12% 以内；而从 2016 年初以来，投资增速突然上升至 20% 以上。然而，作为保增长目标的“短期手段”“老办法”，这些投资的质量又如何？其中包含了多少盲目、重复、低效的投资？

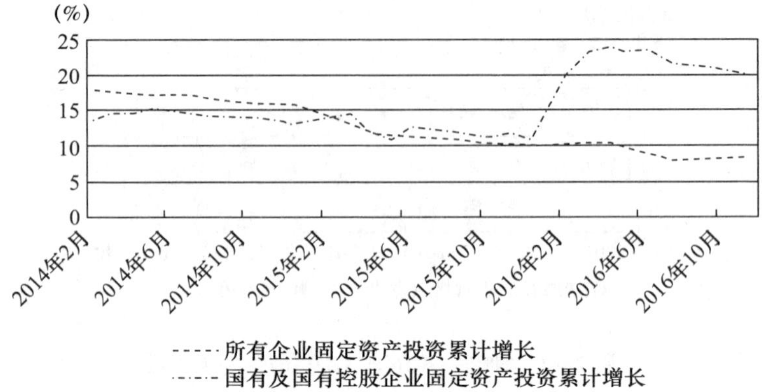

图7－2　国企固定资产投资累计增长

数据来源：国家统计局

在当下，我们或许需要反思一下：近期“产能过剩、库存过剩、杠杆率不断攀升”这样困难的局面是怎么形成的？目前的困境很大程度上和2008年之后为了保持经济增速而实施的强刺激经济政策是相关的。2008年金融危机后，美国、欧洲等发达国家对中国的需求突然下降。我国在几年内少了数万亿元的出口订单。在外部需求突然下降的情况下，企业市场化的应对方式应该是主动地削减产能和去库存。然而，在经济刺激计划出台之后，一些大型国有企业纷纷上马大的建设项目，扩张产能。建造新的厂房和生产线，确实马上拉动了内需，其表现为2010年GDP增速和工业生产者出厂价格指数（PPI）的双重上升。然而，一旦当新的生产线建成、开始生产了，原有的产能过剩就更加严重了，以钢铁、水泥为代表的一部分工业产品更是出现了全球性的供过于求。这突出表现为，从2012年2月开始，PPI出现了连续54个月的负增长。同时，虽然在2010年初，GDP增速被一轮大规模投资迅速拉升至超过10%，然而并没有维系多久就马上开始下跌，至2012年初就跌到8%以内（若考察GDP增长的绝对量，可得到相同的结论）。2009、2010年的大规模投资并没有能够持续地拉动GDP的增长；不仅如此，由于严重的产能过剩，前期扩张产能的企业只能被迫去产能。2008年后，我国花了很多钱来扩张产能，现在又要花很多钱来去产能。在整个过程中，大量的金融资源被浪费了。

二、2008 年后金融资源配置效率显著下降，提高效率刻不容缓

2008 年金融危机以后，我国经济中出现的一个重要的现象，就是金融资源的配置效率显著下降，这点需要引起高度的关注。根据国际货币基金组织（IMF）2015 年一份报告的估计，在 2008 年危机前，我国 1 元钱的新增贷款能创造 1 元钱的 GDP；而 2008 年之后，这一所谓“信贷密集度”显著上升，近期达到了 3 元以上。

而与此同时，2008 年之后，我国广义货币供应量 M2 激增，从 2008 年的 47 万亿元骤升至 2016 年的 155 万亿元，即 M2 在八年间增加了 100 多万亿元。目前，我国 M2 已经超过 20 万亿美元，在绝对值上超过了美国、欧盟等世界上最大的经济体，M2 与 GDP 的比值也达到 200% 以上。

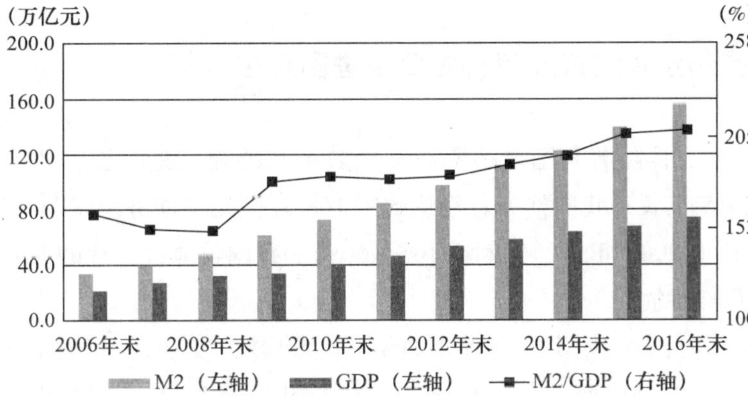

图 7－3　2000—2016 年 M2 及 M2/GDP

这几组数字说明：虽然金融资源总量在骤增，但配置效率在显著恶化。也就是说，大量的钱被配置到了低效的地方，甚至被浪费掉了。导致大量浪费的一个重要原因，就是为了保增长而实施的强刺激政策。在强刺激的背景下，大量投资项目迅速上马，而这些投资往往是盲目的、低效的、没有市场需求作为支持的。因此拉动 GDP 的作用，即便有，也是短暂的、不可持续的。作一个不那么恰当的比喻，这就像你花钱请一个人把一堆砖头从这间屋子搬到那间屋子，GDP 就上升了；你再花钱请人把同样的这堆砖头从那间屋子搬回到这间屋子，GDP 又

上升了。但这种 GDP 的上升是没有质量的，是浪费金融资源的。这类 GDP 的上升，是我们应该避免的。

提高金融资源的配置效率，对于我国经济未来的发展而言是至关重要的。从 2010 年以来，我国劳动力的增长速度放缓。并且，由于我国从 20 世纪 80 年代开始实施计划生育政策，在之后的一二十年中，我国社会将迅速地老龄化。在 2010 年左右，我国的人口结构大概是两个劳动人口抚养一个非劳动人口；非劳动人口包括老人、孩子和残疾人。在后面几十年中，这一比例会迅速下降。据估计，可能在 2040 年左右，就会降至一个劳动人口抚养一个非劳动人口。驱动我国过去十几年高速经济增长的人口红利正在很快耗尽。

在失去劳动力优势的背景下，我国经济增长就需要更多依靠资本，尤其是需要实现资本的优化配置，即要将资金配置到真正高效的、有现实生产力的企业和项目上，配置到有创新潜质的早期项目中，以支持它们的发展。能否做到这点，将直接事关我国未来中长期的经济增长的潜力。

三、提升金融配置效率首先要推进国企去杠杆

2008 年后，伴随着我国金融资源配置效率的恶化，是我国整体负债率的高企。截至 2015 年底，我国债务总额达到了 168 万亿元，债务总量与 GDP 的比值达到 249%；而 2008 年这一比例还不到 160%。我国整体杠杆率的上升主要是由非金融企业导致的。

我们曾专门剖析我国企业债务的结构性问题，发现，我国的企业债务是“惊人”地集中的。比如，在 2013 年，我国总共约有 34.5 万家规模以上工业企业，所有企业的负债总额为 49.1 万亿元，其中负债最多的 500 个企业的总负债为 13.5 万亿元，占到 34.5 万家企业负债总额的 1/4；负债最多的 2000 个企业的总负债为 23.5 万亿元，占到了总额的近一半。进一步地，根据我们的计算，2015 年，我国上市公司中负债最多的 50 个企业的总负债就高达 11 万亿元，占当年所有上市公司负债总额的 54%，平均每家企业负债超过 2000 亿元。而负债最多的 300 个企业的总负债达到 16 万亿元，占到所有上市公司负债总额的 82%，平均每家企业负债超过 500 亿元。而从 2008 年以来，这 50 家企业每年新增贷款总额逾 1 万亿元，平均每家每年新增 200 亿元。也就是说，我国负债率的上升主要集中在几千家企业上，其中大部分是大型国有上市公司。

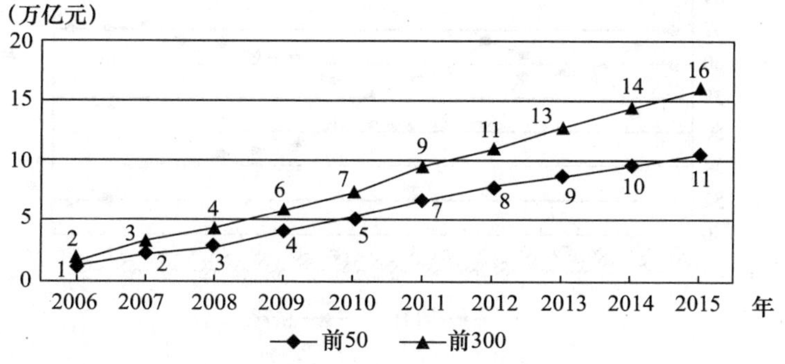

图7-4　我国上市公司中负债最多的50家企业的负债总额

国有部门作为一个整体，在2008年之后不断加杠杆，其整体的负债率从56%上升到62%。但是，我们的分析显示，国企杠杆率的上升并不符合它们的企业特征和经营性需求，是缺乏经济基本面支持的。换言之，这些企业借的钱太多了。不过，借钱多未必是好事，因为需要支付利息。根据我们的计算，2015年，大概有超过160家我国上市国有企业，其税前利润不足以支付利息——说明这些企业的负债太高了，最终带来沉重的利息负担。更麻烦的是，这些企业只能靠借越来越多的钱来还本付息，债务的“雪球”越滚越大。我们发现，这160家企业的负债总额从2010年的0.98万亿元升至2015年的1.68万亿元，即它们在六年里又多借了7000亿元的债务。

而与此同时，私营部门却在加速地去杠杆，私营工业企业的整体平均负债率从2004年的62%降到2015年的52%。换言之，私营部门已经“去杠杆”十多年了！到近期，私营工业企业所贡献的产值和利润占到所有工业企业的总额的近四成，而这些企业的负债只占所有工业企业的负债总额的两成。也即，私营部门使用的金融资源远远低于其经济贡献。因此，要提高资金的配置效率，我们首先要做的，就是纠正2008年以来国有和私营部门在融资上所呈现出的“两极分化”的趋势，并使得各个部门得到的金融支持和其经济贡献大抵相当。

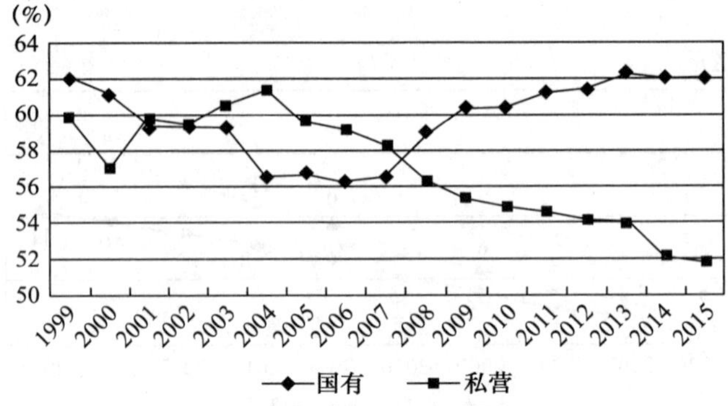

图 7-5　国有和私营工业企业的整体平均负债率

资料来源：《中国工业统计年鉴》

也因此，当下我们说去杠杆，并不是对于大部分企业说的，而是对于少数几千家企业说的。去杠杆的“主战场”在国有部门，尤其是低效的、严重产能过剩的大型国有企业。“僵尸企业”占据越来越多的资金，其结果是挤占了健康企业所能获得的金融资源。大量资金借给这类企业用来还本付息，而没有用于真正高效的投资项目，会导致“金融不支持实体”的现象越来越严重。所以，对于低效的企业，要尽快“去杠杆”，释放这部分信贷资源，并配置到真正有效的企业中去。

我们发现，部分“僵尸企业”“僵而不死”，在保增长的任务下，其债务不降反升。这类企业占用的金融资源越来越多，积累的风险越来越大，对局部金融体系的潜在冲击也越来越大。从 2016 年开始，个别企业的债务问题以一种“爆发式”的方式呈现了出来。尤其是渤海钢铁，存在不过六年，曾经跻身世界 500 强，但负债却骤然升至 1920 亿元，债务涉及一百多家银行和其他金融机构。所以，当下亟需用市场化的方式来处置“僵尸企业”的债务问题。若以“保增长”为名，让这些企业继续加杠杆、做投资，日后的问题只会越来越大，最终严重影响部分金融机构和局部金融市场。

第二节　“僵尸企业”去杠杆[①]

2017 年 7 月 24 日，中共中央政治局召开会议，分析研究当前经济形势，部

① 本部分由钟宁桦和解咪发表于《解放日报》2017 年 8 月 15 日第 10 版“思想周刊/新论”。

署下半年经济工作。习近平总书记主持会议。会议强调，要坚定不移深化供给侧结构性改革，深入推进“三去一降一补”，紧紧抓住处置“僵尸企业”这个牛鼻子，更多运用市场机制实现优胜劣汰。

这是2017年以来中央对于处置“僵尸企业”的再度发声。2017年2月，习近平总书记在主持召开中央财经领导小组第十五次会议时就指出，深入推进去产能，要抓住处置“僵尸企业”这个“牛鼻子”。有关部门、地方政府、国有企业和金融机构要把思想和认识统一到党中央要求上来，坚定不移处置“僵尸企业”。为什么中央如此坚决地要处置“僵尸企业”呢？“僵尸企业”究竟会带来哪些危害？

一、“僵尸企业”带来国资流失风险加剧

严格说来，一两年亏损并不等于就是“僵尸企业”。“僵尸企业”是指已丧失盈利能力，有着较重的债务负担，却靠着政府和银行的不断救助持续存活的企业。确认一个企业为“僵尸”需要满足多个条件。根据2014年前的财务数据，笔者在我国上市公司中辨识出了78家“僵尸企业”。令人惊讶的是，尽管在2014年之前，这些企业已经丧失了持续经营的能力，然而，这些企业的负债总额却从2010年的0.25万亿元持续升至2016年的1.09万亿元。

“僵尸企业”之所以被形容为“僵尸”，是因为其具有不能退出、靠外部不断“输血”才能存活的特征。在考察我国所有规模以上工业企业的进入和退出后，可以发现：2004年开始，高负债、低效率国有企业的退出概率越来越低，越来越“死不掉”了。1998年，若一家国有企业的负债率达到80%，则它有一半的概率会退出；到2008年，这一概率降低到35%；而近年来，退出概率进一步下降。正是由于这些企业不破产、不清算、不重组，国有企业作为一个整体非但没有“瘦身健体”，反而不断“虚胖”。

“僵尸企业”“僵而不死”导致其债务不降反升，积累的风险越来越大，对局部金融体系的冲击也越来越大。从2016年开始，个别企业的债务问题以一种“爆发式”的方式呈现出来。其中，最引人关注的是渤海钢铁的债务危机。这家国有钢铁集团组建于2010年，到2016年分拆，存在不过六年，但负债却骤升至1920亿元，债权人涉及105家银行和其他金融机构。

二、“僵尸企业”为何难死？

2015年、2016年召开的中央经济工作会议均就供给侧结构性改革提出具体要求，“去杠杆”便是其中的核心内容之一。然而，“僵尸企业”依然在持续加杠杆，靠不断“输血”存活，严重影响局部金融市场稳定。这不禁让人思考，“僵尸企业”“僵而不死”、杠杆不降反升，背后究竟是什么原因？目前集中于以下几个说法：

（一）“保就业”，尤其是对于国有企业而言

大部分“僵尸企业”是制造业企业，且多属于如煤炭、钢铁等产能过剩行业以及如纺织、造纸等劳动密集型行业。这类企业通常承担保障就业的责任，一旦“关停并转”，很可能导致当地失业率上升，影响社会稳定。然而，所谓“保就业”，往往给了它们一个经营业绩不佳的托词，其结果是以更大的代价来“养人”。2016年5月，权威人士在《人民日报》上发表文章，在谈到处置“僵尸企业”时，就指出一个重要的原则是“保人不保企”。具体而言，“能培训的培训，能转岗的转岗，确实不能转岗的要做实做细托底工作”。2017年2月，在中央财经领导小组第十五次会议上，习近平总书记再次强调，要做好转岗就业、再就业培训等各项工作，发挥好社会保障和生活救助的托底作用，确保没有能力再就业人员基本生活。要区别不同情况，积极探讨有效的债务处置方式，有效防范道德风险。

其实，对于“保就业”问题，我们也可从另一个角度来思考：若把“僵尸企业”占据的金融资源借给中小企业、民营企业，是否能创造更多的就业？答案应该是肯定的，因为它们的效率更高。因此，我们要算的是全社会就业人数这本大账，而不是一些“僵尸企业”就业这本小账。

（二）“稳增长”

不少“僵尸企业”曾是地方GDP的支柱企业，即便处在亏损的状态，只要不断做新增投资，仍然可以为地方GDP做出贡献。尤其是在近几年经济下行的大背景下，这些企业的投资成为地方政府“稳增长”的重要手段。笔者考察了前述78家上市“僵尸企业”的固定资产项，发现从2014年至2016年这三年内，

这些企业的新增投资增幅为43.3%，即平均每年新增投资的增速约为14.4%。然而，这些亏损企业所做的投资的效率如何呢？是否有市场需求的支持？其中又包含了多少盲目、重复、低效的投资呢？若是无效的投资，只能在短期内拉动经济增长，而长期只会是对金融资源的浪费，甚至日后还需花费更多的资源来“去产能”。

（三）以银行为代表的债权方不断“输血”

银行为了保持一定的核心资本充足率，就不断地给亏损企业续贷，以免将之前的贷款记为坏账。尤其是面对国有的“僵尸企业”，银行很可能会认为地方政府会竭力帮助它们“起死回生”。像渤海钢铁这样曾经进入世界500强的企业，一些金融机构更是坚定地相信，政府会力保这家地方的“名片”企业。在如此信念的支持下，继续提供信贷，以此来掩盖、拖延问题。其结果是大量银行资金源源不断地流向“僵尸企业”，不仅无法产生效益，反而加剧日后不良贷款的隐患和规模。

三、如何释放“僵尸贷款”支持实体经济？

2008年之后，我国金融资源的配置效率显著下降。据国际货币基金组织等多家机构的估计：在危机前，我国1元钱的新增贷款能创造1元钱的GDP，而近期则需要3元多。这背后一个重要的原因就是低效的“僵尸企业”不断“借新债还旧债”，挤占了越来越多的资金。而一些真正健康的企业却难以获得金融支持，因而其创新、发展和创造就业的能力受到抑制。金融资源的严重错配进而导致金融效率的低下，以及“金融不支持实体”的现象日趋严重。2017年中央政治局会议也特别提到，要深入扎实整治金融乱象，加强金融监管协调，提高金融服务实体经济的效率和水平。

整体经济的活力取决于核心经济资源的配置效率。提高金融资源的配置效率，已经到了刻不容缓的时候。在当下那么高的总负债率的情况下，新增信贷是特别宝贵的资源，需要善加利用。因此，“僵尸企业”的问题不能再靠“不断输血”来解决。2016年年底召开的中央经济工作会议明确提出，以混合所有制为突破口深化国企国资改革。由此，可以通过引进各类资本来处置“僵尸企业”，一方面是引资还债，另一方面是吸引真正能干的企业家、尤其是面广量大的民营企业家来盘活这些资产，更充分地发挥这些资产的价值。如此，把金融资源从“僵尸企业”中释放出来，使宝贵的信贷能真正配置到有现实生产力的企业中。

“僵尸企业”问题的一个重要根源在于政企不分。要从根源上防范“僵尸企业”问题的再次出现，必须从改革体制机制入手，尤其是改革地方政府官员、国企高管以及国有银行高管的激励和晋升机制，弱化经济增速在考核中的重要性，并强化市场竞争，更多地发挥市场机制在监督、淘汰企业中的作用。通过不断深化改革，让市场在资源配置中起决定性作用，使我国经济长期、稳定、健康地发展。

政企分开权责明确。从 20 世纪 80 年代，我国经济就有“治乱循环”的怪象，即一放就乱、一乱就管、一管就死、一死就放。导致这一现象的根源在于政企不分。1993 年，党的十四届三中全会提出“建立现代企业制度”的目标，明确表示要实现“产权清晰、权责明确、政企分开、管理科学”。然而，至今国企依然承担了大量的政府职能——保就业、稳增长、促投资。国有银行也在承担政府的职能，先是为国企扩张产能提供廉价资金，再给低效国有企业提供新增贷款以维系其生存。从而导致历史上出现过的局面反复出现——经济要素配置严重扭曲，整体经济的效率不断下降，经济增长的活力被抑制。

党的十八届三中全会提出，使市场在资源配置中起决定性的作用。为了实现这个目标，必须从改革体制机制入手，尤其是改革政府官员、国企高管的激励和晋升机制，弱化 GDP 增速在考核中的重要性，强化市场竞争，更多发挥市场机制在监督国有企业中的作用。通过不断深化改革，为我国经济增长激发出新的动力和活力。

第八章　美、欧、日去杠杆的经验与启示

2008年爆发的国际金融危机，最根本的原因在于过度的金融创新带来的次贷泡沫和房产泡沫（伯南克，2016）①。债务过度扩张带来的高杠杆，直接推动资产价格严重偏离真实价值，出现资产价格泡沫。而美国房地产价格泡沫的破灭，导致严重的次贷危机爆发。危机之后，以美国为首，包括欧洲各国、日本等发达国家都经历了一段艰难持久的去杠杆阶段。这些国家各部门杠杆的特点有所不同，去杠杆采取的措施和节奏也不尽相同，结果更是有较大的区别。对其去杠杆的前因、中间的举措以及后果进行总结和分析，具有很好的理论和现实意义。

本文针对美、欧、日三个国家（或区域），分别就杠杆的主要特点、去杠杆的路径以及去杠杆的效果三方面进行分析。我们发现，一个国家去杠杆的路径和效果与本国的经济结构、政府能力有很大关系。所以，在分析他国去杠杆的做法，借鉴其经验的同时，还应根据本国的国情，来确定符合自身特点的策略。

第一节　美国：主动去杠杆，多措并举，效果良好

作为2008年金融危机的肇始国，美国在危机后如何去杠杆无疑是备受关注的焦点。总体而言，美国金融危机产生的主要原因在于围绕房地产价格而进行的金融衍生品发行数量过大，最终房地产价格大幅下跌导致衍生品价格大跌，进而

---

① 伯南克在其著作《行动的勇气》一书中说，在当前这场危机的直接诱发因素之间，最显著的两个因素就是次贷泛滥和房价泡沫，但这场危机之所以导致我们付出如此惨重的经济和金融代价，主要原因可能在于恐慌本身，可以说，恐慌造成的代价不会小于次贷泛滥和房价泡沫造成的代价。

大量高度借贷的金融机构因资不抵债而破产，大量个人因无法偿还贷款而违约。可见，美国的杠杆风险主要体现在居民部门和金融机构的杠杆率过高上。

一、金融杠杆的主要特点

2000 年，美国经历了互联网经济的破灭，一时出现了众多企业倒闭，大量人员失业。为了提振经济，美国实施了一系列经济刺激政策，其中最为突出的是美联储连续 27 次下调联邦基金利率，使之接近 0 ～ 0. 25% 的低水平。在宽松的货币环境下，美国的经济杠杆率不断上升（见图 8 – 1）。

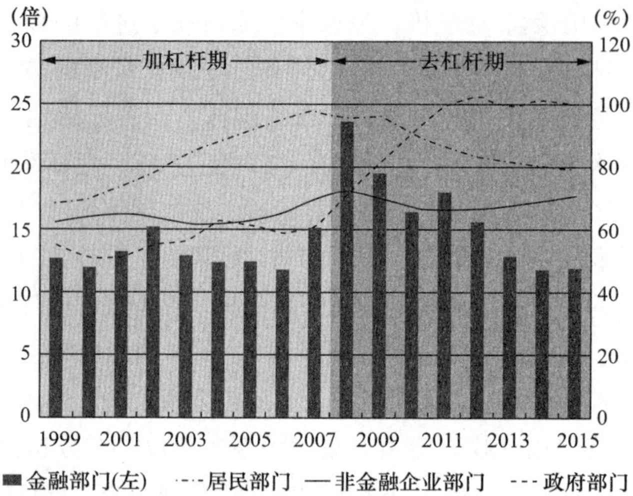

图 8 – 1　美国各部门杠杆率走势

数据来源：BIS，美联储，中泰证券研究所

（一）居民部门的杠杆率不断上升

2001—2007 年，美国居民部门杠杆率提高了 24. 2 个百分点。这一期间美国家庭消费倾向明显上升，借贷消费成为风潮。尤其是美国政府为了让尽可能多的居民买得起住房，推出了一系列鼓励购房的政策，一些信用水平偏低的居民也能够从商业银行申请到贷款，从而购入自己的住房。这是居民部门杠杆率上升的主要原因。

（二）金融部门杠杆率不断上升

金融机构杠杆率从2001年的13.3倍提高到了2008年的23.6倍。以高盛为例，其2007年末财报披露的财务杠杆为26.2倍；雷曼在破产前杠杆倍数达到37倍。CDO、CDS等金融衍生品的出现，能够较好地分散从事房屋贷款的商业银行承担的风险，同时确保这些银行出售这些贷款后，能够获得新的资金，从事新一轮的贷款。金融衍生品可以大量发行，投资机构认为如果住房价格不断上涨，投资这些衍生品将风险很小。于是他们倾向于使用高杠杆融资，以小博大。

（三）非金融企业杠杆率上升明显

2007年非金融企业杠杆率达到72.7%，与2003年相比，提高了10.8个百分点。2000至2003年，美国非金融企业的债权融资额年均增速为0.6%。2004至2008年四年间，美国非金融企业的债券融资额增长了7000多亿美元，年均增速达到11.79%。经济处于上升周期，非金融企业投资回报率保持在较高水平，促使他们源源不断地从商业银行贷款进行再投资。这些无疑推高了非金融企业的杠杆率（见图8－2）。

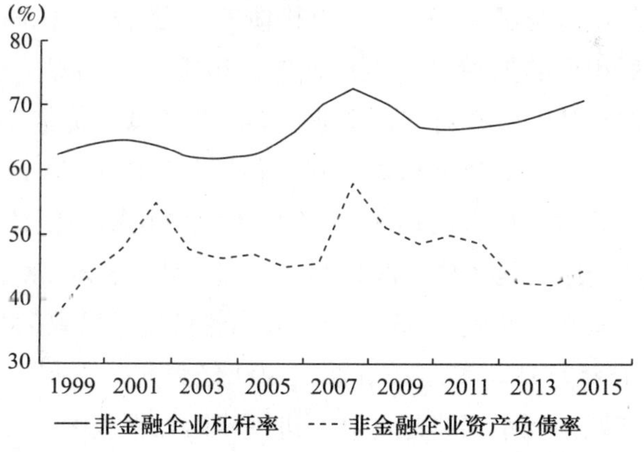

图8－2 危机时美国非金融企业杠杆率与资产负债率齐升

数据来源：BIS，美联储，中泰证券研究所

（四）政府债务不断累积

2001—2007 年，美国政府部门杠杆率提高了 9.6 个百分点。由于布什政府推行减税和增加开支的政策，美国的财政预算自 2002 年开始一直为赤字状态。2007 年美国政府财政赤字占 GDP 比重达到 4.9%，联邦政府负债占 GDP 比重达到 55.6%，州和地方政府负债占 GDP 比重达到 24.7%。

二、去杠杆的路径

在次贷危机时期，为了避免金融市场流动性困难，降低居民部门和金融机构的债务压力，美国采取了一系列创新的财政和货币政策以及应急措施，来应对金融危机的冲击。而在危机冲击变弱之后，推进结构性改革，通过促进经济的实质性增长来降杠杆。

（一）美联储实行量化宽松的货币政策，确保金融市场充裕的流动性

在本轮去杠杆过程中，美联储实施了三次量化宽松的货币政策。2008 年 11 月 25 日，美联储启动第一轮量化宽松政策，宣布将购买政府支持房利美、房地美和联邦住房贷款银行与房地产有关的直接债务，还将购买由两房、联邦政府国民抵押贷款协会所担保的抵押贷款支持证券。2010 年 4 月第一轮量化宽松政策结束之时，美联储总计购买政府支持企业债券及相关抵押贷款支持证券 1.725 万亿美元，并将联邦基金利率降至 0.25% 历史低位。2010 年 11 月 4 日，美联储启动第二轮量化宽松政策。从市场购入 6000 亿美元中长期国债，并对资产负债表中到期债券回笼资金进行再投资。2012 年 9 月 14 日，美联储宣布，0～0.25% 超低利率的维持期限将延长到 2015 年中。第三轮量化宽松政策始于 2012 年 9 月 15 日，美联储宣布将每月向美国经济注入 400 亿美元，直到疲弱的就业市场持续好转。此外，美联储还承诺将超低利率进一步延长至 2015 年。

美联储通过资产购买计划持续向市场提供流动性，以应对次贷危机引发的大规模信贷紧缩。其中包括启用短期招标工具（TAF）、一级交易商信贷工具（PDCF）、定期证券信贷工具（TSLF），向存款金融机构和一级交易商提供流动性；启用资产支持商业票据货币市场共同基金流动性工具（AMLF）、商业票据融资工具（CPFF）、货币市场投资者融资工具（MMIFF），分别向存款类金融机

构和银行控股公司、票据发行人以及货币市场投资者提供流动性等。

（二）政府实施积极的财政政策，通过政府加杠杆来帮助其他部门转杠杆

政府大幅提高预算赤字，实施大规模的经济刺激计划以提振总需求。通过《美国复苏与再投资法案》，从2009年开始的十年间投入7872亿美元，用于减税、政府财政纾困，以及健康医疗、教育科研、交通运输和房屋城市发展等领域的投资。2009年美国政府预算赤字达到创纪录的1.42万亿美元，占GDP比重升至10.1%的最高水平。同时，美国政府积极采取增长导向的减税政策，例如允许企业冲销固定年度的资本性投资，对中小企业实行税收减免、投资优惠、雇佣奖赏等。这些政策鼓励了企业在美投资，既有助于创造就业，也能扩充资本存量，支持经济增长。

政府对“系统重要性”金融机构和支柱性企业实行债务重组。2009年美国国会授权美国政府，使之有权决定托管或接管陷入困境的金融机构，然后对它进行有效和有序的重组，即通过出售或转移出现问题的金融机构的资产或债务，或者就金融机构的合同进行重新谈判，以及处理金融衍生产品投资等途径，防止了金融机构资产负债状况进一步恶化。FDIC也将处置对象从濒临破产的金融机构扩大到受危机影响严重、经营压力较大的金融机构。FDIC通过对收购问题贷款的投资基金进行担保，以及出台临时流动性担保计划，来救助大型金融机构。财政部也通过担保债权、提供再融资等方式帮助通用汽车公司成功实现重整，避免了破产。美国仅用了四年时间，在2012年完成了企业去杠杆的过程。但美国政府的杠杆率水平却增加到2012年的100%左右，比2008年底增加了30%。

（三）实行债务减记，市场化去杠杆

美国居民部门超过2/3的房屋抵押贷款通过违约来实现债务削减，而低利率政策也帮助减轻剩下1/3的债务偿付负担，因而相比其他国家，美国居民部门去杠杆更快速。美国让资不抵债的企业直接破产，给银行等金融机构带来大量的不良资产，限制了金融部门给企业的贷款，间接降低了企业的杠杆率。

（四）增加企业部门的权益，通过资本市场融资增加资本

美国企业直接融资占比较高，直融条件便利。在证券市场融资，也成为降低杠杆率的重要渠道。美联储从2008年11月起启动量化宽松，QE1、QE2期间，

美国股市均出现20%以上的涨幅。尤其是2012年推出QE3之后，标普指数从14000点一路上涨，至今未出现过任何重大的回调。美国权益市场上涨带来的财富效应，帮助居民和企业部门完成去杠杆（见图8－3）。

图8－3　美国道琼斯指数趋势图（2010年底至2017年6月）

三、去杠杆的效果

分析和评价一个国家或区域去杠杆的效果，应包括两个方面：一是金融杠杆是否成功地降低或得到抑制；二是实体经济是否得到提振，经济重新步入良性的增长轨道。

美国的商业银行去杠杆效果明显。美国银行业去杠杆主要以增资本为主。2009年缩减资产规模以后，自2010年开始通过调整资产规模和增加资本推动快速去杠杆，资本充足率得到提升。到2010年，美国24家银行的平均资本充足率已由2007年的11.22%提高至15.6%。美国银行业资产规模、盈利能力快速恢复。2016年，30家大行顺利通过压力测试。① 美国政府还通过对金融机构进行更加严格的监管来化解高杠杆率的根源，确保金融机构良性运作。美国通过了新的《多德弗兰克法案》（全称《多德－弗兰克华尔街改革和消费者保护法》*Dodd－Frank Wall Street Reform and Consumer Protection Act*），其中纳入了沃尔克法

① 周琼等：《欧美银行业"去杠杆"的路径及启示》，《轻金融》2017年第6期。

则，即禁止商业银行从事证券及其衍生品、商品期货和期权的交易，但可以从事美国政府债券交易。针对证券化链条过长、金融风险无法估计的情况，改革要求所有证券化产品及其衍生品需要标准化和透明化，在中央交易平台上进行交易。美国政府还要求银行等金融机构严格按巴塞尔协议Ⅲ的标准制定准备金率，对不同类的金融资产执行不同的准备金率。金融资产风险越大，准备金率越高。①

美国的居民部门杠杆率出现明显下降。②（见图 8－4）主要是因为家庭部门减少了消费，降低了借贷水平。曾经高负债购入的房地产资产，部分进行了违约处理。

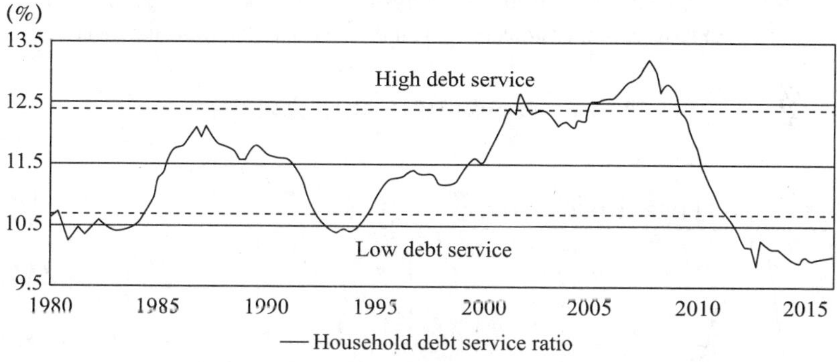

图 8－4　美国的家庭债务偿付率（即家庭的债务偿付/可支配收入）

资料来源：美联储 FactSet，2016 年 6 月 30 日

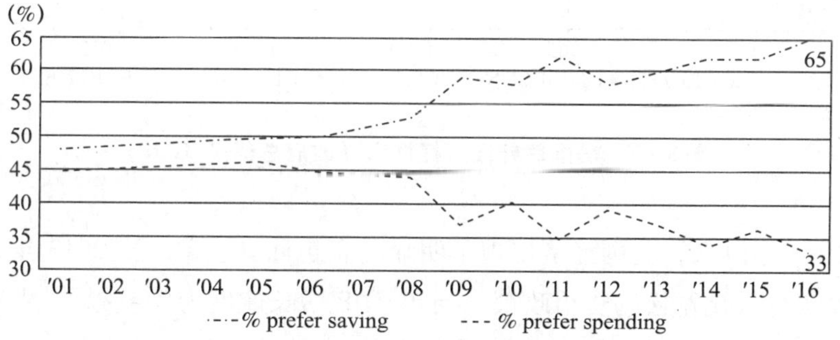

图 8－5　美国居民偏好储蓄与开支

资料来源：盖勒普 2016 年 4 月 6－10 日进行的盖勒普经济和个人金融调查结果

① 夏庆杰：《美国金融危机成因及美国金融改革》，2016 年 10 月 27 日。

② 引自 Liz Ann Sonders. Households' Leverage Down, Government Leverage Up, October 11, 2016。

但是，美国政府的杠杆率依然较高（图 8－7，来自于网站 tradingeconomics.com），总体杠杆率在攀升（图 8－8，来自 IMF 网站）[①]。

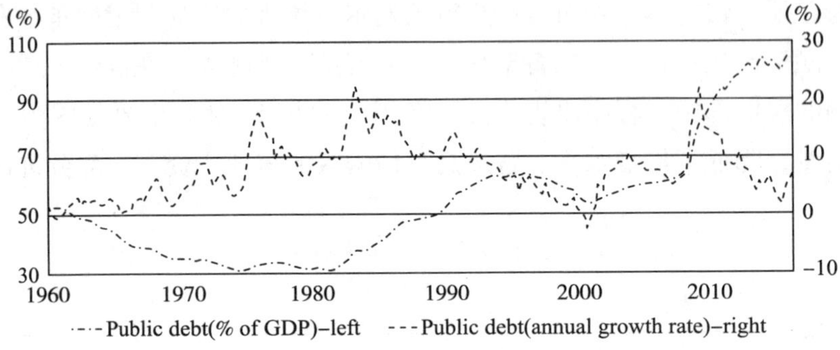

图 8－6　政府部门杠杆率增速大幅下降[②]

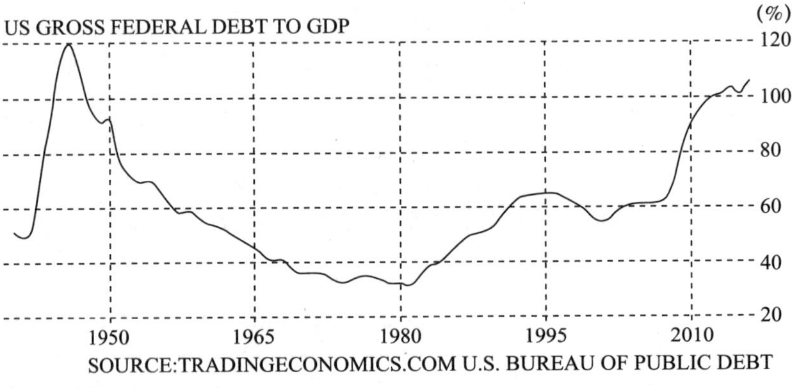

图 8－7　美国联邦政府杠杆率（政府总债务/GDP）

自 2011 年以来，美国经济出现了明显的企稳回升迹象。到 2013 年，美联储开始暂停实行量化宽松的货币政策。当年 GDP 增长速度为 2.4%，就业市场也有不错的表现。至 2015 年，美联储开启了加息的通道。众多迹象表明，美国已经

① 反映的是美国的总债务与 GDP 的比值。其中最上面一条线是美国的数据，下面一条紧贴的线是发达国家的平均水平，最下面的线是发展中国家的水平。可见，美国的总体杠杆率在缓慢攀升，但逐步从高于发达国家平均水平下降到后者之下。

② 引自 FactSet，Ned Davis Research，Inc.（Further distribution prohibited without prior permission. Copyright 2016（c）Ned Davis Research，Inc. All rights reserved.），as of June 30，2016。

摆脱了金融危机的负面影响，成功实现了金融业和私人部门的降杠杆。目前尽管总体杠杆率仍居高不下，但与发达国家群体相比属于相对健康的水平。

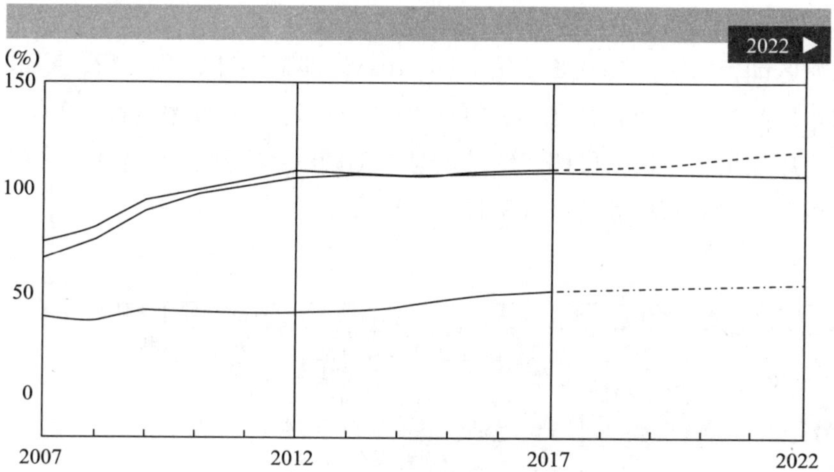

图 8 -8　美国总体杠杆率（总债务/GDP）

第二节　欧洲：欧央行主导，财政政策实施不力，去杠杆效果一般

自 2008 年起，欧洲（这里特指欧元区国家）遭遇了两次金融危机的冲击。第一次是次贷危机的重挫。期间大量金融机构遭遇严重的债务危机，市值大跌，甚至破产。2010 年左右，从次贷危机中尚未站稳，欧洲再次陷入欧债危机的旋涡。所以在去杠杆过程中，欧洲的经历曲折而复杂。

一、金融杠杆的主要特点

欧洲的金融杠杆主要体现在商业银行和主权国家的杠杆率过高。

2007—2008 年，欧洲金融危机的震中是商业银行。2007 年 7 月德国工业银行 IKB 首先出现融资问题。英国北岩银行（NorthernRock）的经营资金来源主要是非零售融资渠道，尤其是批发融资市场。2007 年 6 月到 2007 年 12 月，北岩银行吸收的批发融资贷款数量从 267.1 亿英镑骤减大半，面临融资困境并向英国央行求助。9 月更是引发了恐慌性的挤兑事件。2008 年，爱尔兰六大银行同时面临融资流动性危机。之后众多欧洲大型银行接连陷入危机，出现账面亏损、股价暴跌等。

欧元区部分国家（尤其是欧猪五国 PIIGS，即葡萄牙、意大利、爱尔兰、希腊和西班牙）由于主权债务负担过重，导致政府部门杠杆率过高。2011 年，希腊第一个爆发出主权债务可能违约的消息，随即欧债危机快速蔓延，一些杠杆率偏高的国家相继陷入债务危机（见图 8 -9）。

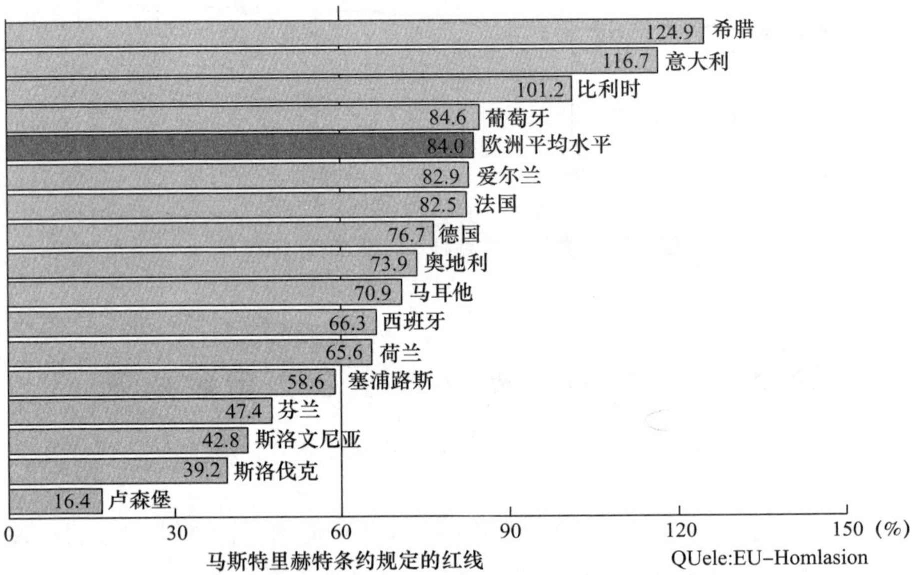

图 8 -9　2010 年欧洲各国债务与 GDP 比值

二、去杠杆的路径

与美国次贷危机后去杠杆相类似，欧元区去杠杆也采取了相似的做法。

一是实施宽松的货币政策。[①] 主要经历了三个阶段：第一阶段，2008 年金融

① 刘丽荣：《金融危机与欧洲央行的对策研究》，《同济大学学报》（社会科学版）2011 年第 1 期。

危机以后，欧洲各国央行通过货币注资、国有化等多种方式向金融市场注入流动性。2009 年 10 月末，1 月、3 月、半年、一年期银行间同业拆借利率分别为 0.43%、0.74%、1.02%、1.24%，比 2008 年末分别降低 256、255、235、221 个基点；10 月末，欧元区银行隔夜市场拆借利率 0.36%，比 2008 年末降低 213 个基点。① 第二阶段从 2010 年到 2013 年，为了拯救主权债务危机，欧洲金融稳定基金、欧洲稳定机制的永久性基金投入对希腊等国的救助，迅速转化为新的债务。欧洲央行通过直接货币交易、降息、存款负利率等方式刺激经济，使欧元区暂时摆脱了解体的风险。第三阶段，2015 年至今，欧盟宣布实施万亿规模货币宽松计划。至 2017 年上半年，货币宽松政策仍在实施。2015 年底，欧洲央行资产负债表规模比 2008 年增加了 1.5 万亿欧元，增长了 111%，基础货币 M1 较 2008 年增长了 71%，达到 6.59 万亿欧元。

二是坚持市场化去杠杆。对于一些严重资不抵债的银行或企业，任由其破产。其中典型的例子是英国的北岩银行破产，一些中小商业银行也被大型银行并购或重组。这样直接带来债务的减少，但也导致金融市场的萎缩和经济趋于衰退。

三是通过增加权益来降杠杆。在欧洲央行的持续量化宽松政策刺激下，权益市场持续走高，德国、法国股指近些年都呈现出逐年上涨的趋势（见表 8－1）。

表 8－1　部分欧洲国家 2012 年 6 月—2017 年 6 月的股票市场涨幅

指　数	2017 年 6 月 20 日	涨　幅
法国 CAC 指数	5293	65%
德国 DAX 指数	12814	107%
意大利	20810	48.6%
西班牙	10746	60%
英国 FT 指数	7472	33.4%

四是通过债务展期或重组来缓解债务压力。仍以希腊为例。自 2010 年首次陷入债务危机以来，希腊经历了三次债务重组。其减记的债务大多数由其他国家政府（最终是纳税人）与金融机构承担。这也招致欧元区其他国家的不满。他

① 申建文：《欧洲中央银行应对金融危机的利率政策及其启示》，《西部金融》2010 年第 9 期。

们纷纷对希腊施加政治压力，要求其对本国的福利制度、财政政策进行大幅度的改革，而希腊则态度强硬地加以抵制。希腊债务危机问题一度引起了人们对欧元区分裂的担忧，这一担忧时至今日仍然存在。

需要注明的是，欧洲国家尽管有统一的中央银行和货币政策，但各国有独立的财政政策。部分国家的财政约束过松，政府承诺给民众的福利标准太高，导致财政赤字一直居高不下。以德国为首的部分财政、债务状况良好的国家不愿意纵容希腊等高债务国家的做法，因此在欧洲央行实施宽松的货币政策和对问题商业银行积极救助上，采取不支持态度。这对于欧债危机的救助以及去杠杆的顺利推进，起到了延缓的作用。

三、去杠杆的效果

欧洲商业银行去杠杆的进程缓慢。限于主权国家之间的沟通协调效率低的原因，直到2014年11月，欧洲才启动欧元区银行业单一监管机制。同时，欧央行逐步缩减长期再融资，使得欧元区银行间隔夜拆借利率不断上升。这迫使南欧国家商业银行等边缘金融机构出售持有的国债，缩减资产负债表，从而强行降杠杆。欧洲四国银行（爱尔兰、葡萄牙、西班牙、意大利）大幅缩减资产负债表，资本充足率相应得到提升，杠杆相应下降。但是，德勤在2017年初发布的报告中认为，欧洲银行业去杠杆的进程还需五年。同时，去杠杆也给欧元区商业银行带来坏账的增加。国际货币基金组织（IMF）2015年9月24日发布的报告显示，2014年底欧洲银行业坏账规模达到约1万亿欧元（1.12万亿美元），自2009年以来增加了逾一倍。2013年仅是8790亿欧元。

政府杠杆率依然很高。从债务规模来看，2015年，欧元区总体债务较2008年增加了2.31万亿欧元，增长了39%。从主权债务杠杆率看，欧洲主权债务的风险的敞口依然很高。截至2015年第二季度，欧元区和欧盟成员国政府债务比例分别为92%和88%，其中希腊、意大利、葡萄牙维持在167.8%、136%和128.7%的超高位。虽然欧元区已经实施了严格的财政收缩政策，但是政府债务水平仍不断攀升，高于发达国家的平均水平（图8－10）。[①]

① 资料来源：tradingeconomics.com网站。图中分别是希腊、意大利、西班牙和葡萄牙的政府杠杆率趋势图。

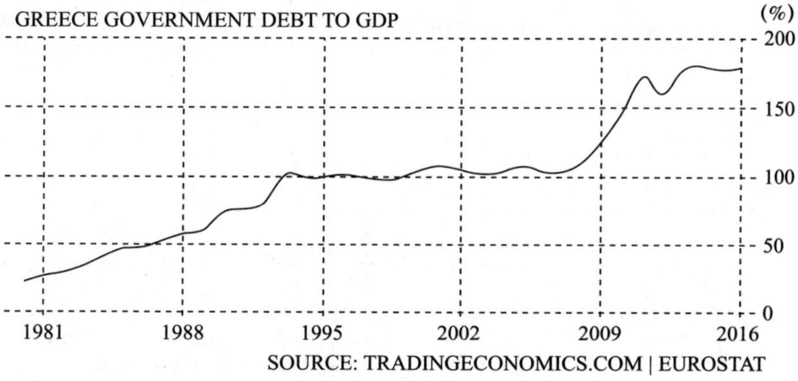
GREECE GOVERNMENT DEBT TO GDP
(%)
200
150
100
50
0
1981
1988
1995
2002
2009
2016
SOURCE: TRADINGECONOMICS.COM | EUROSTAT

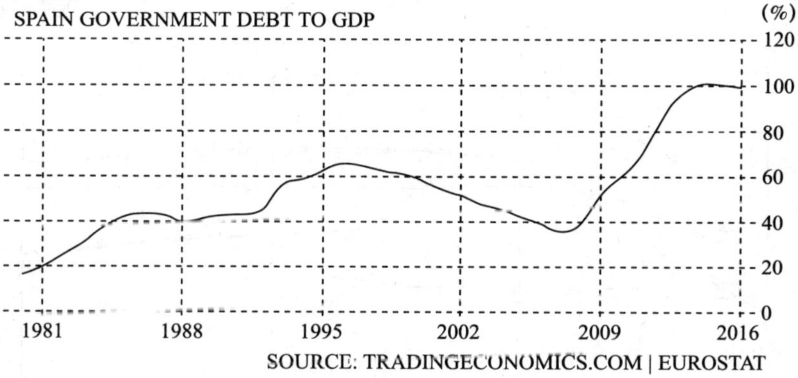
SPAIN GOVERNMENT DEBT TO GDP
(%)
120
100
80
60
40
20
0
1981
1988
1995
2002
2009
2016
SOURCE: TRADINGECONOMICS.COM | EUROSTAT

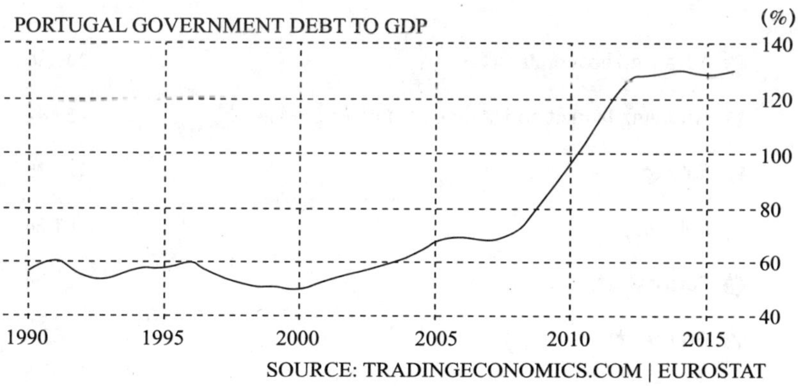
PORTUGAL GOVERNMENT DEBT TO GDP
(%)
140
120
100
80
60
40
1990
1995
2000
2005
2010
2015
SOURCE: TRADINGECONOMICS.COM | EUROSTAT

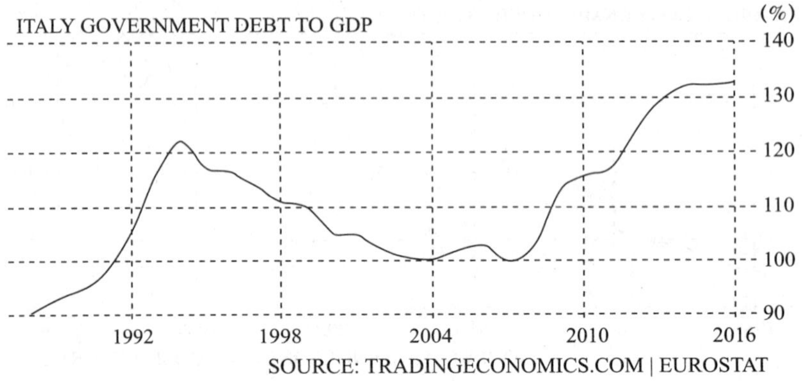

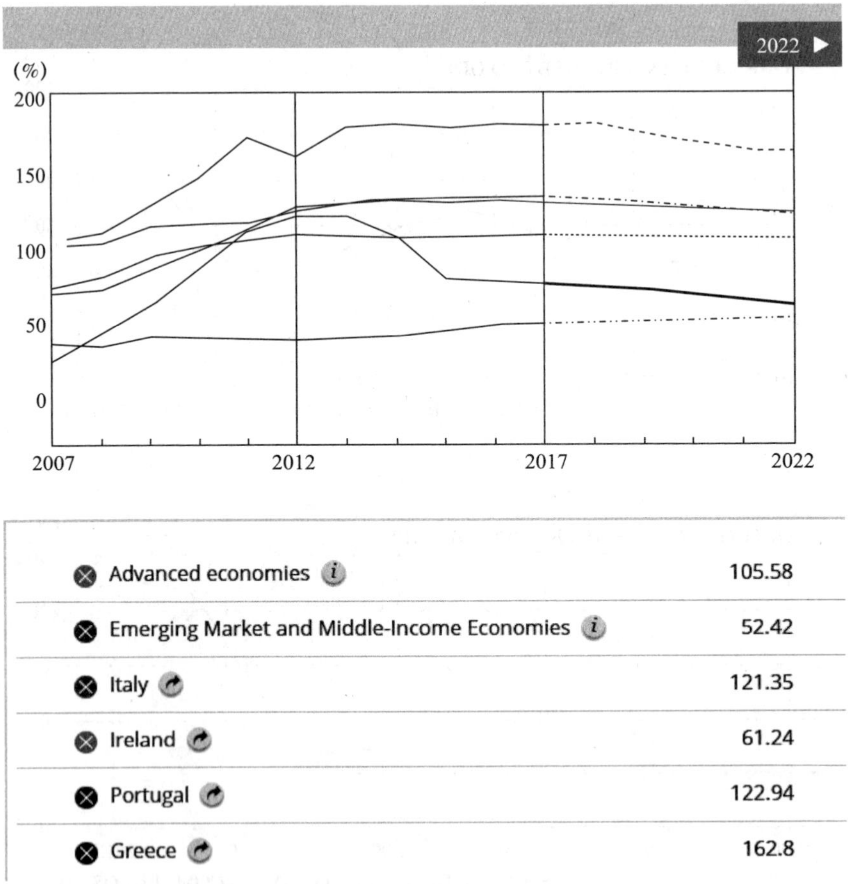

图 8－10　欧洲部分国家总体债务/GDP 的趋势图（2007—2017）

第三节　日本：被动去杠杆，未推进结构性改革，去杠杆效果欠佳

日本的金融杠杆攀升过程与美、欧有所不同。早在20世纪80年代末，房地产和股票市场泡沫破灭之前，金融杠杆就已经达到相当的高度。此后，日本政府因不希望看到大规模的企业倒闭和员工失业现象，而鼓励商业银行通过债务展期等措施维持了高杠杆率。这导致了市场长期无法出清，“僵尸企业”难以通过破产而退出市场，经济运行效率低下。在2008年国际金融危机中，日本再次遭遇冲击，使得前期去杠杆中取得的微薄成果再次被牺牲。安倍经济学的成效未能达到预期，日本凭借其独特的国民经济结构和民众的高储蓄率等特质，维持着具有日本特色的高杠杆。

一、金融杠杆的主要特点

20世纪80年代后期，日本金融监管体制尚不完善，政府为了避免日元升值，持续实施了宽松的货币政策。金融机构向股票市场和房地产市场提供大量的流动性，导致金融部门杠杆率高企，推动投机热潮高涨。1990年，日本居民部门的杠杆率达到峰值70.6%，而美国同期仅为60.3%。1990年日本金融部门的杠杆率因为数据原因无法得到，但是1990年日本非金融企业的杠杆率达到143.8%，而美国同期仅为63.1%。

政府部门杠杆率也快速上升。地产泡沫破灭后，为了进行救助，日本中央与地方政府不断加大财政救助，导致杠杆率快速攀升（图8－11）。

二、去杠杆的路径

与美国相比，日本去杠杆之路显得被动而又漫长。可以分为两个阶段：第一阶段是通过严格的金融监管和改革来去杠杆，第二阶段是通过宽松的货币和财政政策去杠杆。

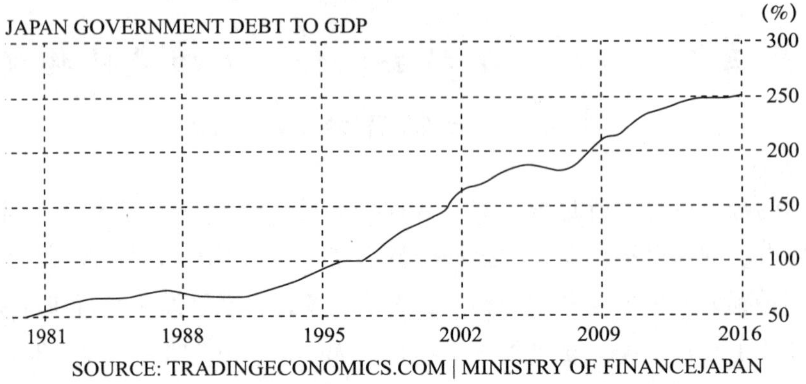

图 8－11　日本政府杠杆率趋势图（1978—2016）

第一阶段采取的主要措施：

一是早期采用紧缩的货币政策和监管政策，使得金融机构压力增大，经济出现紧缩。在 20 世纪 90 年代初房地产泡沫破裂，房价雪崩之后，大量企业资不抵债，难以偿还银行贷款。但政府当时对银行和企业的改革与重组动作迟缓，未对银行进行大规模的资本补充，反而严格按照巴塞尔协议进行监管。重压之下，银行不得不对已经濒临破产的企业贷款进行展期（一旦贷款划为坏账，会给资本充足率带来较大压力）。大量“僵尸企业”出现，企业杠杆率居高不下。随着时间的推移，企业经营仍未出现实质性好转，不良债权不断累积，银行最终难以维持，在 1994 年开始出现倒闭事件。1994—1998 年间，东京协和信用社、宇宙信用社和日本长期信用银行等商业银行先后倒闭，使得金融部门的整体负债水平下降。企业不愿从银行继续贷款进行投资，而是忙于偿还债务。这一段时间里，企业杠杆率也出现回落。

二是通过对地方政府融资平台民营化，以降低政府部门的杠杆率。日本的邮政储蓄是各地方政府的融资平台。2004 年日本邮政中的邮政储蓄与简易保险资产规模占日本金融总资产的 24.5%，并持有高达 25% 的国债与地方政府债务。这一阶段，日本对邮政储蓄机构进行民营化，希望能够下调政府承担的杠杆。日本地方政府负债率在 2007 年停止增长，进入长期微跌周期。

第二阶段开始于 2012 年。2012 年安倍就任日本首相以来，实行了积极的财政和货币政策，也就是“安倍经济学”。“安倍经济学”主要包括三方面内容：宽松的货币政策，大规模的财政刺激政策，包括《跨太平洋战略经济伙伴协定》

(TPP)、放松管制和促进创新等在内的经济结构调整政策。

一是实施宽松的货币和财政政策。通过向市场大量注入资金，驱动通货膨胀率上升，日元贬值，出口增加，物价上涨，企业收益增长，员工收入也随之增加，最终推动经济增长。安倍经济学在早期取得了一定的成功：日元对美元汇率从历史顶峰大幅走贬，刺激了日本的出口贸易。企业利润增加也刺激日本股市狂飙，日经225指数猛翻一倍，站在20000点整数大关之上。但是，短暂的提振之后，日本经济快速重回低迷状态。2015年第二季度经济重现负增长，家庭开支同比也出现了负增长。

二是日本央行直接买股票，通过增加权益去杠杆。2014年9月，日本央行决定购买日本股市的ETF。2014年里，日本央行大约每隔三天就会进入股市，购入总量达2.8万亿日元（约合230亿美元）的ETF。日本的日经400指数已经从2009年底的9000点左右涨到2017年6月底的20000点，涨幅超过110%。日本央行持有股票的规模占到股市总市值的1.5%以上，并超越日本生命人寿，成为日本股票持有量第二高的机构。部分金融机构和非金融企业部门从上涨的股票市场中获得资本，其持有的证券资产也得以增值，进而降低了债务率。

三、去杠杆的效果

经过二十多年漫长而曲折的过程，日本在各部门去杠杆上取得了一些成绩，但总体而言并不成功。

居民部门和非金融机构杠杆率出现下降。从1990年至2015年，二十六年间日本居民部门杠杆率从70.6%下降到61.7%，非金融机构杠杆率从143.8%下降到94.3%，杠杆水平下降比较明显。但企业部门杠杆率水平仍然较高。其原因是多方面的：因为大量“僵尸企业”未能进入破产程序，导致企业部门资产负债状况长期得不到改善；新的产业部门无法得到更多的资源配置，导致整体经济效率偏低；人口老龄化更导致经济缺少活力。

银行杠杆率有所下降，不良贷款率出现明显下降。因为非金融企业部门去杠杆进程缓慢，企业与银行之间债务关系复杂，相对应的银行不良资产率一直处于高位。2001年，日本政府强制要求主要银行加快不良债权的处理进程，才最终推动银行不良资产率明显下降。日本银行业的不良资产率从2001年4月的10%下降到了2006年3月的3%。

政府部门的杠杆率依然在攀升。2015 年日本政府部门杠杆率达到 220.6%，与 1997 年的 93.3% 相比，上升了一倍多。日本政府杠杆率已处于 OECD 国家最高位，每年政府预算的近三分之一用于社保相关支出。其主要原因是快速的人口老龄化[①]，导致财政负担快速上升。

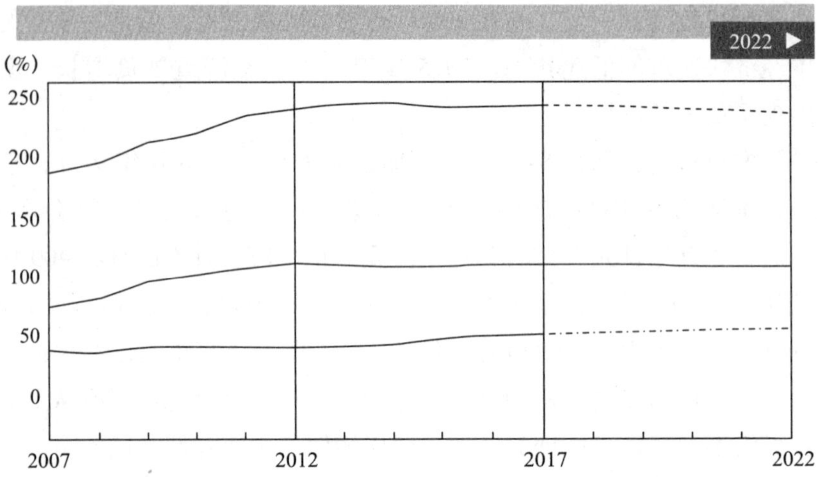

图 8－12　日本总体杠杆率变动图（2007—2017）[②]

央行资产负债表扩张。与 2008 年相比，2014 年末日本央行资产负债表增长了 250%，达到创纪录的 278 万亿日元。[③] 同期 GDP 只增长了不到 0.5%。这说明日本央行存在突出的货币供应过量的问题。总体来看，日本漫长的去杠杆过程难言成功。

第四节　美国、欧盟、日本等国去杠杆：比较与启示

我们发现，美国、欧盟、日本等国在金融杠杆特点、国内经济环境与结构、去杠杆的节奏、使用的主要工具、去杠杆的主导力量，以及最终的效果上都不尽

---

① 2016 年日本官方数据显示，日本 65 岁及以上人口占总人口的 27.3%，为发达国家中最高。

② 最上面的曲线代表日本的水平，中间的曲线代表发达国家平均水平，最下面的曲线代表发展中国家的平均水平。

③ 数据来源自日本央行网站 www.boj.or.jp。

相同。如表 8－2 所示。

表 8－2 主要国家和地区去杠杆的比较

区别	美国	欧洲	日本
不同部门杠杆的特点	金融机构和居民部门杠杆率高	政府和金融机构杠杆率高	非金融企业、政府和金融机构杠杆高
国内经济环境与结构	创新带来经济增长潜力，完备的破产保护机制使得企业得以及时破产	高福利导致政府高杠杆，导致去杠杆不力；企业破产难度加大	企业破产难度过大，经济增长缺乏活力
去杠杆的节奏	快	中等	慢
去杠杆特点	居民和金融机构杠杆转到政府部门杠杆，然后政府去杠杆	政府杠杆过高，导致非政府部门去杠杆较慢	企业和银行去杠杆，导致政府杠杆率进一步提高
去杠杆主要工具	政府注资，宽松货币政策；股票市场	宽松货币政策，减债	过度宽松货币政策
去杠杆的主导力量	政府、市场双驱动	政府主导	政府主导
去杠杆的效果	见效快，2013 年左右完成	见效缓慢，迄今尚未结束。希腊等国仍处于危险之中	效果不明显。除银行业杠杆率下降之外，其他无明显下降

在对以上国家或地区去杠杆的过程进行梳理和比较，用经济学理论进行解释和诊断，用现实结果进行检验之后，我们从中得出以下启示。

一、去杠杆是一个长期的过程，通常是“先转后降”

一个国家的整体杠杆率过高，就意味着金融风险的加大。不同部门借债过多，超出自身的偿还能力，就会导致债务链的断裂。如果这种债务链的断裂成为一个或多个行业内、大面积企业范围内常见的现象，并且不断传播，就可能导致金融危机。而导致高债务水平不是一日之功，而是在长期内多种因素共同作用下形成的。因此在去杠杆的过程中，也不可能在短期内出现明显的好转。短期内去杠杆的速度过快，会对国民经济带来较大的负面冲击，带来失业率快速上升、金融机构或企业倒闭等问题。也就是说，去杠杆需要考虑社会的承受能力，避免冲击过大而出现大面积的企业破产、产业链断裂和市场停滞。要做好长期去杠杆的准备。

对于一些政府部门杠杆率尚处于健康水平的国家来说，将企业部门、私营部门的杠杆暂时性转移到政府部门，是一个可选的方案。毕竟，政府掌握的资源较多，承担负债的能力较强，可以作为防止金融风险爆发的缓冲器。具体地说，政府可以通过注资、购买债券或股权等方式，挽救部分重要的企业免于倒闭，甚至实现国有化等。

二、去杠杆会给经济带来痛苦，长痛不如短痛

去杠杆会给经济带来痛苦。根据去杠杆的节奏快慢，经济体所承受的压力可以分为长痛和短痛两种。

美国去杠杆走的是短痛的路径。主要表现在杠杆率下降得比较快，去杠杆的周期比较短。这种短期快速去杠杆，也使美国经济出现了大幅的波动。美国实际国内生产总值（GDP）在 2008 年第四季度下降 6.3%，在 2009 年第一季度下降 5.7%。失业率在 2009 年 10 月上升到 10.2%，是 1983 年以来的最高失业率，是危机前失业率的两倍。美国金融企业大量倒闭破产，特别是一些规模巨大的投资银行轰然倒闭，极大地遏制了美国金融机构在国内外的扩张。但危机使得一些效率低下、风险极高的企业和银行倒闭，使得资源能够配置到效率高的企业和部门。员工失业固然会带来个人、家庭和社会的痛苦，但是也使一些员工得以进入新的产业和部门，一些技能落后的员工重新得到技能培训，有益于新产业的发展。短痛带来的好处就是市场能够快速“出清”，市场要素得以重新配置，好的企业能够轻装上阵，迎来经济的复苏。

日本去杠杆走的是长痛的路径。日本经济自 1989 年后陷入低迷之中，一直以来没有像样的恢复。大量的“僵尸企业”长期存在，企业之间、企业与银行之间的债务盘根错节，难以得到清理。尽管员工工作得以保全，但是企业负重太多，难以翻身。现在时隔近三十年，日本仍保留着大面积效率很低的企业部门。近些年，日立、东芝、夏普等公司爆出严重的财务造假行为，主要原因也是企业经营困难，又为了维护必要的企业形象，不得已而为之。不破不立。希望能够以

时间换空间，毫无痛苦地去杠杆，可能是一种奢求。

三、货币政策应先放松，待经济明显恢复后再收紧

对于一个陷于债务重负的国家来说，松紧适度的货币政策尤为重要。过高的杠杆率可能来自于过度宽松的货币政策导致的过高流动性。但是一旦开始去杠杆，则不能率先开始紧货币。尤其是当金融危机已经爆发并开始传播，市场急需信心之时，央行更是需要进一步释放流动性来挽回衰败的势头。在去杠杆过程中，央行也应仔细研究市场的承受能力，酌情制定适合的货币政策。2008 年美国次贷危机爆发之后，美联储连续下调联邦基金利率，从 5.25% 下调至 0 ～ 0.25% 之间。一直到 2015 年，美联储才开始重启加息的步伐。2015 年 12 月 16 日，美联储宣布升息 25 个基点，至 0.25% ～ 0.5% 。由此美联储结束了长达七年的零利率政策，同时也是九年来首次加息。2016 年 12 月，第二次加息 25 个基点。可见，美联储的加息是非常审慎的。

对于欧元区和日本来说，尽管金融危机爆发至今已经过去了近十年，时至 2017 年年中，欧洲央行和日本央行依然没有加息的计划。2017 年 3 月，欧洲央行曾经掀起了是否应该加息的讨论，但之后欧央行行长明确表示不会加息。日本央行更是继续了自 1990 年以来的低利率，加息依然没有进入议事日程。在杠杆率进入到一个相对健康的水平之前，贸然加息会带来金融市场的巨大压力。

四、应推动直接融资渠道的发展，化债权为股权

美国商业银行和非金融企业部门之所以能够高效地去杠杆，除国家救助等原因外，发达的资本市场也是重要的因素之一。美国企业可以通过股市融资，增加资本来降低债务率。商业银行也可通过股市增加资本，提高资本充足率。欧洲企业以间接融资为主。2009 年欧洲 27 家最大银行总贷款占非金融债务的比重为 30% 。通过“缩表”快速去杠杆，势必会影响经济复苏。另外，欧洲的银行资产占 GDP 的比重远大于美国，通过资本市场补充资本的难度也大于美国。欧洲多国股市（法国、德国、意大利、西班牙、荷兰等）在过去数年中也呈现上涨的走势。日经 225 指数自 2013 年底至今也已上涨超过 100% 。一个健康而繁荣的资本市场，对于企业部门和私人部门去杠杆来说都是非常有利的。

五、去杠杆只是暂时的债务脱困，还需进行结构性改革

无论是转杠杆还是去杠杆，都只是企业、家庭财务结构的调整，不能帮助企业彻底摆脱高负债的压力。只要企业的经营机制不改变，国民经济中的产业结构不能实现转型升级，就会重新陷入债务的重负之中，进入债务快速增加—金融危机爆发—去杠杆—债务再一次快速增加的循环中。长期下来，就会导致经济难以良性发展，企业逐步失去活力。

金融危机后欧美银行业在去杠杆的同时进行了结构化改革。银行普遍更加重视存款业务，减少同业融资在负债中的占比，降低存贷比，向传统商业银行业务、本土市场回归。如花旗银行危机后相继推出了次级抵押贷款、学生贷款和人寿保险等非核心业务，形成了以全球消费者银行和机构客户集团为主的构架模式，转型初见成效，扭亏为盈。欧洲银行也进行了资产结构调整。尽管在前期债务危机、后期经济低迷和低利率的影响下，欧洲主要银行仍处于困境，但已经走出最艰难的阶段，步入良性的经营轨道。

要想彻底摆脱高杠杆的重困，一国还应大力推动产业结构转型升级。危机后美国政府开始反思本国产业结构失衡问题，立志重振制造业。2012 年 2 月，美国总统行政办公室和国家科技委员会公布了《先进制造业国家战略计划》，正式将先进制造业提升为国家战略。奥巴马还宣布将投资在美国建设 15 个制造业创新研究所，以信息网络、智能制造、新能源和新材料领域的创新技术为核心，重新树立美国制造业的竞争优势。美国还在高新技术、新能源等领域积累了大量的重要突破，再一次引领了世界各国的创新浪潮。借助于技术创新的动力，美国产业结构得以优化，为未来可持续的经济增长积蓄了潜力。企业的盈利和国家财富的不断增加，是化解国民经济债务压力的根本之道。

参考文献

一、英文

[1] ABM Nasir, and Abdullah M. Noman. Sustainability of External Debt: *Further Evidence from Non - Linear Framework* [J]. International Review of Applied Economics, Vol. 26, No. 5, 2012.

[2] Alejandro Hajdenberg, and Rafael Romeu. *Parameter Estimate Uncertainty in Probabilistic Debt Sustainability Analysis* [J]. IMF Staff Papers, vol. 57, No. 1, 2010.

[3] Alfonso A., Fiscal Sustainability: *The Unpleasant European Case* [J]. Finanzarchiv, 2005 (61).

[4] Anthony J. Makin, *et al. Fiscal Sustainability in India at State Level* [J]. Public Finance and Management, Vol 12, No. 4, 2012.

[5] Anthony J. Makin. *Public Debt Sustainability and Its Macroeconomic Implications in ASEAN - 4* [J]. ASEAN Economic Bulletin, Vol. 22, No. 3, 2005.

[6] Arellano M., and O. *Bover. Another Look at the Instrumental Variable Estimation of Error - Components Models* [J]. Journal of Econometrics, 1995 (1).

[7] Arellano M., and S. Bond. *Some Tests of Specification for Panel Data: Monte Carlo Evidence and an Application to Employment Equations* [J]. Review of Economic Studies, 1991 (58).

[8] Baily M. N., Hulten C., Campbell D., Bresnahan T., Caves R. E., 1992, "*Productivity dynamics in manufacturing plants*", *Brookings Papers On Economic*

Activity. Microeconomics, 1992.

[9] Baum A., C. Checherita – Westphal, and P. Rother. *Debt and Growth: New Evidence for the Euro Area* [J]. Journal of International Money and Finance, 2013 (32).

[10] Bettina Fincke, and Alfred Greiner. *Do Governments in Developing Countries Pursue Sustainable Debt Policies? Empirical Evidence for Selected Countries in Africa and Latin America* [J]. Journal of Development Studies, Vol. 46, No. 4, 2010.

[11] Bhabra, H. S., Liu, T. and D. *Tirtiroglu*, 2008, "*Capital Structure Choice in a Nascent Market: Evidence From Listed Firms in China*", *Financial Management*, 37 (2).

[12] Bi H. *Sovereign Default Risk Premia, Fiscal Limits, and Fiscal Policy* [J]. European Economic Review, 2012 (3).

[13] Bi H., E. M. Leeper. *Analyzing Fiscal Sustainability* [J]. Bank of Canada Working Paper, No. 2013.

[14] Blanchard O. J. *Suggestions for A New Set of Fiscal Indicators* [J]. Organization for Economic Cooperation and Development Working Paper, No. 79 (April), 1990.

[15] Blundell R., and S. Bond. *Initial Conditions and Moment Restrictions in Dynamic Panel Data Models* [J]. Journal of Econometrics, 1998 (87).

[16] Bohn Henning. *Are Stationarity and Cointegration Restrictions Really Necessary for the Intertemporal Budget Constraint?* [J]. Journal of Monetary Economics, 2007 (54).

[17] Bohn Henning. *The Behavior of U. S. Public Debt and Deficits* [J]. The Quarterly Journal of Economics, Vol. 113, Issue 3, 1998.

[18] Bohn Henning. *The Sustainability of Budget Deficits in a Stochastic Economy* [J]. Journal of Money, Credit, and Banking, 1995 (27).

[19] Bohn Henning. *The Sustainability of Fiscal Policy in the United States* [J]. CESIFO Working Paper, 2005.

[20] Buiter W. *Guide to Public Sector Debts & Deficits* [J]. Economic Policy: A European Forum, 1985, 1 (November).

[21] Burnside C. *Fiscal Sustainability in Theory & Practice: A Hand Book* [J].

The World Bank, 2005.

[22] Caballero R. J., Hoshi T., Kashyap A. K., 2008, "Zombie Lending and Depressed Restructuring in Japan", *American Economic Review*, 98 (5).

[23] Caner M., T. Grennes, and F. Koehler - Geib. *Finding the Tipping Point: When Sovereign Debt Turns Bad* [J]. World Bank Policy Research Working Paper, No. 5391, 2010.

[24] Cecchetti S., M. Mohanty, and F. Zampolli. *The Real Effect of Debt* [J]. Bank for International Settlements Working Paper, No. 352, 2011.

[25] Chalk N A. *The Sustainability of Bond - financed Deficits: An Overlapping Generations Approach* [J]. Journal of Monetary Economics, 2000, 45 (2).

[26] Checherita - Westphal C., P. Rother. *The Impact of High Government Debt on Economic Growth and Its Channel: An Empirical Investigation for the Euro Area* [J]. European Economic Review, 2012 (7).

[27] Chen, J. and Strange, R., 2005, "The Determinants of Capital Structure: Evidence from Chinese Listed Companies", *Economic Change and Restructuring*, 38 (1).

[28] Chen, J. J., 2004, "Determinants of Capital Structure of Chinese - listed Companies", *Journal of Business Research*, 57 (12).

[29] Cook, D. O., T. Tang., 2009, "Macroeconomic Conditions and Capital Structure Adjustment Speed", *Journal of Corporate Finance*, 2.

[30] Domar E D. "*Burden of the Debt*" *& the National Income* [J]. American Economic Review, 1944, 34 (4).

[31] Elmeskov J., D. Sutherland. *Post - crisis Debt Overhang: Growth Implications Across Countries* [J]. Reserve Bank of India's Second International Research Conference, 2012.

[32] Evan Tanner, and Issouf Samake. *Probabilistic Sustainability of Public Debt: A Vector Autoregression Approach for Brazil, Mexico, and Turkey* [J]. IMF Staff Papers, Vol. 55, No. 1, 2008.

[33] Flannery, M., and Rangan, K. P., 2006, "*Partial Adjustment toward Target Capital Structures*", *Journal of Financial Economics*, Vol. 79 (3).

[34] Foster L., Haltiwanger J., Syverson C., 2008, "Reallocation, firm turn-

over, and efficiency: Selection on productivity or profitability?", *The American Economic Review*, 98 (1).

[35] Frank, M. Z. and Goyal, V. K., 2003, "Testing the Pecking Order Theory of Capital Structure", *Journal of Financial Economics*, 67 (2).

[36] Frank, M. Z., and Goyal, V., 2009, " Capital Structure Decisions: Which Factors Are Reliably Important?", *Financial Management*, 38 (1).

[37] Fukuda S. I. & Nakamura J. I., 2011, "Why did 'zombie' firms recover in Japan?", *The World Economy*, 34 (7).

[38] Fullwiler S. T. Interest Rates and Fiscal Sustainability [J]. Journal of Economic Issues, 2007, 41 (4).

[39] Ghosh A. R., Kim J. I., Mendoza E. G., *et al.* Fiscal Fatigue, Fiscal Space and Debt Sustainability in Advanced Economies [J]. Economic Journal, 2013, 123 (266).

[40] Graham, J., Leary, M., 2011, "A review of empirical capital structure research and directions for the future." *Annual Review of Financial Economics* 3.

[41] Greiner A, Kauermann G. Sustainability of U. S. Public Debt: Estimating Smoothing Spline Regressions [J]. Economic Modeling, 2007, 24.

[42] Griliches Z. & Regev H., 1995, "Firm productivity in Israeli industry 1979-1988", *Journal of Econometrics*, 65 (1).

[43] Hamilton J. D., and M. A. Flavin. On the Limitations of Government Borrowing: A Framework for Empirical Testing [J]. American Economic Review, 1986 (76).

[44] Hana Polackova Brixi, Allen Schick. Government at Risk: Contingent Liabilities and Fiscal Risk [C], Washington D. C. and New York: World Bank and Oxford University Press, 2002.

[45] Hsieh C. & Song Z. M., 2015, "Grasp the Large, Let Go of the Small: The Transformation of the State Sector in China", *Brookings Papers On Economic Activity*, 50 (1 (Spring)).

[46] Huang, G. and Song, F. M., 2006, "The Determinants of Capital Structure: Evidence From China", *China Economic Review*, 17 (1).

[47] Juessen F., L. Linnemann, and S. Andreas. *Default Risk Premia on Gov-*

ernment Bonds in a Quantitative Macroeconomic Model [J]. Macroeconomic Dynamics, 2011.

[48] Kumar M. S., Woo J. *Public Debt and Growth* [J]. IMF Working Paper, No. 10/174, 2010.

[49] Leeper E. M. *Monetary Science, Fiscal Alchemy* [J]. NBER Working Paper, No. w16510, 2010.

[50] Li, K., Yue, H. and Zhao, L., 2009, "Ownership, Institutions, and Capital Structure: Evidence From China", *Journal of Comparative Economics*, 37 (3).

[51] Lu M. & Xiang K., 2016, "Great Turning: How Has the Chinese Economy Been Trapped in an Efficiency – and – Balance Tradeoff?", *Asian Economic Papers*, 15 (1).

[52] Luiz de Mello. *Estimating a Fiscal Reaction Function: The Case of Debt Sustainability in Brazil* [J]. Applied Economics, 2008 (40).

[53] McCallum B. T. Are Bond – financed Deficits Inflationary? A Ricardian Analysis [J]. Journal of Political Economy, 1984, 92 (1).

[54] Melitz M. J. & Polanec S., 2015, "Dynamic Olley – Pakes productivity decomposition with entry and exit", *Rand Journal of Economics.*

[55] Minea A., A. Parent. Is High Public Debt Always Harmful to Economic Growth? Reinhart and Rogoff and Some Complex Nonlinearities [J]. CERDI Working Paper, No. 201218, 2012.

[56] Newman, A., Gunessee, S. and Hilton, B., 2012, "Applicability of Financial Theories of Capital Structure to the Chinese Cultural Context: A Study of Privately Owned SMEs", *International Small Business Journal*, 30 (1).

[57] Nina Budina, and Sweder van Wijnbergen. Quantitative Approaches to Fiscal Sustainability Analysis: A Case Study of Turkey since the Crisis of 2001 [J]. World Bank Economic Review, 2009, 23 (1).

[58] Ostry J. D., *et al. Fiscal Space* [J]. IMF Working Paper, 2010.

[59] Padoan P., *et al.* Avoiding Debt Traps: Financial Backstops and Structural Reforms [J]. OECD Economics Department Working Paper, No. 976, 2012.

[60] Rajan, G. R. and Zingales, L., 1995, "What Do We Know about Capital

Structure? Some Evidence from International Data," *The Journal of Finance*, 50 (5).

[61] Reinhart C. M., K. S. Rogoff. Growth in a Time of Debt [J]. American Economic Review, 2010 (2).

[62] Standard and Poor's, 2014, "Credit Shift: As Global Corporate Borrowers Seek MYM60 Trillion, Asia – Pacific Debt will Overtake US and Europe Combined," *RatingsDirect*, June 2014.

[63] Tan Y., Huang Y., Woo W. T., 2016, "Zombie Firms and the Crowding – Out of Private Investment in China", *Asian Economic Papers.*

[64] Trabandt M., H. Uhlig. How Far Are We From the Slippery Slope? The Laffer Curve Revisited [J]. NBER Working Paper, No. 15343, 2009.

[65] Trehan B., and C. Walsh. Testing Intertemporal Budget Constraints: Theory and Applications to U. S. Federal Budget and Current Account Deficits [J]. Journal of Money, Credit and Banking, 1991 (XXⅢ).

[66] Windmeijer F.. A Finite Sample Correction for the Variance of Linear Efficient Two – step GMM Estimators [J]. Journal of Econometrics, 2005 (126).

[67] Wu, L. and Yue, H., 2009, "Corporate Tax, Capital Structure, and the Accessibility of Bank Loans: Evidence From China", *Journal of Banking & Finance*, 33 (1).

[68] Yanagita T, Hutahaean P. Maintenance of the Fiscal Sustainability (Chapter 4) [J] // Handbook of Fiscal Analysis. Agency of Fiscal Analysis, Ministry of Finance, the Republic of Indonesia, 2002.

[69] Yilmaz Ahyiiz. Debt Sustainability in Emerging Markets: A Critical Appraisal [J]. DESA Working Paper, No. 61, 2007.

[70] Zhang, W., Han G., Brian, N., and Chan S., 2015. "Corporate Leverage in China: What Has It Increased Fast in Recent Years And Where Do The Risks Lie", *HKIMR Working Paper* No. 10/2015.

二、中文

[1] 巴曙松，朱元倩．压力测试在银行信用风险管理中的应用[J]．经济学

家，2010（2）.

［2］陈安.可持续公共债务水平下的政府违约问题研究[J].中南财经政法大学学报，2011（6）.

［3］陈卫东.地方债务管理的国际经验[J].中国金融，2014（22）.

［4］吕函枰，马恩涛.我国地方政府债务风险预警系统研究［J］.东北财经大学学报，2017（6）.

［5］伏润民，王卫昆，缪小林等.我国地方政府债务风险与可持续性规模探讨[J].财贸经济，2008（10）.

［6］龚俊琼.国外地方政府债务风险控制的经验与启示[J].商业经济，2015（6）.

［7］郭庆旺，贾俊雪.稳健财政政策的非凯恩斯效应及其可持续性[J].中国社会科学，2006（5）.

［8］国家发改委经济研究所课题组.积极财政政策转型与财政可持续性研究[J].经济研究参考，2012（2）.

［9］洪源，胡争荣.偿债能力与地方政府债务违约风险——基于 KMV 修正模型的实证研究［J］.财贸经济，2018（5）.

［10］洪源，李礼.我国地方政府债务可持续的一个综合分析框架[J].财经科学，2006（4）.

［11］洪源.地方政府融资平台债务的可持续规模动态测算——以中部地区J市为例[J].中南财经政法大学学报，2012（6）.

［12］贾俊雪.中国税收收入规模变化的规则性、政策态势及其稳定效应[J].经济研究，2012（11）.

［13］简泽.企业间的生产率差异、资源再配置与制造业部门的生产率[J]，管理世界，2011.

［14］李婧，伊楠.美国公共债务可持续性的实证研究[J].华东师范大学学报（哲学社会科学版），2014（3）.

［15］李佩珈，陈巍.巴西地方政府债务管理的主要经验及借鉴[J].国际金融，2015（2）.

［16］李扬，张晓晶，常欣，汤铎铎，李成.中国主权资产负债表及其风险评估（上）[J].经济研究，2012（6）.

［17］林毅夫.自生能力，经济转型与新古典经济学的反思［J］.经济研

究，2002（12）．

［18］林毅夫，李永军．中小金融机构发展与中小企业融资［J］．经济研究，2001（1）．

［19］刘立峰．国债政策的可持续性和财政风险研究［M］．北京：中国计划出版社，2002.

［20］刘瑞明，石磊．国有企业的双重效率损失与经济增长［J］．经济研究，2010（1）．

［21］刘瑞明．国有企业、隐性补贴与市场分割：理论与经验证据［J］．管理世界，2012（4）．

［22］刘瑞明．中国的国有企业效率：一个文献综述［J］．世界经济，2013（11）．

［23］陆铭，向宽虎．破解效率与平衡的冲突——论中国的区域发展战略［J］．经济社会体制比较，2014（4）．

［24］陆铭，张航，梁文泉．偏向中西部的土地供应如何推升了东部的工资［J］．中国社会科学，2015（5）．

［25］陆正飞，何捷，窦欢．谁更过度负债：国有还是非国有企业？［J］．经济研究，2015（12）．

［26］路妍，陈宇．美国公共债务的可持续性及对中国经济的影响研究［J］．宏观经济研究，2013（1）．

［27］马草原，王美花，李成．中国经济“刺激依赖”的形成机制：理论与经验研究［J］．世界经济，2015（8）．

［28］马恩涛．政府或有债务控制：国外经验与启示［J］．财贸研究，2012（5）．

［29］马栓友．中国公共部门债务和赤字的可持续性分析［J］．经济研究，2001（8）．

［30］缪小林，伏润民．我国地方政府债务可持续性测度研究——基于单一主体模型分析［J］．当代财经，2014（8）．

［31］聂辉华，江艇，张雨潇，方明月．中国僵尸企业研究报告——现状、原因和对策［R］．中国人民大学国家发展与战略研究院，2016.

［32］彭清辉，曾令华．地方政府基础设施投融资平台融资的可持续性［J］．系统工程，2010（8）．

［33］彭润中，赵敏．发展中国家地方债务市场监管经验借鉴及启示［J］．财政研究，2009（10）．

［34］彭志远．现阶段我国政府债务“警戒线”的反思及债务风险的防范［J］．管理世界，2002（11）．

［35］曲春青，黄大鹏，姜美华等．美国公共债务可持续性研究［J］．金融监管研究，2012（4）．

［36］饶品贵，姜国华．货币政策，信贷资源配置与企业业绩［J］．管理世界，2013（3）．

［37］盛明泉，张敏，马黎珺，李昊．国有产权，预算软约束与资本结构动态调整［J］．管理世界，2012（3）．

［38］睢党臣，李盼．我国地方政府债务问题研究——基于财政风险视角下的动态可持续性分析［J］．云南财经大学学报，2013（5）．

［39］唐文进，苏帆，彭元文．财政疲劳、储备渠道与中国政府债务上限的测算［J］．财经研究，2014（10）．

［40］唐文进，苏帆，许超．广义“财政疲劳”现象研究评述［J］．经济学动态，2014（4）．

［41］王克明．巴西、墨西哥、智利的债务处理方式［J］．经济导刊，1997（2）．

［42］纪洋，王旭，谭语嫣，黄益平．经济政策不确定性、政府隐性担保与企业杠杆率分化［J］．经济学（季刊），2018（2）．

［43］魏向杰．地方政府债务可持续性研究［J］．财经论丛，2014（10）．

［44］吴利学，叶素云，傅晓霞．中国制造业生产率提升的来源：企业成长还是市场更替［J］？管理世界，2016（6）．

［45］吴涛．地方政府债务管理的国际经验及启示［J］．金融理论与实践，2013（5）．

［46］吴振宇，张文魁．国有经济比重对宏观经济运行的影响——2000—2012年的经验研究［J］．管理世界，2015（2）．

［47］肖泽忠，邹宏．中国上市公司资本结构的影响因素和股权融资偏好［J］．经济研究，2008（6）．

［48］许召元，张文魁．国企改革对经济增速的提振效应研究［J］．经济研究，2015（4）．

[49] 杨汝岱. 中国制造业企业全要素生产率研究 [J]. 经济研究，2015 (2).

[50] 杨天宇，张蕾. 中国制造业企业进入和退出行为的影响因素分析 [J]. 管理世界，2009 (6).

[51] 叶谦，沈文颖. 拉美债务危机和欧洲债务危机成因的比较及对我国的启示[J]. 经济问题探索，2011 (10).

[52] 赵全厚. 健全地方政府债务风险的识别和预警机制 [J]. 改革，2017 (12).

[53] 张海星，靳伟凤. 地方政府债券信用风险测度与安全发债规模研究——基于 KMV 模型的十省市样本分析 [J]. 宏观经济研究，2016 (5).

[54] 张平，张丽恒，刘灿. 我国省级地方政府债务风险影子银行化的成因、途径及其控制 [J]. 理论探讨，2016 (6).

[55] 张军，厉大业. 美国政府债务长期可持续性分析——基于一般均衡条件下的代际预算约束模型[J]. 国际金融研究，2011 (8).

[56] 张坤明. 可持续发展论 [M]. 北京：中国环境科学出版社，1997.

[57] 张晓娣，石磊. OLG 框架下的中国养老保险与公共债务可持续性研究 [J]. 南开经济研究，2014 (2).

[58] 钟宁桦，刘志阔，何嘉鑫，苏楚林. 我国企业债务的结构性问题 [J]. 经济研究，2016 (7).

[59] 周茂荣，骆传朋. 我国财政可持续性的实证研究——基于 1952—2006 年数据的时间序列分析[J]. 数量经济技术经济研究，2007 (11).

[60] 朱武祥，魏炜，王正位. 回归经典：资本结构研究 60 年思考 [J]. 金融研究，2014 (12).